응용데이터분석

Applied Data Analysis Using R

허명회 지음

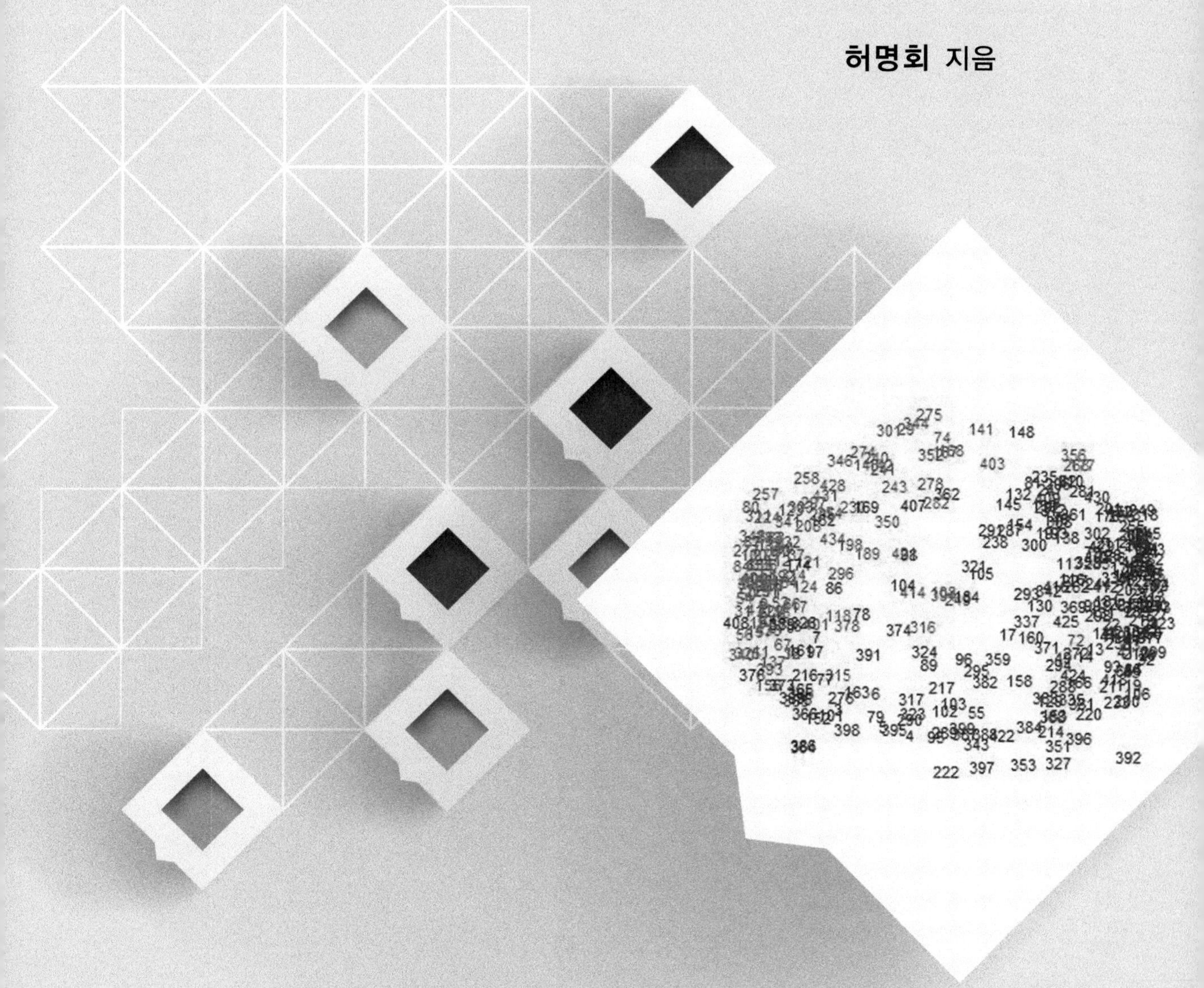

자유아카데미

머리말

R의 좋은 점은 잘 알려져 있다. R이 오픈소스이고 최신 기법이 거의 빠짐없이 구현되어 있다는 것이다. 또한 약점도 잘 알려져 있다. 코딩을 해야 한다는 부담이 있는 것이다. 그런데 R에는 오랜 전통의 SPSS나 SAS에 비하면 1개의 구멍이 있다. 초보적 입문서를 제외하고는 중급 이상의 R 팩키지와 그 기능에 대한 문서화가 부족하여 학습이 쉽지 않다는 점이다. 이 책의 목표는 중・상급 수준의 통계적 방법론과 R 팩키지를 쉽게 설명하는 데 있다.

현대 사회는 통계전문가에게 더 많은 종류의 기법을 다루도록 요구한다. 과거에는 t-검정과 회귀분석・분산분석으로도 상당히 통하였으나 이제는 기대수준이 높아진 것이다. 이런 맥락에서 응용통계전문가(applied statistician)을 위한 책을 고안하게 되었다. 이 책에서 다루는 토픽은 총 20개로 메타 분석에서 R 컬러 체계까지 다양하다. R에서 데이터세트를 다루는 데 있어 효과적인 몇 개의 팩키지를 부록에 소개하였다. 이들에는 어떤 순서도 없으므로 시간 있을 때 여기저기를 뒤적이거나 필요에 따라 즉시 익힐 수 있기를 기대한다.

실습파일이 출판사 홈페이지(http://www.freeaca.com)의 자료실에 있으므로, 보기로 제시된 R 스크립트를 필요에 따라 약간만 변형하면 코딩 작업도 별 것이 아닐 것이다. 어느 정도 방법론 하나가 이해가 되면 해당 R 팩키지의 매뉴얼과 관련 vignette (짧은 설명문서)를 웹에서 찾아 정독하면 확실한 학습이 될 것이다.

우리 사회의 데이터 분석 기술(data analytics) 수준이 한 단계가 상승하길 희망하면서 ...

고려대학교 정경관 연구실에서
허명회 드림, 2014년 9월 1일
e-메일: stat420@korea.ac.kr

차례

1장. 메타분석 meta analysis

메타분석은 연구종합(research synthesis)을 위한 통계적 방법이다.[1] 메타분석 연구자는 특정 주제의 개별연구들을 수집하여 종합하는 계량적 분석을 한다. 메타분석의 결과로써, 처리(treatment)와 대조(control)의 차이에 대한 추론이 좀 더 명확해진다. 이 장은 메타분석의 몇몇 주요 기법을 설명하고 R "meta" 패키지의 활용 보기를 제시한다.

1. 비율의 비교

메타분석의 첫 번째 유형으로서 처리그룹과 대조그룹 간 특정 결과(outcome)의 비율을 비교하는 연구들을 보자. 그런 예인 표 1의 Fleiss93 자료는 아스피린이 심근경색증(myocardial infarction)의 방지에 효과가 있는가를 살펴 본 7개 개별연구 결과로 구성되어 있다. 첫째 케이스는 MRC-1의 1974년 연구 결과인데 이 연구에서는 처리그룹의 크기가 615명이었고 대조그룹의 크기는 624명이었다. 여기서 처리는 아스피린 복용이고 대조는 플라시보(위약)이다. 사건(event, 심근경색증) 수는 처리 그룹에서 49명이었고 대조 그룹에서 67명이었다. 이 외에 6개 개별 연구의 결과가 같은 식으로 정리되었다.

표 1. Fleiss93 자료

	study	year	event.e	n.e	event.c	n.c
1	MRC-1	1974	49	615	67	624
2	CDP	1976	44	758	64	771
3	MRC-2	1979	102	832	126	850
4	GASP	1979	32	317	38	309
5	PARIS	1980	85	810	52	406
6	AMIS	1980	246	2267	219	2257
7	ISIS-2	1988	1570	8587	1720	8600

1) meta에는 '높은(higher)'이란 의미가 있으므로 메타분석은 한 층 높은 곳에서의 연구를 지칭한다.

처리와 대조를 비교하는 연구 $i\ (=1,\ \cdots\ , N)$의 결과를 다음과 같이 표기하자.

	표본크기	사건(1)	비사건(2)
처리	$n_i^{[t]}$	$x_i^{[t]}$	$n_i^{[t]} - x_i^{[t]}$
대조	$n_i^{[c]}$	$x_i^{[c]}$	$n_i^{[c]} - x_i^{[c]}$

사건 발생률은 처리그룹에서 $\dfrac{x_i^{[t]}}{n_i^{[t]}}\ (= p_i^{[t]})$이고 대조그룹에서 $\dfrac{x_i^{[c]}}{n_i^{[c]}}\ (= p_i^{[c]})$이다.
처리와 대조의 차이를 표현하는 지표에는 다음과 같은 몇 가지가 있다.

1) RR (relative risk, 상대위험) $= \dfrac{p_i^{[t]}}{p_i^{[c]}}$.

RR이 1보다 크면(작으면) 처리가 대조에 비해 사건 발생률이 큼(작음)을 뜻한다.

2) OR (odds ratio, 오즈 비) $= \dfrac{p_i^{[t]}/q_i^{[t]}}{p_i^{[c]}/q_i^{[c]}}$. 여기서 $q_i^{[t]} = 1 - p_i^{[t]}$, $q_i^{[c]} = 1 - p_i^{[c]}$.

OR이 1보다 크면(작으면) 처리가 대조에 비해 사건의 오즈가 큼(작음)을 뜻한다.
오즈(odds)는 성공 비율과 실패 비율의 비(比, ratio)이다.

3) RD (risk difference, 비율 차이) $= p_i^{[t]} - p_i^{[c]}$.

RD가 0보다 크면(작으면) 처리가 대조에 비해 사건 발생률이 큼(작음)을 뜻한다.

4) AS (arcsine difference, 역싸인 차이) $= arcsin\sqrt{p_i^{[t]}} - arcsin\sqrt{p_i^{[c]}}$.

비율에 대한 역싸인 변환(arcsine transform), 즉 $p \rightarrow arcsin\sqrt{p}$ 은 분산 안정화 변환이다.

후향적으로 진행되는 사례-대조 연구(case-control study)에서는 반드시 오즈 비 OR을 써야 한다 (RR, RD, AS는 쓸 수 없다).

어느 지표를 사용하든, 연구 $i\ (=1, \cdots, N)$에서 지표 값이 $\hat{\psi}_i$라고 하자.[2] 그리고 $\hat{\psi}_i$의 참값을 ψ_i로 나타내자. $\psi_1, \cdots, \psi_N$에 대한 모형은 다음 두 종류가 있다.

1) 고정효과 모형: $\psi_1 = \cdots = \psi_N\ (= \psi)$.

2) 임의효과 모형: $\psi_i \sim N(\psi, \tau)$ independently for $i = 1, \cdots, N$.

N개의 개별연구가 동일 조건에서 실행된 것이라면 고정효과 모형이 맞다. 그러나 메타연구를 위해 수집된 개별연구들이 표본개체가 확보된 모집단에서 차이가 있고 측정방법 등 그 밖의 측면에서도 작은 차이들이 있을 수 있다. 이런 경우에는 임의효과 모형이 타당하다.

고정효과 모형과 임의효과 모형의 공통적 기반은

$$\hat{\psi}_i = \psi_i + e_i, \quad e_i \sim N(0, \sigma_i), \quad i = 1, \cdots, N$$

이다. 여기서 오차 e_i가 개입되는 이유는 개별 연구의 변동성 때문이다. $Var(e_i)$ $(=\sigma_i^2)$는 연구 i의 처리표본과 대조표본의 크기와 관계가 있다. 고정효과 모형에서는 $Var(\hat{\psi}_i) = \sigma_i^2$이고 임의효과 모형에서는 $Var(\hat{\psi}_i) = \tau^2 + \sigma_i^2$이다. 표본크기가 큰 연구에서는 σ_i^2가 작게 된다.

메타분석의 첫 걸음은 $\hat{\psi}_1, \cdots, \hat{\psi}_N$을 결합해 ψ를 추정해내는 것이다. 일반적인 방법은 $\hat{\psi}_1, \cdots, \hat{\psi}_N$의 가중평균을 $\hat{\psi}$로 사용하는 것이다. 즉,

$$\hat{\psi} = \frac{\sum_{i=1}^{N} w_i \hat{\psi}_i}{\sum_{i=1}^{N} w_i}.$$

여기서 $w_i\ (i = 1, \cdots, N)$는 $Var(\hat{\psi}_i)$의 역수(inverse)이다. 실제로는 $Var(\hat{\psi}_i)$를 추정치 $\widehat{Var}(\hat{\psi}_i)$로 대체해서 쓴다.[3]

---

2) RR와 OR의 경우는 각각의 로그변환을 지칭한다.

3) 이를 위해서는 σ_i^2이 추정되어야 하고 τ^2이 추정되어야 한다. 이 부분은 생략한다.

연구 i 에서 관측된 지표 $\hat{\psi}_i$에 붙는 퍼센트 가중치 $w_i' \ (= w_i \, / \sum_{i=1}^{N} w_i)$은 표본크기가 큰 연구에 대해서는 크게 잡히고 작은 연구에 대해서는 작게 잡힌다. 실제 값은 메타분석 모형 (고정효과 vs 임의효과)에 따라 다르다.

표 1 `Fleiss93` 자료의 7개 연구를 종합해보자. 처리와 대조 간 비교 지표로는 오즈 비(OR)를 쓰기로 한다. 이 자료는 "meta" 팩키지 `Fleiss93`에 있다. 사용할 함수는 `metabin( )`이다.

Fleiss93 사례 "meta_1.r"

```
> library(meta)
> data(Fleiss93)

> metabin(event.e, n.e, event.c, n.c, studlab=paste(study, year), sm="OR",
+       method="inverse", data=Fleiss93)

                  OR           95%-CI %W(fixed) %W(random)
 MRC-1 1974  0.7197  [0.4890; 1.0593]      2.82       8.21
 CDP 1976    0.6808  [0.4574; 1.0132]      2.67       7.85
 MRC-2 1979  0.8029  [0.6065; 1.0629]      5.36      13.23
 GASP 1979   0.8007  [0.4863; 1.3186]      1.70       5.36
 PARIS 1980  0.7981  [0.5526; 1.1529]      3.12       8.89
 AMIS 1980   1.1327  [0.9347; 1.3728]     11.42      20.70
 ISIS-2 1988 0.8950  [0.8294; 0.9657]     72.91      35.77

 Number of studies combined: k=7

                          OR           95%-CI       z  p.value
 Fixed effect model   0.8969  [0.8405; 0.9571] -3.2828   0.001
 Random effects model 0.8763  [0.7743; 0.9917] -2.0918   0.0365

 Quantifying heterogeneity:
 tau^2 = 0.0096; H = 1.29 [1; 1.99]; I^2 = 39.7% [0%; 74.6%]

 Test of heterogeneity:
     Q d.f.  p.value
  9.95    6   0.1269
```

```
Details on meta-analytical method:
- Inverse variance method
- DerSimonian-Laird estimator for tau^2
```

R "meta" 패키지의 `metabin( )`에서 `studlab`은 'study label'을 의미한다. 인수(引數, argument) `sm`, `method`의 기능은 다음과 같다.

`sm`	처리와 대조의 비교에 사용될 요약측도(summary measure). "RR", "OR", "RD", "AS" 중 하나를 지정한다.
`method`	개별연구의 결합 방법(method). 앞에서 설명한 방법은 "inverse" 이다. 이것 외 "MH" (Mantel-Haenszel)와 "Peto"의 방법이 있다.

앞의 R 출력에서 첫 연구인 "MRC-1 1974"의 OR은 0.7197이다 (확인해볼 것). 이 값이 1보다 작으므로 처리(아스피린)가 대조(위약)에 비해 사건(심근경색증)의 발생률이 작게 나타났음을 알 수 있다. 이렇게 7개 개별연구를 결합한 결과로 얻은 OR(오즈 비)은 1) 고정효과 모형에서는 0.897이고 2) 임의효과 모형에서는 0.876이다. 개별 OR들의 결합에 쓰인 가중치는 1) 고정효과 모형에서는 0.028, …,0.729 등이고 2) 임의효과 모형에서는 0.082, …,0.358 등으로 임의효과 모형 하에서 편차가 작다. 이 사례에서 수집된 개별 자료들은 지역과 연도 등에서 차이가 있으므로 임의효과 모형이 타당할 것이다.

모(母)측도 ψ에 대한 추론 결과를 보자. 여기서 쓰인 측도가 OR이므로 설정된 영가설은 $H_0 : \psi = 1$이고 연구의 맥락에 비춰 대안가설은 $H_1 : \psi < 1$이다. 임의효과 모형 하에서 검정 통계량

$$z = \frac{\hat{\psi} - 1}{s.e.(\hat{\psi})} = -2.09$$

이고 이것의 p-값은 1.8%이다 (출력 값 3.65%의 $\frac{1}{2}$). 따라서 처리가 대조에 비해 사건 발생률이 작다는 가설이 유의수준 5% 하에서 지지된다. 임의효과 모형 하에서, 모집단 OR에 대한 95% 신뢰구간은 (0.774, 0.992)이다.

$\hat{\tau}^2$는 일종의 적률추정법인 DerSimonian-Laird 방법으로 얻어진다.

요약측도(효과크기)들의 이질성(heterogeneity) 검정 통계량 Q는

$$Q = \sum_{i=1}^{N} w_i(\hat{\psi}_i - \hat{\psi})^2$$

으로 정의된다. 여기서 $w_1, \cdots, w_N$은 개별연구들에 붙는 가중치이다 (고정효과 모형). Q는 균질성 가설 하에서 χ^2 분포를 따른다 (자유도 $N-1$).[4)]

메타 결과를 시각화하는 기법으로 숲 그림(forest plot)이 있다. 다음 R 스크립트를 추가로 돌려 얻는다.

```
> meta.1 <- metabin(event.e, n.e, event.c, n.c, studlab=paste(study,year),
+   sm="OR", method="inverse", data=Fleiss93)
> forest(meta.1, comb.fixed=FALSE, leftcols="studlab", rightcol=FALSE)
```

실행 결과는 그림 1의 숲 그림(forest plot)이다. 이 그림은 개별 연구결과(나무)들의 종합을 표상한다. 그림에서 마지막 줄의 다이아몬드는 모(母)측도 ψ에 대한 신뢰구간을 나타낸다. 고정효과 모형의 출력은 억제되었다.

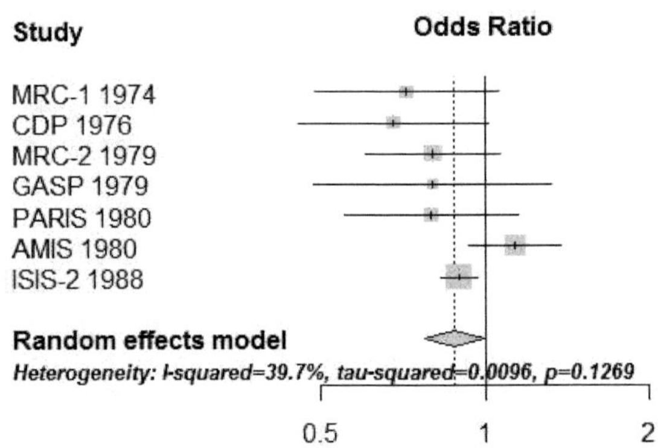

그림 1. Fleiss93 자료에 대한 숲 그림(forest plot)

4) 이질성 검정은 참고적으로 보는 것을 추천한다. 이를 근거로 메타분석 모형(고정효과 vs 임의효과)을 선택하는 것은 바람직하지 않다.

2. 출간 편향

메타분석에서 수집 대상인 개별연구는 "모두"이다. 즉, 학술지에 출판된 연구논문에 그치지 않고 비출간된 학위논문과 연구보고서가 모두 포함되어야 한다. 그러나 일부 연구결과는 문서보관 상자에 묻혀 공공영역에 나오지 않는 경우가 발생한다. 특히 처리와 대조 간 차이가 통계적으로 유의하지 않은 연구결과나 그 분야 전문가들의 다수 견해와 다른 연구결과는 무시될 가능성이 다분히 있다. 이로부터 출간 편향(publication bias)이 초래된다. 메타분석을 위해 수집된 개별연구들이 정상적 연구들과는 체계적으로 다를 가능성을 배제할 수 없다.

수집된 개별연구들에 출간 편향이 있는가・없는가는 깔때기 그림(funnel plot)으로 평가될 수 있다 (깔때기가 뒤집힌 모습). 그림 2는 다음 R 스크립트를 덧붙여 얻은 깔때기 그림이다. 이 그림에서 오른쪽 아래 코너가 비어 있다. 이것은 표준오차(standard error)가 큰 것들, 즉 작은 규모의 연구들 중에서는 OR이 평균보다 작은 것들만 수집되었음을 말해준다.

```
> funnel(meta.1)
```

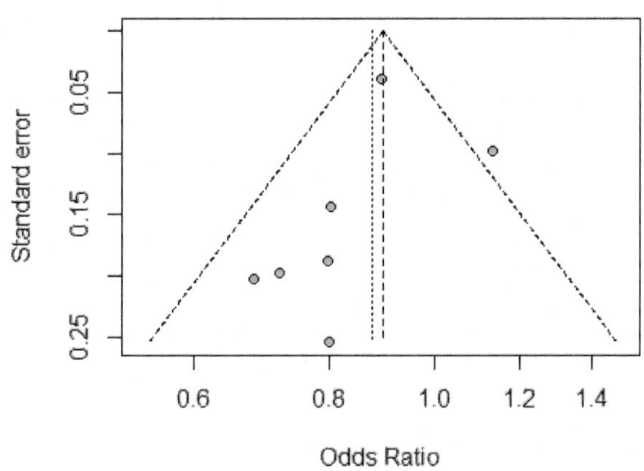

그림 2. Fleiss93 자료에 대한 깔때기 그림(funnel plot)

3. 평균의 비교

메타분석의 두 번째 유형으로서 처리 평균과 대조 평균의 차이를 종합하는 메타분석을 다루기로 한다. N개의 개별연구를 수집하여 다음과 같이 $i\ (=1,\ \cdots,\ N)$ 번째 개별연구 결과가 표현되었다고 하자.

	표본크기	평균	표준편차
처리	$n_i^{[t]}$	$\overline{x}_i^{[t]}$	$s_i^{[t]}$
대조	$n_i^{[c]}$	$\overline{x}_i^{[c]}$	$s_i^{[c]}$

사용되는 요약측도(summary measure)에는 다음 두 가지가 있다.

1) 평균의 차이 MD (mean difference): $d_i = \overline{x}_i^{[t]} - \overline{x}_i^{[c]}$.

2) 표준화 평균 차이 SMD (standardized mean difference):

$$d_i' = \frac{\overline{x}_i^{[t]} - \overline{x}_i^{[c]}}{s_i}.$$

   여기서 s_i는 통합 표준편차(pooled standard deviation)이다. SMD는 효과크기(effect size)로도 불리운다.

표 2의 `Fleiss93cont` 사례는 정신적 치료가 병원 이용(medical use)에 미치는 영향을 본 5개 개별연구의 리스트이다. 개별 사례는 처리 평균과 대조 평균으로 정리되었다.

어느 지표를 사용하든, 연구 $i\ (=1, \cdots, N)$에서 그 값이 $\hat{\delta}_i$로 정리되었다고 하고 이것의 참값을 δ_i로 표기하자. $\delta_1, \cdots, \delta_N$에 대한 모형은 다음 둘 중 하나이다.

1) 고정효과 모형: $\delta_1 = \cdots = \delta_N\ (= \delta)$.

2) 임의효과 모형: $\delta_i \sim N(\delta, \tau)$ independently for $i = 1, \cdots, N$.

표 2. Fleiss93cont 사례

	study	year	n.e	mean.e	sd.e	n.c	mean.c	sd.c
1	Davis	1973	13	5.0	4.70	13	6.50	3.80
2	Florell	1971	30	4.9	1.71	50	6.10	2.30
3	Gruen	1975	35	22.5	3.44	35	24.90	10.65
4	Hart	1975	20	12.5	1.47	20	12.30	1.66
5	Wilson	1977	8	6.5	0.76	8	7.38	1.41

N개의 개별연구의 조건을 면밀하게 검토하여 다소 이질적인 요소가 있다고 판단되면 임의효과 모형을, 그렇지 않은 경우에는 고정효과 모형을 상정한다.

다음 단계는 δ의 추정이다. 비율의 경우에서와 같이, $\hat{\delta}_1, \cdots, \hat{\delta}_N$의 가중결합 방식이 일반적으로 쓰인다. 즉,

$$\hat{\delta} = \frac{\sum_{i=1}^{N} w_i \hat{\delta}_i}{\sum_{i=1}^{N} w_i}.$$

여기서 $w_i\,(i=1, \cdots, N)$는 $Var(\hat{\delta}_i)$의 역수이다 [역 분산(inverse variance) 방법]. 실제로는 $Var(\hat{\delta}_i)$를 $\widehat{Var}(\hat{\delta}_i)$로 대체해서 쓴다. 표본크기가 큰 연구는 $\hat{\delta}_i$의 분산 $Var(\hat{\delta}_i)$가 작으므로 가중치 w_i는 큰 값을 갖는다.

다음은 `Fleiss93cont` 자료에 R "meta" 팩키지의 `metacont( )`를 적용하여 메타분석하는 R 스크립트와 그것의 출력이다.[5] 요약측도로 SMD를 썼다.

5) 출력을 보면 고정효과 모형의 가중치와 임의효과 모형의 가중치가 같게 나왔는데 그것은 이 사례에서 $\hat{\tau}^2$가 매우 작기 때문이다.

Fleiss93cont 사례 "meta_2.r"

```
> library(meta)
> data(Fleiss93cont)
> metacont(n.e, mean.e, sd.e, n.c, mean.c, sd.c, sm="SMD", data=Fleiss93cont)

       SMD              95%-CI %W(fixed) %W(random)
  1 -0.3399  [-1.1152;  0.4354]     11.54      11.54
  2 -0.5659  [-1.0274; -0.1044]     32.58      32.58
  3 -0.2999  [-0.7712;  0.1714]     31.23      31.23
  4  0.1250  [-0.4954;  0.7455]     18.02      18.02
  5 -0.7346  [-1.7575;  0.2883]      6.63       6.63

  Number of studies combined: k=5

                           SMD             95%-CI       z  p.value
  Fixed effect model   -0.3434  [-0.6068; -0.08] -2.5555   0.0106
  Random effects model -0.3434  [-0.6068; -0.08] -2.5555   0.0106

  Quantifying heterogeneity:
  tau^2 < 0.0001; H = 1 [1; 2.1]; I^2 = 0% [0%; 77.4%]

  Test of heterogeneity:
      Q d.f.  p.value
   3.68    4   0.4515

  Details on meta-analytical method:
  - Inverse variance method
  - DerSimonian-Laird estimator for tau^2
```

`Fleiss93cont` 사례에서 종합된 SMD는 -0.343이다. 평균적으로 처리평균이 대조평균에 비해 0.343 표준편차만큼 작다는 말인데, 이것은 처리의 효과로 표준정규분포에서 0에 있던 중심이 하위 36.6% 분위수가 있는 z =-0.343으로 이동함을 의미한다. 이 음의 차이(negative difference)는 통계적으로도 상당히 유의하다 (단측 p-값 < 1%).

그림 3은 `Fleiss93cont` 자료에 대한 숲 그림(forest plot)이다.

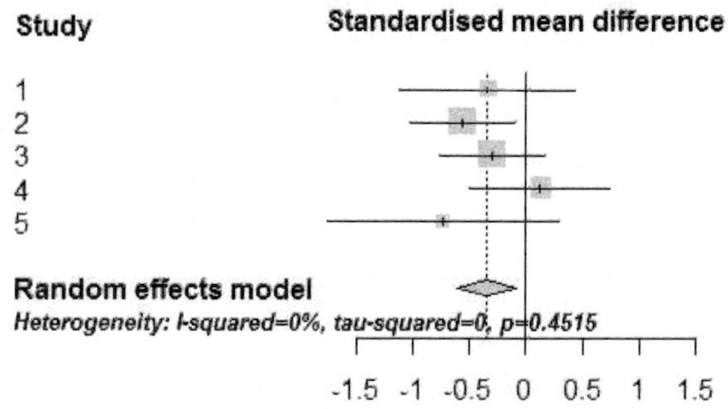

그림 3. Fleiss93cont 자료에 대한 숲 그림

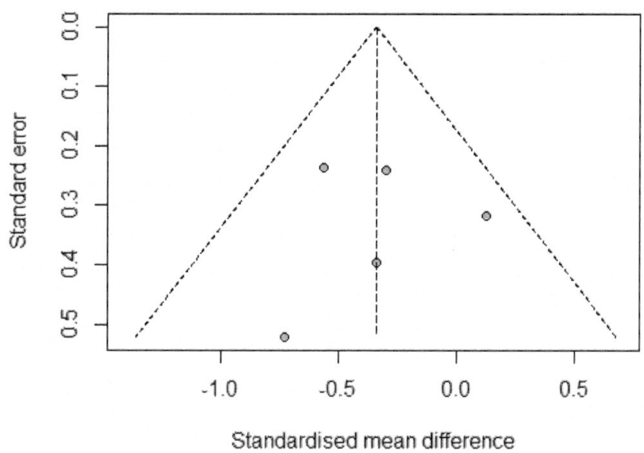

그림 4. Fleiss93cont 자료에 대한 깔때기 그림

그림 4는 Fleiss93cont 자료에 대한 깔때기 그림(funnel plot)이다. 대체로 좌우 대칭적인 모습을 취하고 있으므로 수집 자료에 출간 편향이 있는 것으로 보이지 않는다. 다음은 그림 작성에 쓰인 R 스크립트이다.

```
> meta.2 <- metacont(n.e, mean.e, sd.e, n.c, mean.c, sd.c, sm="SMD",
+           data=Fleiss93cont)
> forest(meta.2, comb.fixed=FALSE, leftcols="studlab", rightcol=FALSE)
> funnel(meta.2)
```

4. "meta"의 기타 기능

이제까지 R "meta" 팩키지의 메타분석 함수로 `metabin( )`과 `metacont( )`를 소개하고 설명하였다. 그리고 그래프 함수로는 `forest( )`와 `funnel( )`을 다루었다. R "meta" 팩키지는 이외에 여러 유용한 기능의 함수를 제공하는데 예컨대 다음과 같은 것들이다.

- `metagen( )`. N개의 요약측도와 그것의 표준오차(standard error)를 투입하면 역분산방법(inverse variance method)으로 일반적인 메타분석을 실행한다. `metabin( )`과 `metacont( )`의 일반화이다.
- `trimfill( )`. Trim-and-Fill 방법: 깔때기 그림의 비대칭성을 보정하여 수집된 메타자료에 내재된 출간 편향(publication bias)을 제거한다.

탐구과제

1. '비율 비교'의 메타 연구에서 Mantel-Haenszel 방법과 Peto의 방법은 무엇인가? Fleiss93 자료에 적용하는 경우, 역분산법의 결과와 얼마나 다른가?

2. Trim-and-Fill 방법이란 무엇인가?

3. 다음 논문을 읽어보라.
   - 이준영 (2008). "메타분석", 대한내분비학회지 23권 6호. 361-378쪽.

2장. 잠재 층 분석 latent class analysis

일련의 택일형 문항에 대하여 n 명이 응답한 자료를 분석하고자 한다고 하자. 응답자 중 어느 2인도 같은 응답을 내지 않았더라도 사람들을 몇 개의 유형 군으로 나누어볼 수 있다는 것이 잠재 층 분석의 기본 전제이다. 이때 응답자들의 유형 군은 그들이 드러낸 의견으로부터 유추된다. 그러기에 응답자들의 유형군을 잠재 층(latent class)이라고 한다. 이 장에서는 잠재 층 분석(latent class analysis)의 방법을 설명하고 R "poLCA" 팩키지의 활용 보기를 제시할 것이다.

1. 범주형 응답과 이에 대한 통계적 모형

J개의 태도 진술에 대하여 사회 구성원의 찬성(1)・반대(2) 의견을 조사하였다고 하자. 모든 가능한 응답조합은 2^J 개이다 (J가 10이면 조합 수는 1024개). 따라서 응답자 수 n이 1,000을 훨씬 넘는다고 하더라도 어떤 조합에서는 해당하는 케이스가 없을 수 있다. J개의 진술(항목)들이 연관되어 있기 때문이다.

잠재 층 분석의 1차 목표는 J개 항목에 대한 범주형 응답 $Z_1, \cdots, Z_J$를 토대로 n 명의 응답자들을 R개의 클래스(층)로 나누는 데 있다. 이때 $R(=2, 3, \cdots)$의 값은 일단 주어져야 하지만 자료 분석을 통해 사후적으로 선택될 수도 있다.

이를 위해 다음과 같이 표기하자.

- R개 층(클래스)의 구성 비율: $p_1, \cdots, p_R \quad (p_1 + \cdots + p_R = 1)$.
- 층 r의 개체가 항목 j의 범주 k에 반응할 확률: π_{rjk}. 이것은 r에 따라 다르다. 여기서 $\sum_{k=1}^{K_j} \pi_{rjk} = 1$ (각 r과 j에 대하여).
- 관측자료: $y_{ijk}, \ i = 1, \cdots, n; \ j = 1, \cdots, J; \ k = 1, \cdots, K_j$.

* y_{ijk}는 개체 i가 항목 j의 범주 k에 반응하면 1이고 아니면 0이다.
* 개체(응답자) i의 응답: $\boldsymbol{y}_i$ $(\sum_j K_j \times 1)$.

이러한 자료에 대해 잠재 층 분석에서는 다음 확률 모형이 가정된다.[1)]

$$\boldsymbol{y}_i \text{ given } r: \qquad f(\boldsymbol{y}_i \mid r) = \prod_j \prod_k \pi_{rjk}^{y_{ijk}}.$$

따라서

$$f(\boldsymbol{y}_i) = \sum_r p_r \left(\prod_j \prod_k \pi_{rjk}^{y_{ijk}} \right) \quad \text{for } i = 1, \cdots, n$$

이고 (혼합다항분포), 로그 가능도는 다음과 같이 주어진다.

$$\log L = \sum_i \log \left[\sum_r p_r \prod_j \prod_k \pi_{rjk}^{y_{ijk}} \right].$$

$\log L$을 최대화하는 파라미터 $\{\hat{p}_r, \hat{\pi}_{rjk}\}$를 찾기 위해, EM 알고리즘과 뉴튼-라프슨(Newton-Raphson) 방법을 쓴다.

이렇듯, 잠재 층 모형은 일종의 혼합분포 모형이다. 베이즈적 관점에서, 응답자 i가 층 r에 속할 확률을 다음과 같이 사전 단계와 사후 단계에서 볼 수 있다.

- 사전확률: $p_r, \ r = 1, \cdots, R.$
- 사후확률: $\dfrac{p_r \, P(\boldsymbol{y}_i \mid r)}{\sum_r p_r \, P(\boldsymbol{y}_i \mid r)}, \ r = 1, \cdots, R.$

각 개체의 소속 층을 알기 위해서는, 각 개체에 대하여 사후확률이 큰 r을 찾으면 된다. 2개 이상의 층에 걸치는 개체들이 나타날 수 있다.

---

1) 이 모형에서는 각 층에서 J개 범주형 변수들이 독립적이다.

2. values 사례와 모형 선택

R “poLCA” 팩키지의 `values` 자료는 지역주의-세계주의 가치관과 관련된 4개 문항 A, B, C, D를 포함하는 설문지 조사에서 얻어졌다. 각 문항에 대한 응답은 ‘지역주의 particularistic (1)’, ‘세계주의 universalistic (2)’의 이항형이다. 216 명이 응답하였다.

R “poLCA” 팩키지의 `poLCA( )`는 잠재 층 분석을 해내는 함수이다.

R 스크립트 “lca_1.r”

```
> library(poLCA)
> data(values)
> f <- cbind(A,B,C,D) ~ 1
> set.seed(123)
> M2 <- poLCA(f, values, nclass=2)

 Conditional item response (column) probabilities, by outcome variable,
 for each class (row)

 $A
           Pr(1)  Pr(2)
 class 1:  0.2864 0.7136
 class 2:  0.0068 0.9932

 $B
           Pr(1)  Pr(2)
 class 1:  0.6704 0.3296
 class 2:  0.0602 0.9398

 $C
           Pr(1)  Pr(2)
 class 1:  0.6460 0.3540
 class 2:  0.0735 0.9265

 $D
           Pr(1)  Pr(2)
 class 1:  0.8676 0.1324
 class 2:  0.2309 0.7691
```

```
Estimated class population shares
 0.7208 0.2792

Predicted class memberships (by modal posterior prob.)
 0.6713 0.3287

Fit for 2 latent classes:
number of observations: 216
number of estimated parameters: 9
residual degrees of freedom: 6
maximum log-likelihood: -504.4677

AIC(2): 1026.935
BIC(2): 1057.313
G^2(2): 2.719922 (Likelihood ratio/deviance statistic)
X^2(2): 2.719764 (Chi-square goodness of fit)
```

R 출력에서 `Conditional item response probabilities`를 보면 층 1은 지역주의적(particularistic)이고 층 2는 세계주의적(universalistic)이다.

216명 응답자들 중 층 1과 층 2의 비율은 어느 정도일까? `Estimated class population shares`를 보면 되는데, 사전적으로 (모집단 전체로는) 층 1이 72%이고 층 2는 28%이다.[2] 개체 별 소속 층을 보기 위해서 poLCA의 출력 오브젝트 `M2`에서 사후확률 `M2$posterior`를 살펴볼 필요가 있다. 그림 1은 층 1 사후확률 `M2$posterior[,1]`의 히스토그램이다.

그림 1에서 특이한 점은 중앙의 (0.4, 0.6) 구간에 다수의 개체들이 존재한다는 점이다. 해당 응답자들은 'particularistic' 태도와 'universalistic' 태도를 모두 가지고 있는 것으로 보여진다. 다음은 그림 1의 작성에 쓰인 R 스크립트이다.

```
> hist(M2$posterior[,1], nclass=20, main="Posterior", xlab="class 1")
```

2) 잠재 층 분석(LCA)에서 층의 레이블은 임의적이다. 즉, 이 계산에서는 층 1이 '지역주의' 성향이고 층 2가 '세계주의' 성향으로 나타났지만, 재계산에서는 반대로 나타날 수 있다. 또한 `poLCA( )`의 출력 결과가 국소 최적(local optimum)일 가능성도 배제할 수 없다. 이를 막는 최선의 방법은 초기점을 달리하여 알고리즘을 여러 번 돌려보는 것이다 (`poLCA( )`에서 인수 `nrep`을 활용).

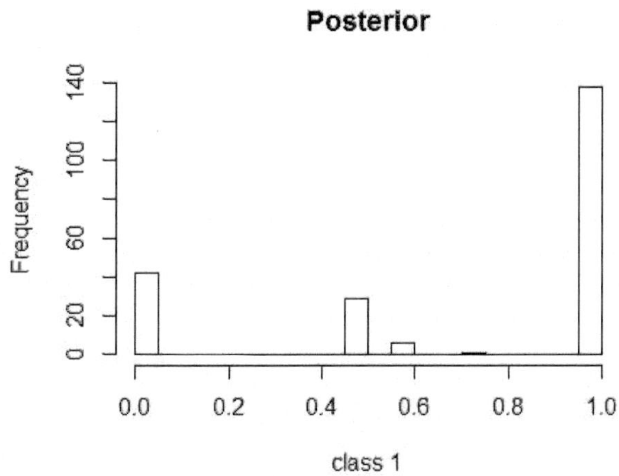

그림 1. 층 1 소속 확률의 히스토그램

이제까지의 잠재 층 분석에서는 층의 수가 2였다. 앞서 관찰한 중간 그룹의 존재를 염두에 두어, 층의 수가 3인 잠재 층 분석을 시도해보기로 하자. 수렴하는 수치 해를 얻는 데 문제가 있어 옵션 `maxiter`의 값을 10배 늘려 잡았다 (1000에서 10000으로). 다음은 일부 R 출력이다.

```
> set.seed(123)
> M3 <- poLCA(f, values, nclass=3, maxiter=10000)

  Estimated class population shares
   0.2003 0.6037 0.1961

  Predicted class memberships (by modal posterior prob.)
   0.1944 0.6713 0.1343

  Fit for 3 latent classes:
  number of observations: 216, number of estimated parameters: 14
  residual degrees of freedom: 1
  maximum log-likelihood: -503.3011

  AIC(3): 1034.602
  BIC(3): 1081.856
  G^2(3): 0.3868562 (Likelihood ratio/deviance statistic)
  X^2(3): 0.4225492 (Chi-square goodness of fit)
```

모형 M2와 모형 M3의 비교에 유용한 통계적 기준은 AIC (Akaike Information Criterion)와 BIC (Bayesian Information Criterion)이다. M2의 AIC가 1026.9, M3의 AIC가 1034.6으로 M2의 AIC가 더 작다. BIC로 비교해보아도 M2가 더 작다. 따라서 `values` 자료에 대하여는 잠재 층이 2개인 모형이 선호된다.

3. 잠재 층 회귀 모형

개체 별로 응답에 공변량이 붙어 있는 경우, 우리는 잠재 층 모형을 확장한 잠재 층 회귀 모형(latent class regression model)을 고려할 수 있다.

응답자 i에 붙은 공변량을 $\boldsymbol{x}_i$라고 하자. 앞에서는 모든 개체에서 층의 사전 확률이 같았지만 이제부터는 공변량을 고려하여 다음과 같이 사전확률 $p_{i1}, \cdots, p_{iR}$을 설정한다.

$$\log \frac{p_{ir}}{p_{i1}} = \boldsymbol{x}_i^t \beta_r, \quad r = 2, \cdots, R.$$

따라서 최대화를 해야 할 로그 가능도가 다음과 같이 바뀐다.

$$\log L = \sum_i \log \left[\sum_r p_{ir} \prod_j \prod_k \pi_{rjk}^{y_{ijk}} \right].$$

election 사례

이 자료는 2000년 American National Election Study에서 나온 것으로 1785명이 응답하였다. 질문 항목은 민주당 후보인 Al Gore와 공화당 후보인 George Bush의 도덕성(moral), 친애감(caring), 지식(knowledgable), 지도자 자질(good leader), 비정직성(dishonest), 지적 능력(intelligent)에 대한 의견이며 4점 척도이다 (1: extremely well, 2: quite well, 3: not too well, 4: not well at all). 여기서 공변량은 7점 척도의 정당성(**PARTY**)이다 (1: strong democrat, ⋯, 7: strong republican).

R 스크립트 "lca_2.r"[3]

```
> library(poLCA)
> data(election)

> set.seed(1234)
> f.1 <- cbind(MORALG,CARESG,KNOWG,LEADG,DISHONG,INTELG,
+            MORALB,CARESB,KNOWB,LEADB,DISHONB,INTELB) ~ PARTY
> lcrm.1 <- poLCA(f.1, election, nclass=3, nrep=5)

   ⋮

  Estimated class population shares
   0.2736 0.3859 0.3405

  Predicted class memberships (by modal posterior prob.)
   0.2769 0.3815 0.3415

  Fit for 3 latent classes:
  -----
  2 / 1
              Coefficient  Std. error  t value  Pr(>|t|)
  (Intercept)    -1.16155     0.17989   -6.457         0
  PARTY           0.57436     0.06401    8.973         0
  -----
  3 / 1
              Coefficient  Std. error  t value  Pr(>|t|)
  (Intercept)    -4.97967     0.32771  -15.195         0
  PARTY           1.36762     0.08081   16.924         0

  number of observations: 1300
  number of estimated parameters: 112
  residual degrees of freedom: 1188
  maximum log-likelihood: -16222.32

  AIC(3): 32668.65
  BIC(3): 33247.7
  X^2(3): 34565230862 (Chi-square goodness of fit)
```

3) 앞서 말한 대로, 층 번호(레이블)는 R 실행시마다 달라질 수 있다. 이를 고정시키기 위하여 초기값 설정을 하였다: `set.seed(1234)`

로지스틱 적합(**Fit for 3 latent classes**)을 살펴보면 층 1은 'Democrat', 층 2는 'Independent', 층 3은 'Republican'이 맞다. 그런데 3개 층의 혼합비율이 27.4%, 38.6%, 34.1%이므로 민주당(Democratic)의 Gore가 공화당(Republican)의 Bush에 비하여 열세인 판국으로 볼 수 있다.

그림 2는 삼각형 좌표에 개체의 사후 확률을 플롯한 그래프이다. `vcd` 팩키지의 `ternaryplot( )` 함수를 사용하였다.

```
> library(vcd)
> colnames(lcrm.1$posterior) <- c("Democrat","Independent","Republican")
> ternaryplot(lcrm.1$posterior, cex=0.5, main="election study",
+           col=c("red","green","blue")[lcrm.1$predclass])
```

탐구문제 1. 공변량으로 **PARTY**를 넣은 모형이 넣지 않은 모형에 비해 더 좋은가? AIC 기준으로 비교하라.

탐구문제 2. election 자료에는 공변량으로 **PARTY** 외 **AGE**, **GENDER**, **EDUC** 등 3개의 변수가 더 있다. 가장 좋은 모형을 찾아라.

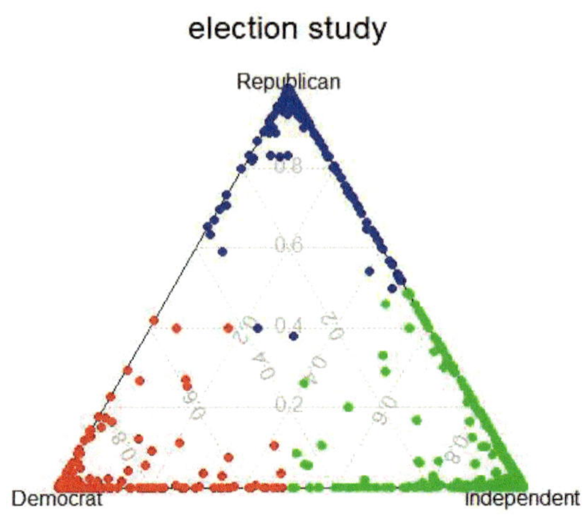

그림 2. election 자료의 층 사후확률

4. 응용: 잠재 층에 대한 로지스틱 회귀

잠재 층 모형에서 도출되는 개체(응답자) 별 예측 층을 새로운 종속변수로 활용하는 응용 예를 제시하기로 한다. 여기서 개체 별 예측 층(predicted class)이란 개체 별로 사후확률이 가장 큰 층이다.

3절의 election 자료에 대하여 공변량 없고 층의 수가 3인 잠재 층 모형을 고려하자. 그 모형에서 얻어지는 예측 층 $Z(=1,2,3)$ 중에서 'Independent'(3)를 제외하여 'Democratic'(1)과 'Republican'(2)이 남은 subset에서, 'Democratic'(1) vs. 'Republican'(2)이 4개의 공변량 **AGE(A)**, **GENDER(G)**, **EDUC(E)**, **PARTY(T)**와 어떤 관계에 있는가를 로지스틱 회귀 모형으로 살펴보기로 한다.[4)] 즉

$$\log \frac{P[Z=2 \mid A,G,E,T]}{P[Z=1 \mid A,G,E,T]} = \beta_0 + \beta_1 A + \beta_2 G + \beta_3 E + \beta_4 T.$$

R 스크립트 "lca_3.r"

```
> library(poLCA)
> data(election)
>
> f.2 <- cbind(MORALG,CARESG,KNOWG,LEADG,DISHONG,INTELG,
               MORALB,CARESB,KNOWB,LEADB,DISHONB,INTELB) ~ 1
> set.seed(123)
> lca.2 <- poLCA(f.2,election,nclass=3,nrep=5,na.rm=FALSE)

 Conditional item response (column) probabilities, by outcome variable, for
 each class (row)

 $MORALG
           1 Extremely well 2 Quite well 3 Not too well 4 Not well at all
 class 1:            0.5915       0.3633         0.0199            0.0253
 class 2:            0.1446       0.3649         0.2677            0.2228
 class 3:            0.1057       0.6650         0.2093            0.0200
  ⋮
```

4) 앞서 말한 대로, 층 번호(레이블)는 R 실행시마다 달라질 수 있다. 이를 고정시키기 위하여 초기값 설정을 하였다: `set.seed(123)`

```
$INTELG
           1 Extremely well 2 Quite well 3 Not too well 4 Not well at all
class 1:             0.6892        0.2682          0.0136              0.0291
class 2:             0.2295        0.4905          0.1945              0.0855
class 3:             0.0585        0.8271          0.1039              0.0106

$MORALB
           1 Extremely well 2 Quite well 3 Not too well 4 Not well at all
class 1:             0.1317        0.3768          0.3318              0.1596
class 2:             0.5157        0.4374          0.0336              0.0133
class 3:             0.0440        0.6771          0.2470              0.0319
 ⋮

$INTELB
           1 Extremely well 2 Quite well 3 Not too well 4 Not well at all
class 1:             0.1581        0.3840          0.2743              0.1836
class 2:             0.4600        0.5133          0.0243              0.0024
class 3:             0.0284        0.7182          0.2238              0.0296

Estimated class population shares
 0.2779 0.2908 0.4313

Predicted class memberships (by modal posterior prob.)
 0.2723 0.284 0.4437
 ⋮

> subset <- (lca.2$predclass != 3)
> election$Z.1 <- lca.2$predclass-1
> logistic <- glm(Z.1 ~ AGE+GENDER+EDUC+PARTY,data=election[subset,],
+                 family=binomial())

> summary(logistic)

Coefficients:
             Estimate Std. Error z value Pr(>|z|)
(Intercept) -2.270690   0.517427  -4.388 1.14e-05 ***
AGE         -0.008117   0.005593  -1.451   0.1467
GENDER      -0.224449   0.192428  -1.166   0.2435
EDUC        -0.153198   0.060783  -2.520   0.0117 *
PARTY        1.027711   0.059048  17.405  < 2e-16 ***
---
Signif. codes:  0 '***' 0.001 '**' 0.01 '*' 0.05 '.' 0.1 ' ' 1
```

```
(Dispersion parameter for binomial family taken to be 1)

    Null deviance: 1352.61  on 975  degrees of freedom
Residual deviance:  724.34  on 971  degrees of freedom
  (17 observations deleted due to missingness)
AIC: 734.34

Number of Fisher Scoring iterations: 5
```

R `poLCA( )` 출력 결과의 내용을 살펴보면, 층 3이 'Independent'이고 층 1과 층 2가 각각 'Democratic'과 'Republican'임이 확실하다. 'Democratic' 대비 'Republican'의 로그 오즈를 로지스틱 회귀 모형에서 살펴본 결과, **PARTY**는 당연히 양 부호로 나타나 있고 통계적으로도 매우 유의하다. **AGE**와 **GENDER**는 유의하지 않지만 **EDUC**은 매우 유의하고 음 부호를 취한다. 이것은 학력(**EDUC**)이 높을수록 'Democratic' 대비 'Republican'의 로그 오즈가 감소함을 말한다. 즉, 학력이 높아짐에 따라 'Republican' 선호도가 작아지고 대신 Democratic 선호도가 커지는 경향이 있다.

5. 그 밖의 혼합분포 모형

R에는 혼합분포 모형(분석)을 위한 팩키지로 poLCA 외에 mclust와 flexmix가 있는데, 앞에서 본대로 잠재 층 모형(latent class model)은 혼합분포(mixture distribution)와 밀접한 관련이 있다.

다음은 mclust 팩키지와 flexmix 팩키지에 대한 간단한 소개이다.

mclust 팩키지. $p \times 1$ 다변량 관측 $\boldsymbol{y}_1, \cdots, \boldsymbol{y}_n$이 혼합 다변량 정규분포(mixture multivariate normal distribution)를 따른다고 가정한다. 즉,

$$f(\boldsymbol{y}_i) = \sum_{g=1}^{G} \pi_g \, \phi(\boldsymbol{y}_i; \mu_g, \Sigma_g),$$

여기서 $\pi_1, \cdots, \pi_G$는 G개 집단의 혼합비율이고 $\phi(\boldsymbol{y}; \mu_g, \Sigma_g)$는 평균 벡터($p \times 1$)

가 μ_g이고 공분산 행렬($p \times p$)이 Σ_g인 p-변량 정규분포이다. `Mclust( )` 함수는 EM 알고리즘으로 혼합 정규분포를 적합해내고 BIC(베이지안 정보량 기준) 통계량을 산출한다. $\Sigma_1, \cdots, \Sigma_G$에 대해 spherical, diagonal, ellipsoidal 등 다양한 형태를 설정할 수 있다.

flexmix 팩키지. 다수의 성분모형을 혼합하여 y를 x로 설명하는 회귀모형을 적합해낸다. 성분모형으로 선형회귀뿐만 아니라 로지스틱 회귀 · 포아송 회귀와 같은 일반화선형모형도 허용한다. 시장 세분화(market segmentation) 분야의 응용에서 특유의 강점이 있다.

탐구과제

1. mclust 팩키지의 적용 사례를 제시하라.

2. flexmix 팩키지의 적용 사례를 제시하라.

3장. 성향점수 맞추기 propensity score matching

그룹 간 비교는 통계학에서 가장 큰 주제이다. 실험 연구(experimental study)에서는 '처리'(treatment) 군과 '대조'(control) 군이 임의(random) 메커니즘을 통해 정해지므로 2개 군에서 배후요인(background factor)의 수준이 비슷하게 된다. 그러나 관측 연구(observational study)에서는 개체들이 처한 환경과 그들의 선택에 의하여 처리·대조가 정해지므로 2개 군 사이에는 배후요인의 수준 차이가 나기 마련이다. 이 장에서는 처리·대조 군의 배후요인 수준을 비슷하게 해주기 위한 성향점수 맞추기(propensity score matching) 방법을 다룰 것이다. R 팩키지 "MatchIt"을 활용한다.

1. 배후요인의 수준 차이

실험에서는 처리·대조가 '동전 던지기' (coin tossing) 또는 '제비뽑기' (lottery)로 정해진다. 따라서 비교요인의 수준(처리·대조) 외 배후요인의 수준에서 처리군과 대조군 사이에 유의한 차이가 나기 어렵다. 따라서 군 간의 반응(response) 차이는 곧바로 비교요인의 수준 차이에 기인한다고 볼 수 있다 [원인-결과의 추론]. 그러나 실험이 아닌 관측연구(observational study)에서는 처리군과 대조군이 반응에서 차이가 나더라도 이것을 비교요인의 차이에 기인하다고 보지 않는다. 왜냐하면 처리군과 대조군이 배후요인의 수준에서 차이가 있고 반응의 차이가 이것으로부터 기인할 가능성이 있기 때문이다.

예를 들어 비타민 C의 복용이 감기 발생률을 경감시키는가를 보기 위한 연구가 비실험적 방법으로 얻어졌다고 하자. 즉, 비타민 C를 복용한 1,000명 중 몇 명이 일정 기간 동안 감기에 걸리는가를 관측하고 비타민 C을 복용하지 않은 1,000명 중 몇 명이 같은 기간에 감기에 걸리는가를 관측한 결과, 비타민 C 복용군의 감기 발생률이 비복용군의 감기 발생률보다 작게 나타났다고 하자.

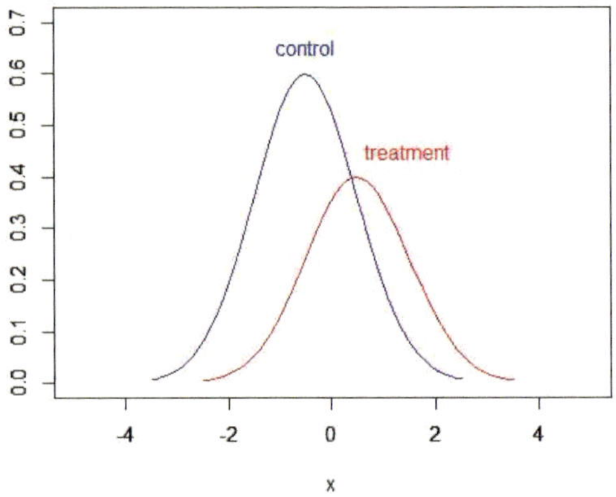

그림 1. 처리군과 대조군의 배후적 차이: 맞추기 이전

그렇다고 하더라도 이것을 비타민 C의 복용으로 인한 효과로 해석하는 것은 문제이다. 왜냐하면 비타민 C 복용 그룹이 비복용 그룹에 비하여 소득 수준이 높을 수 있고 경제적으로 양호한 조건의 사람들이 불량한 조건의 사람들에 비하여 감기에 덜 걸릴 수 있기 때문이다.

그림 1은 처리군과 대조군의 배후적 차이를 보여준다 (변수 x는 중심화된 소득 수준이다). 따라서 처리・대조 군의 반응결과를 비교 가능하게 하기 위해서는, 비교에 앞서 2개 군의 배후요인 분포를 맞춰 놓을 필요가 있다.

그림 2는 이 장에서 다루는 '성향점수 맞추기'(propensity score matching) 방법을 써서 얻은 처리・대조 군의 배후요인 분포를 보여준다. 이렇게 2개 군의 배후요인 수준이 다르지 않을 때 반응의 비교가 의미 있다.

2. 성향점수 모형

처리・대조 군을 변수 G로 표기한다고 하자 ($G=1$ 처리, 0 대조). 따라서 비교요인은 G이다. 비실험적 연구에서, 반응결과에 영향을 주는 요인으로 G 외에 다수의 배후요인을 고려할 필요가 있다고 하자. 예컨대 "비타민 C와 감기" 사례에서 배후적 요인은 사회경제적 수준 외 성별, 나이, 학력, 직업 등이다.

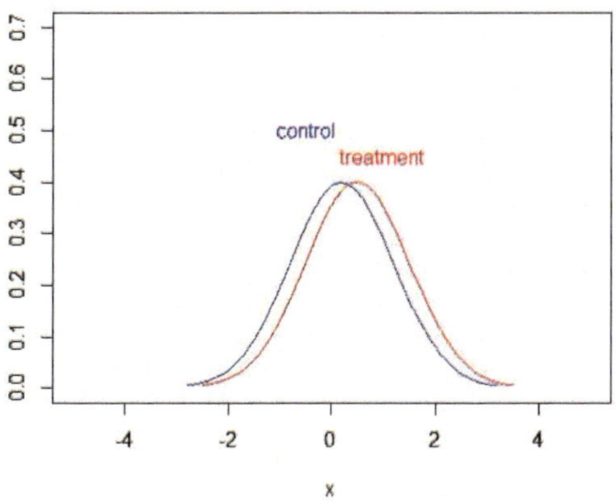

그림 2. 처리군과 대조군의 배후적 차이: 맞추기 이후

배후요인의 수가 많아지면 처리군의 한 개체에 맞는 짝을 대조군에서 찾아내는 일은 쉽지 않게 된다 (차원의 저주 curse of dimensionality). 그런 이유로 다음과 같은 로지스틱 성향 모형이 고려된다.

$$\log \frac{P\{G=1 \mid x_1, \cdots, x_p\}}{P\{G=0 \mid x_1, \cdots, x_p\}} = \beta_0 + \beta_1 x_1 + \cdots + \beta_p x_p, \tag{1}$$

여기서 $X_1, \cdots, X_p$는 배후요인(공변량)들이며 $x_1, \cdots, x_p$는 이것들의 관측이다.

따라서 $X_1 = x_1, \cdots, X_p = x_p$인 개체가 처리($G=1$) 군에 속할 성향(확률)은

$$\hat{P}\{G=1 \mid x_1, \cdots, x_p\}, \tag{2}$$

즉

$$\frac{\exp(\hat{\beta}_0 + \hat{\beta}_1 x_1 + \cdots + \hat{\beta}_p x_p)}{1 + \exp(\hat{\beta}_0 + \hat{\beta}_1 x_1 + \cdots + \hat{\beta}_p x_p)} \quad (= s) \tag{3}$$

인데, 여기서 $\hat{\beta}_0, \hat{\beta}_1, \cdots, \hat{\beta}_p$은 모형 (1)의 적합 추정치들이다. (3)을 s로 표기하자. 이것은 잠재변수 S의 실현값으로 간주된다. (2)와 (3)을 성향점수(propensity score)라고 한다. 성향점수 맞추기의 목표는 처리군과 대조군의 S 분포를 같게 하는 데 있다.

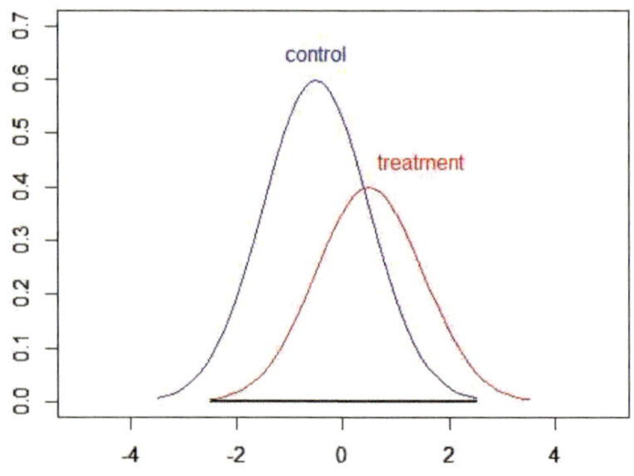

그림 3. 공통 support: 밑줄 영역

3. 최근접 이웃 맞추기(nearest neighbor matching)

이 맞추기 방법은 성향점수를 기준으로 처리군의 각 개체에 대하여 그것과 가장 가까운 개체를 대조 그룹에서 k개 찾는 방법이다. k의 디폴트 값은 1이지만 대조군이 처리군에 비해 몇 배 큰 경우에는 k를 2, 3, ⋯ 등으로 둘 수 있다. 이 방법은 서로 매우 다른 개체들을 짝으로 묶는 경우가 있다. 그러므로 다음과 같은 보조적 조치가 취하여 그럴 가능성을 봉쇄한다.

1) 캘리퍼(caliper) 적용. 두 개체의 성향점수가 일정 간격 δ 이내에 있는 경우에 한하여 맞추기를 용인한다.
2) 처리군 성향점수 support와 대조군 성향점수 support가 겹치는 영역의 개체들만 맞는 짝이 되게 한다. 그림 3을 보라.

처리군의 각 개체에 대한 가중치로 기본값 1이 부여된다. 이에 맞춰진 대조군의 짝 개체에 대한 가중치는 맞춰진 대조군 개체 수의 역수(inverse)로 한다. 즉 처리군 개체 1개에 대조군 개체 1개, 2개, 3개, ⋯ 가 대응하는 경우 대조군 개체의 가중치는 1, $\frac{1}{2}$, $\frac{1}{3}$, ⋯ 이다.

4. 부(副)구간 맞추기(subclass matching)

성향점수 S의 전(全)구간을 $k\,(=6)$개의 구간으로 나누어 각 구간에서 가중치가 같은 합계를 갖도록 대조군의 개체에 가중치를 부여하는 방법이다. 예컨대, 성향점수 S의 구간 별로 처리군과 대조군의 개체 수가 다음과 같다고 하자.

	성향점수 S의 구간					
	$(0, 0.2]$	$(0.2, 0.35]$	$(0.35, 0.5]$	$(0.5, 0.65]$	$(0.65, 0.8]$	$(0.8, 1.0)$
처리군	8	12	16	15	30	19
대조군	16	19	25	20	15	5

성향점수 S의 첫 번째 구간 $(0, 0.2]$에서 처리군 개체는 8개, 대조군 개체는 16개이다. 처리군 개체의 가중치는 항상 1이므로 이 구간에서 처리군 가중치 합계는 8이다. 따라서 대조군 개체에 가중치 $\frac{8}{16}\,(=0.5)$를 넣음으로써 이 구간에서 대조군 개체 가중치 합을 처리군 개체 가중치 합에 맞출 수 있다. 나머지 구간에서도 대조군 개체 가중치가 이런 식으로 계산된다.

	성향점수 S의 구간					
	$(0, 0.2]$	$(0.2, 0.35]$	$(0.35, 0.5]$	$(0.5, 0.65]$	$(0.65, 0.8]$	$(0.8, 1.0)$
대조군 가중치	8/16 $(=0.5)$	12/19 $(=0.63)$	16/25 $(=0.64)$	15/20 $(=0.75)$	30/15 $(=2.0)$	19/5 $(=3.8)$

5. 사례: Lalonde 자료

“MatchIt” 팩키지에 포함되어 있는 lalonde 자료는 실업자에 대한 재취업 프로그램의 정책 효과를 연구한 사례에서 나왔다. 185명의 한 그룹은 1975년-1977년에 ‘National Supported Work Demonstration (NSW)’의 처리를 받았고, 429명의 다른 한 그룹은 ‘Current Population Survey (CPS)’ 표본에서 추출된 대조군이다. 이 자료에 포함된 변수 10개는 다음과 같다.

"treat" 처리그룹 (1 처리, 0 대조)
"age" 나이; "educ" 교육
"black" 흑인 1, 기타 인종 0; "hispan“ 히스파닉 1, 기타 인종 0
"married" 기혼 1, 그 밖의 혼인상태 0
"nodegree" 고교졸업 이상 1, 그 미만의 학력 0
"re74" 1974년 소득; "re75" 1975년 소득; "re78" 1978년 소득.

이 사례에서 자료 분석의 목표는 1978년 소득(re78)에서 treat 그룹 간 차이를 평가하는 데 있다. 다음은 re78에 대한 기술 통계와 그래프이다. 이에 의하면, 대조(treat=0) 그룹의 re78이 더 큰 것으로 보인다 (평균에서 635의 차이가 있다).

	평균	Q1	median	Q3
treat=1	6,349	485	4,232	9,643
treat=0	6,984	220	4,976	11,690

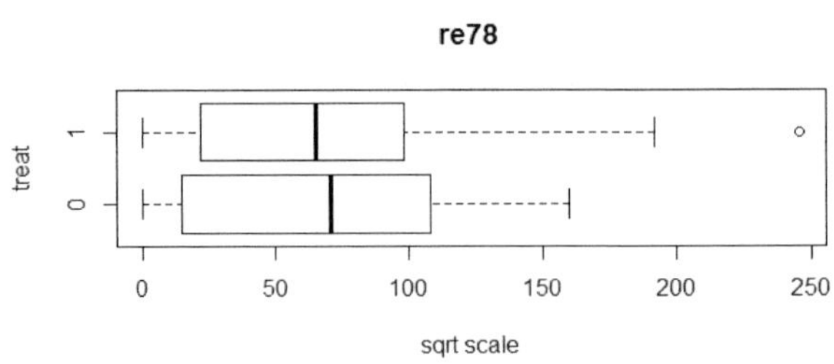

R 스크립트: psm_1.r ("MatchIt" 팩키지의 설치가 필요하다).

```
> library(MatchIt)
> data(lalonde)
> str(lalonde)
> summary(lalonde$re78[lalonde$treat==1])
> summary(lalonde$re78[lalonde$treat==0])
> boxplot(sqrt(re78) ~ treat, data=lalonde, horizontal=T, main="re78",
+         ylab="treat", xlab="sqrt scale")
```

이 연구에서 처리 프로그램 NSW의 선택이 대상자 스스로에 달려 있었으므로 처리군과 대조군이 다수의 배후요인에서 수준 차이가 있을 수 있다. 따라서 그룹간 단순 비교는 곤란하다.

성향점수 맞추기를 위해 다음 변수들을 배후요인으로 고려하자. **re74, re75, educ, black, hispan, age.**

5.1 최근접 이웃 맞추기 (nearest neighbor matching)

"MatchIt" 팩키지의 `matchit( )` 함수에서 method 옵션을 "nearest"로 놓음으로써 최근접 이웃 맞추기를 할 수 있다.

```
> matchit(treat ~ re74+re75+educ+black+hispan+age, method="nearest",
+         data=lalonde)
```

추가적으로, 처리군의 1 개체에 대하여 대조군에서 맞춤 짝을 2개씩으로 하고자 한다면 matchit( ) 함수에서 ratio 옵션을 2로 놓는다. 또한 처리군의 성향점수 support와 대조군의 성향점수 support가 겹치는 영역에서만 맞추기를 하기 위해서 discard 옵션을 "both"로 놓는다.

```
> matchit(treat ~ re74 + re75 + educ + black + hispan + age,
+            data = lalonde, method = "nearest", discard="both", ratio=2)
```

실제로는 `matchit( )`의 출력을 활용하기 위하여 다음과 같이 놓는다.

```
> m.out <- matchit(treat ~ re74 + re75 + educ + black + hispan + age,
+            data = lalonde, method = "nearest", discard="both", ratio=2)
```

탐구문제 1. 대조군 대비 처리군의 로지스틱 성향을 결정짓는 데 있어 6개 배후 요인들이 어떤 역할을 하는지 살펴보라.

처리-대조 맞춤 자료에 붙은 가중치를 써서 처리군과 대조군에 대해 기술해보자. 다음이 결과이다 (처리군 개체에는 1의 가중치가 붙으므로 앞과 같다).

	평균	Q1	median	Q3
treat=1	6,349	485	4,232	9,643
treat=0	5,730	31	3,406	9,088

원자료에서는 대조군의 평균과 중간값이 처리군에 비하여 더 큰 값을 가졌으나 맞추기 가중치 적용 이후에는 평균에서 619, 중간값에서 826의 차이로 처리군이 대조군에 비하여 크게 나왔다. 다음은 이제까지의 계산을 위한 R 스크립트이다. 가중치가 부여된 상태에서 25%, 50%, 75% 분위수를 구하기 위해서 “quantreg” 팩키지를 설치하였다.

```
> m.lalonde <- match.data(m.out)
> str(m.lalonde)
> y1 <- m.lalonde$re78[m.lalonde$treat==1]
> y0 <- m.lalonde$re78[m.lalonde$treat==0]
> w1 <- m.lalonde$weights[m.lalonde$treat==1]
> w0 <- m.lalonde$weights[m.lalonde$treat==0]
> weighted.mean(y1, w1); weighted.mean(y0, w0)
  [1] 6349.144
  [1] 5730.136

> library(quantreg)
> rq(y1 ~ 1, weights=w1, tau=c(0.25,0.5,0.75))
  Call: rq(formula = y1 ~ 1, tau = c(0.25, 0.5, 0.75), weights = w1)
  Coefficients:
              tau= 0.25 tau= 0.50 tau= 0.75
  (Intercept)  485.2298  4232.309  9642.999
  Degrees of freedom: 185 total; 184 residual
```

```
> rq(y0 ~ 1, weights=w0, tau=c(0.25,0.5,0.75))
  Call: rq(formula = y0 ~ 1, tau = c(0.25, 0.5, 0.75), weights = w0)
  Coefficients:
              tau= 0.25 tau= 0.50 tau= 0.75
  (Intercept)  31.03226   3406.16  9088.018
  Degrees of freedom: 324 total; 323 residual
```

5.2 **부구간 맞추기** (subclass matching)

"MatchIt" 팩키지의 `matchit( )` 함수에서 method 옵션을 "subclass"로 놓음으로써 부구간 맞추기를 할 수 있다. 부구간 수 k의 디폴트 값은 6이다.

R 스크립트: psm_2.r

```
> library(MatchIt)
> data(lalonde)
> m.out <- matchit(treat ~ re74 + re75 + educ + black + hispan + age,
+          data = lalonde, method = "subclass")
> m.lalonde <- match.data(m.out)
> y1 <- m.lalonde$re78[m.lalonde$treat==1]
> y0 <- m.lalonde$re78[m.lalonde$treat==0]
> w1 <- m.lalonde$weights[m.lalonde$treat==1]
> w0 <- m.lalonde$weights[m.lalonde$treat==0]
> weighted.mean(y1, w1); weighted.mean(y0, w0)
  [1] 6349.144
  [1] 5364.761
```

처리-대조 맞춤 자료에 붙은 가중치를 써서 처리군과 대조군의 평균을 구해보면 다음과 같다. 맞추기 이후, 처리군과 대조군의 평균이 역전되었음을 보라.

	원자료 평균	맞추기 이후 평균
treat=1	6,349	6,349
treat=0	6,984	5,365

그림 4a와 그림 4b는 부구간 맞추기 이전과 이후의 처리군과 대조군의 성향점수 분포를 히스토그램으로 보여준다. 맞추기 이전에서는 2개 군의 분포가 상이하지

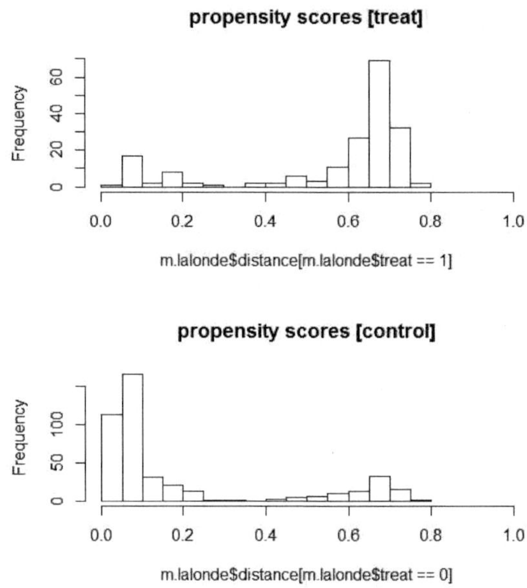

그림 4a. 부구간 맞추기 이전, 처리군과 대조군의 성향점수 분포

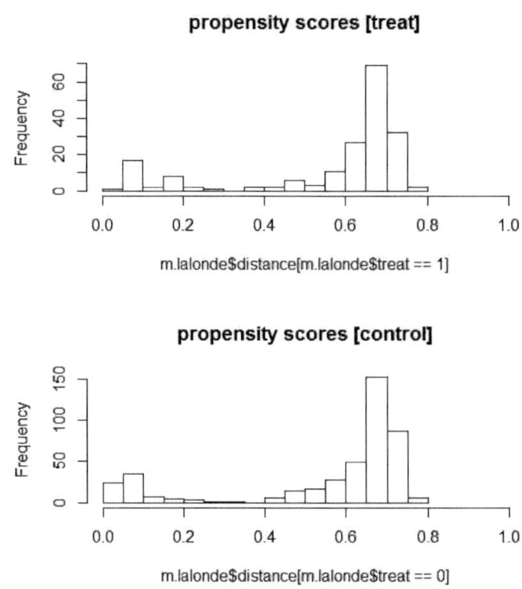

그림 4b. 부구간 맞추기 이후, 처리군과 대조군의 성향점수 분포

만 맞추기 이후에는 2개 군의 분포가 상당히 근접함을 볼 수 있다. 가중치가 부여된 자료에 대한 히스토그램을 만들기 위하여 "weights" 팩키지를 설치하였다.

```
> library(weights)
> par(mfrow=c(2,1))
> wtd.hist(m.lalonde$distance[m.lalonde$treat==1], nclass=20, ...)
> wtd.hist(m.lalonde$distance[m.lalonde$treat==0], nclass=20, ...)

> x11(); par(mfrow=c(2,1))
> wtd.hist(m.lalonde$distance[m.lalonde$treat==1],w
> wtd.hist(m.lalonde$distance[m.lalonde$treat==0],w
```

6. 그 밖의 맞추기 기법과 R 팩키지

맞추기 기법에는 최근접 이웃 맞추기(nearest neighbor matching)와 부구간 맞추기(subclass matching) 외 정확히 맞추기, 최적 맞추기, 완전하게 맞추기, 유전 맞추기가 있다.

정확히 맞추기(exact matching)는 처리군의 각 개체에 대하여 열거된 변수들의 값이 정확하게 일치하는 개체를 대조군에서 찾는 방법이다. 따라서 처리군의 모든 개체에 짝을 맞추는 것은 매우 어렵다. 특히 제시된 변수들의 수가 클수록 그러하다. 정확히 맞추기를 하려면 `matchit( )`에서 `method="exact"`로 설정한다.

최적 맞추기(optimal matching)는 최근접 이웃 맞추기의 근시성(近視性)을 개선하여 맞춤 짝 간 성향점수 거리들의 총계를 최소화하는 알고리즘을 사용한다. 완전하게 맞추기(full matching)와 유전 맞추기(genetic matching)는 더 정교한 최적화 알고리즘을 사용한다.

R의 Matching 팩키지의 `Match( )` 함수는 맞춤 짝의 리스트를 제공한다.

4장. 최적화 알고리즘 optimization algorithm

최적화 알고리즘은 어느 통계적 방법에서도 빼낼 수 없는 핵심적 구성 블록이다. 통계적 추정과 모형 적합에서 자료 탐색에 이르기까지 최적화는 통계학 전반에 편재되어 있다. 이 장에서는 최대가능도 추정(maximum likelihood estimation), 비선형 회귀(nonlinear regression)와 TSP(traveling salesman problem) 등의 토픽을 다룬다.

1. 최대가능도 추정

$x_1, \cdots, x_n$이 확률(밀도) 함수 $f(x;\theta)$로부터 독립적으로 생성된다고 전제하자. 여기서 θ는 미지의 파라미터이다. 통계학에서 θ를 추정하는 가장 표준적인 방법은 가능도 함수(likelihood function)

$$L(\theta) = \prod_{i=1}^{n} f(x_i;\theta)$$

를 최대화하는 θ 값, 즉 최대가능도추정치(maximum likelihood estimate)를 찾아내는 것이다. 이것은 음의 로그 가능도(negative log likelihood)

$$-l(\theta) = \sum_{i=1}^{n} \{-\log f(x_i;\theta)\} \tag{1}$$

의 최소화와 동치이다. 최소화의 목표함수를 $H(\theta)$로 표기하자. 최대가능도추정에서는 이것이 $-l(\theta)$이다. θ는 p차원의 벡터일 수 있다. 즉, $\theta = (\theta_1, \cdots, \theta_p)$.

목표함수 $H(\theta)$를 최소화하는 알고리즘에는 뉴튼-라프슨 방법(Newton-Raphson method)이 대표적이다. 그런데 이 방법은 그 함수가 미분가능한 연속함수인 경우에만 적용이 가능하고 1계 도함수(gradient 벡터)와 2계 도함수(Hessian 행렬)가 투입되어야 한다. 따라서 쓰기가 까다롭다. R에서 범용적인 최적화 함수는 "stats" 팩키지 (기본설치)의 `optim( )`인데, `optim( )`에 구현된 최적화 알고리즘은 Nelder-Mead 방법과 BFGS 방법, L-BFGS-B 방법, Brent 방법 등이다. 이들 방법은 1계 도함수(gradient 벡터)의 투입을 요구하지 않는다.

"Nelder-Mead" 방법은 심플렉스를 활용한다. 즉, θ가 p차원 점일 때는 $p+1$개의 꼭지점을 갖는 다각형의 각 꼭지점에서 $H(\theta)$를 계산하여 그 중 가장 덜 좋은 점을 찾고 이것을 다른 점으로 교체하는 과정을 반복하여 최적점에 다가간다. 이 방법이 `optim( )`에서 디폴트이다. θ의 차원이 1인 경우에는 쓸 수 없다.

"BFGS" 방법은 뉴튼-라프슨 방법의 한 변형으로 gradient 벡터를 사용하지만 Hessian 행렬은 근사값으로 대체된다. 1계 도함수(gradient 벡터)가 투입되지 않는 경우엔 알고리즘에서 이것을 수치적으로 구하여 처리한다.

"L-BFGS-B" 방법은 BFGS 방법의 low-memory 버전이고 상자(box) 형의 제약조건을 고려한다. 따라서 파라미터들이 각각 일정 범위에 갇혀있는 경우에는 이 방법이 추천된다.

"Brent" 방법은 θ의 차원이 1인 경우에만 적용되고 그런 경우에는 이 방법이 추천된다. 이 방법은 이분법(bisection method), 시컨트(secant) 방법, 역 2차보간법 등의 결합이다.

그 밖에도, `optim( )`에는 "CG"(conjugate gradient) 방법과 "SANN"(simulated annealing) 방법 등의 최적화 알고리즘이 구현되어 있다.

예 1. [포아송 관측] 어떤 특정 사건에 대한 4개의 도수(度數, count)가 관측되었다고 하자: 3, 10, 5, 4. 이들이 평균이 μ인 포아송 분포 Poisson(θ)의 실현이라는 전제 하에서 μ에 대한 최대가능도 추정치를 구해보자.

표기: $x_1, \cdots, x_n \sim \text{iid Poisson}(\theta), \quad \theta > 0.$

가능도: $$L(\theta) = \prod_{i=1}^{n} e^{-\theta} \frac{\theta^{x_i}}{x_i!} = e^{-n\theta} \frac{\theta^{\sum_{i=1}^{n} x_i}}{\prod_{i=1}^{n} x_i!}.$$

따라서 음의 로그 가능도는

$$-l(\theta) = n\theta - \sum_{i=1}^{n} x_i \cdot \log\theta \ (= H(\theta))$$

이다. 이제 R 함수 `optim( )`을 써서 $H(\theta)$의 최소점을 구해보자 (앞의 표본자료에서 $n=4$이고 $x_1=3, x_2=10, x_3=5, x_4=4$이다).

R 스크립트 optim_1.r

```
> # example 1. Poisson observations
> x <- c(3,10,5,4)
> n <- length(x)
> n.log.lik <- function(mu) n*mu - sum(x)*log(mu)
> optim(n.log.lik, method="L-BFGS-B", par =1, lower=0, upper=100)
  $par
  [1] 5.5
  $value
  [1] -15.50446
  $counts
  function gradient
         9        9
  $convergence
  [1] 0
  $message
  [1] "CONVERGENCE: REL_REDUCTION_OF_F <= FACTR*EPSMCH"
```

최적점으로 $\hat{\theta}=5.5$가 찾아졌다. $l(\theta)$는 $\hat{\theta}$에서 15.50이다.[1)]

예 2. [와이블 관측] 실험처리를 받은 쥐의 수명이 다음과 같이 관측되었다: 1, 1, 2, 2, 3, 4, 4, 5, 5, 8, 8, 8, 8, 11, 11, 12, 12, 15, 17, 22, 23 ($n=21$). 이들이 와이블 분포 Weibull (θ_1, θ_2)의 실현이라는 전제 하에서 (θ_1, θ_2)에 대한 최대가능도 추정치를 구해보자.

표기: $x_1, \cdots, x_n \sim$ iid Weibull (θ_1, θ_2), $\theta_1 > 0$, $\theta_2 > 0$.

가능도: $$L(\theta_1, \theta_2) = \prod_{i=1}^{n} \left[\left(\frac{\theta_1}{\theta_2}\right)\left(\frac{x_i}{\theta_2}\right)^{\theta_1 - 1} \exp\left\{ -\left(\frac{x_i}{\theta_2}\right)^{\theta_1} \right\} \right].$$

1) 사실, 이 예에서는 해석적인 방법으로 음의 로그 가능도를 최소화할 수 있다: $\hat{\theta} = \bar{x} \ (=5.5)$.

음의 로그 가능도: $-l(\theta_1, \theta_2)$

$$= -n \log\left(\frac{\theta_1}{\theta_2}\right) - (\theta_1 - 1)\sum_{i=1}^{n} \log \frac{x_i}{\theta_2} + \sum_{i=1}^{n}\left(\frac{x_i}{\theta_2}\right)^{\theta_1}.$$

다음은 R 함수 optim( )을 써서 $-l(\theta_1, \theta_2)$의 최소점을 구하는 R 스크립트와 출력 결과이다 ($n = 21$). "L-BFGS-B" 방법을 사용하였고 초기점은 (1,10)으로 하였다.

```
> # example 2. Weibull observations
> x <- c(1,1,2,2,3,4,4,5,5,8,8,8,8,11,11,12,12,15,17,22,:
> n <- length(x)
> n.log.lik <- function(theta) {
+    theta.1 <- theta[1]; theta.2 <- theta[2]
+    temp.1 <- -n*log(theta.1/theta.2) - (theta.1-1)*sum(log(x/theta.2))
+    temp.2 <- sum((x/theta.2)^theta.1)
+    return( temp.1 + temp.2)
+ }

> optim(fn=n.log.lik, par=c(1,10), method="L-BFGS-B", lower=c(0,0))
  $par
  [1] 1.370500 9.482141
  $value
  [1] 64.92011
  $counts
  function gradient
        11       11
  $convergence
  [1] 0
  $message
  [1] "CONVERGENCE: REL_REDUCTION_OF_F <= FACTR*EPSMCH"
```

(θ_1, θ_2)의 최대가능도추정치 $(\hat{\theta}_1, \hat{\theta}_2)$가 1.371, 9.482로 산출되었다. 그 때의 로그 가능도는 -64.92이다. "Nelder-Mead" 방법으로도 같은 결과를 얻을 수 있다 (이 방법에서는 범위제약이 허용되지 않는다).

```
> optim(fn=n.log.lik, par=c(1,10), method="Nelder-Mead")
```

R stats4 패키지(기본설치)의 `mle( )` 함수는 `optim( )`를 사용하여 음의 로그 가능도를 최소화하는 외에 몇 가지 부가적 정보를 제공한다. 다음은 예 1(포아송 관측)에 대한 `mle( )` 출력이다.

```
> library(stats4)
> x <- c(3,10,5,4)
> n <- length(x)
> n.log.lik <- function(mu) n*mu - sum(x)*log(mu)

> fitted <- mle(n.log.lik, start=list(mu=1), nobs=n)

> logLik(fitted)

  'log Lik.' 15.50446 (df=1)      * 로그 가능도 (최대값)

> summary(fitted)

  Maximum likelihood estimation
  Call: mle(minuslogl = n.log.lik, start = list(mu = 1), nobs = n)

  Coefficients:
     Estimate Std. Error
  mu      5.5   1.172604          * 최대가능도 추정값과 표준오차(se)

  -2 log L: -31.00892             * 2배의 (음) 최대 로그가능도

> confint(fitted)

  Profiling...
     2.5 %    97.5 %
  3.510833 8.129185               * 95% 신뢰구간
```

참고 1. 앞의 출력에서 최대가능도추정치 $\hat{\theta}$의 표준오차 s.e.($\hat{\theta}$)는

$$V(\hat{\theta}) = [-l''(\hat{\theta})]^{-1}, \qquad \text{s.e.}(\hat{\theta}) = \sqrt{D_{V(\hat{\theta})}}$$

에서 나온다.[2] 즉, $\theta = \hat{\theta}$에서 2계 도함수가 수치적으로 계산된다.

2) θ의 차원이 2 이상인 경우에는 Hessian 행렬의 역이 계산된다. D_v는 대각선 요소가 v인 대각행렬이다.

참고 2. θ에 대한 $1-\alpha$ 신뢰구간(신뢰영역)은

$$2\{\,l(\hat{\theta})-l(\theta)\}\ \sim\ \chi^2(k),\ \text{approximately for large } n$$

에 근거하여 산출된다. 여기서 k는 θ의 차원이다. 즉, R 출력에 제시된 신뢰하한과 상한은 $2\{\,l(\hat{\theta})-l(\theta)\}=\chi^2_{1-\alpha}(k)$의 근(根, roots)이다.

다음은 예 2(와이블 관측)에 대한 `mle( )` 출력이다. 최대가능도추정치의 표준오차와 각 파라미터에 대한 95% 신뢰구간 등을 얻을 수 있다.

```
> fitted <- mle(n.log.lik, start=list(theta.1=1,theta.2=10), nobs=n)

> logLik(fitted)

  'log Lik.' -64.92011 (df=2)

> summary(fitted)

  Maximum likelihood estimation Coefficients:
          Estimate Std. Error
  theta.1 1.370486  0.2378781
  theta.2 9.482218  1.5912854

  -2 log L: 129.8402

> confint(fitted)

  Profiling...
               2.5 %    97.5 %
  theta.1 0.9468215  1.879743
  theta.2 6.6383629 13.272200

> vcov(fitted)

             theta.1   theta.2
  theta.1 0.05658597 0.1195486
  theta.2 0.11954859 2.5321894
```

탐구과제 1. R 팩키지 “bbmle”에는 mle( )에 비교하여 어떤 기능이 있나?

2. 비선형 회귀

비선형 회귀(nonlinear regression)는 다음과 같은 통계적 모형이다.

$$Y = f(X_1, \cdots, X_p; \beta_1, \cdots, \beta_k) + \epsilon, \quad \epsilon \sim N(0, \sigma).$$

여기서 Y는 종속변수이고 $X_1, \cdots, X_p$는 설명변수이다. 그리고 $\beta_1, \cdots, \beta_k$는 파라미터이다. 체계적 부분인 $f(X_1, \cdots, X_p; \beta_1, \cdots, \beta_k)$는 선형 회귀의 경우

$$f(X_1, \cdots, X_p; \beta_1, \cdots, \beta_p, \beta_0) = \beta_1 X_1 + \cdots + \beta_p X_p + \beta_0$$

이다. 이와 같은 형태로 표현되지 않으면 비선형 회귀로 볼 수 있다. 비선형 회귀 모형은 특정 분야의 이론적 수식으로부터 도출되는 경우가 많다.

예 1. 지수적 성장 모형:

$$Y = \beta_1 (1 - \exp(-\beta_2 X)) + \epsilon, \quad \epsilon \sim N(0, \sigma). \tag{2}$$

모형은 X가 커짐에 따라 Y가 증가(성장)하는 경향을 나타낸다. 성장곡선은 위로 오목하며 수평적 점근 수준은 β_1이다. 성장의 속도는 β_2에 의해 조절된다 (β_2가 클수록 빨리 성장한다). 그림 1에서 이런 패턴의 자료를 볼 수 있다.

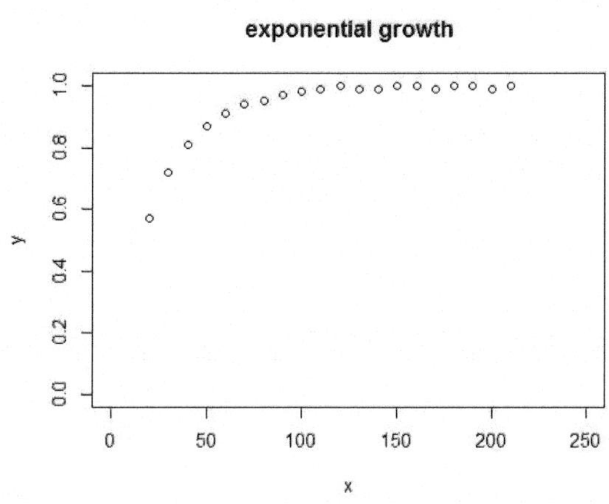

그림 1. 지수적 성장 패턴 자료

그림 1의 자료에 모형 (2)를 적합하여 보자. 최소화의 목표는 잔차제곱합(rss, residual sum of squares)인

$$\sum_{i=1}^{n} (y_i - \beta_1 (1 - \exp(-\beta_2 x_i))^2$$

이다. `optim( )`의 "Nelder-Mead" 방법을 쓰기로 한다.

R 스크립트 optim_2.r

```
> growth <- read.table("growth.txt",header=T)
> str(growth)

  'data.frame':   20 obs. of  2 variables:
  $ x: int  20 30 40 50 60 70 80 90 100 110 ...
  $ y: num  0.57 0.72 0.81 0.87 0.91 0.94 0.95 0.97 0.98 0.99 ...

> attach(growth)

> rss <- function(beta){
+     beta.1 <- beta[1]; beta.2 <- beta[2]
+     fit <- beta.1*(1-exp(-beta.2*x))
+     err <- y - fit
+     return(sum(err*err))
+ }

> optim(fn=rss, par=c(1,0.5))

  $par
  [1] 0.99619495 0.04195164
  $value
  [1] 0.0005768116
  $counts
  function gradient
       101       NA
  $convergence
  [1] 0
```

위 출력 결과에 의하면, $\hat{\beta}_1 = 0.9962$이고 $\hat{\beta}_2 = 0.04195$이다. 즉 적합모형은

$$\hat{Y} = 0.9962\,(1 - \exp(-\,0.04195\,X))\,.$$

파라미터 값에 제약이 있는 경우에는 "L-BFGS-B" 방법을 쓴다. 예컨대 $\beta_1 > 0$, $\beta_2 > 0$이어야 하는 경우,

```
> optim(fn=rss, par=c(1,0.5), method="L-BFGS-B", lower=c(0,0))
```

를 넣는다. 결과적으로는 이것과 앞의 "Nelder-Mead" 출력은 차이가 거의 없다 (물론 항상 그런 것은 아니다).

다음 R 스크립트는 적합값을 산출하여 그림 1에 덧붙이는 그래프 작업을 해낸다.

```
> nlrm <- optim(fn=rss, par=c(1,0))
> beta <- nlrm$par
> beta.1 <- beta[1]; beta.2 <- beta[2]
> fit <- beta.1*(1-exp(-beta.2*x))
> plot(x,y,pch=21,xlim=c(0,250),ylim=c(0,1),
+                 main="exponential growth",ylab="y")
> par(new=T)
> plot(x,fit,pch=19,cex=0.6,col="red",xlim=c(0,250)
```

그림 2가 그 결과이다. Y 적합값은 적색 점(filled circle)으로 표현되어 있다.

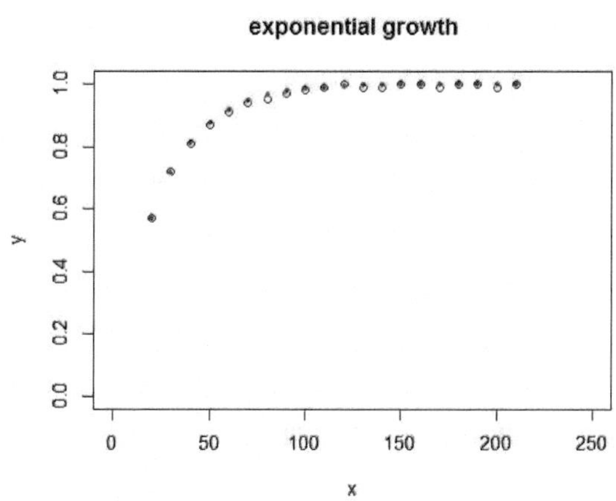

그림 2. 지수적 성장 패턴 적합: 적색 점

예 2. Constant elasticity of substitution 모형:

$$Y = \beta_0 + \beta_1 \log\left(\beta_2 X_1^{\beta_3} + (1-\beta_2) X_2^{\beta_3}\right) + \epsilon, \quad \epsilon \sim N(0, \sigma).$$

$$\text{여기서, } \beta_0 > 0,\ \beta_1 < 0,\ 0 < \beta_2 < 1,\ \beta_3 < 0.$$

이 모형의 적합을 위해서는, 예 1에서와 같이 잔차제곱합을 최소화한다. 다음은 이를 위해 작성된 R 스크립트와 그 결과이다.

```
> ces <- read.table("ces.txt",header=T)
> str(ces)
> attach(ces)

> rss <- function(beta){
+     beta.0 <- beta[1]; beta.1 <- beta[2]
+     beta.2 <- beta[3]; beta.3 <- beta[4]
+     fit <- beta.0 + beta.1*log(beta.2*x1^beta.3+(1-beta.2)*x2^beta.3)
+     err <- y - fit
+     return(sum(err*err))
+ }

> optim(fn=rss, par=c(1,-1,0.5,-1), method="L-BFGS-B",
+                lower=c(0,-10,0,-10), upper=c(10,0,1,0))

  $par
  [1]  0.1244898 -0.3362845  0.3366740 -3.0111030
  $value
  [1] 1.761039
  $counts
  function gradient
        80       80
  $convergence
  [1] 0
  $message
  [1] "CONVERGENCE: REL_REDUCTION_OF_F <= FACTR*EPSMCH"
```

따라서 적합모형은 다음과 같이 표현된다.

$$\hat{Y} = 0.124 - 0.336 \log\left(0.337\, X_1^{-3.01} + 0.663\, X_2^{-3.01}\right).$$

3. TSP (Traveling Salesman Problem)

판매원 여행 문제(traveling salesman problem)는 판매원이 n개의 도시를 일주하여 출발지로 돌아오는 여러 경로 중에서 총 거리가 가장 짧은 경로를 찾는 문제이다. 다만, 한 번 방문한 도시를 두 번 방문하여서는 안 된다.

여행 도시를 $i, j\,(=1, \cdots, n)$로 표기하자. i와 j간 거리가 $d_{ij}\,(=d_{ji})$로 주어졌다고 하고 $n \times n$ 거리 행렬 $D = (d_{ij})$로 표기하자. i의 다음 도시를 $c[i]$라고 하면, TSP 문제는

$$\min_{c[1], \cdots, c[n]} \sum_{i=1}^{n} d_{i, c[i]} \qquad (3)$$

를 계산하는 문제이다. 도시들의 순서 열에서 $c[1], \cdots, c[n-1]$이 주어지면 $c[n]$은 자동으로 정해지므로 앞의 최소화(minimization)에서 총 경우의 수는 $(n-1)!$이다. $n=16$(우리나라 광역시 · 도의 수)인 경우 총 경우의 수가 무려 1.3조이므로 (3)을 직접 최소화하는 것은 무리스러운 일이다.

TSP 문제에 대해 팩키지 “TSP”가 제공하는 휴리스틱 풀이에는 다음과 같은 몇 가지 방법이 있다.

> "nearest_insertion", "farthest_insertion", "cheapest_insertion",
> "arbitrary_insertion", "nn" (nearest neighbor), "repetitive_nn",
> "2-opt" (two edge exchange improvement procedure).

이들 방법은 계산 시간에 있어 차이가 있지만 정확도 측면에서는 "repetitive_nn" 또는 "2-opt"가 좋은 것으로 평가되고 있다.

통계적 응용에서, 도시는 개체이고 도시의 좌표는 p변량 관측이다. 그리고 한 도시에서 출발하여 다시 그 도시에 귀착하는 경로의 총 거리에 관심이 있다기보다는 한 개체에서 시작하여 어느 다른 한 개체에 귀착하는 경로의 총 거리에 관심이 있다. 즉 n개 개체들의 일렬 배열에서 이웃 개체들 간의 총 거리를 최소화하는 것이 목표이다 ($n \times p$ 자료 행렬에서 행의 최적 재배열 문제).

이를 위해서 가상 도시 "개체 $n+1$"을 만들고 도시 $i\,(=1, \cdots, n)$에서 이 가상 도시까지의 거리 $d_{i,\,n+1}\,(=d_{n+1,\,i})$을 0으로 잡는다.

$n+1$개 도시들의 순서 열에서, 어느 한 도시에서 출발하여 다른 한 도시에 귀착하는 경로의 총 거리를 최소화하는 문제는

$$\min_{c[1],\, \cdots,\, c[n+1]} \sum_{i=1}^{n+1} d_{i,\, c[i]}$$

로 표현될 수 있다. 여기서 $c[i]$는 도시 i의 다음 도시이다 ($i = 1, \cdots, n, n+1$).

따라서 이 문제도 특수한 TSP 문제가 된다. 다만, 도시들의 순서 열에서 "가상" 도시 $n+1$의 다음 도시가 출발도시가 되고 "가상" 도시 $n+1$의 앞 도시가 종착 도시가 된다. 이 장에서 이런 유형의 TSP를 TSP-2로 부르기로 한다.

유럽 25개 나라의 9개 단백질별 섭취량이 보고되어 있는 프로테인 자료 ($n=25$, $p=9$)에 TSP 방법을 적용하여 25개 나라를 일렬로 배열해보자. 배열에서 이웃한 국가 간 단백질 섭취량 차이가 유클리드 거리로 환산되는데 이것들의 총합이 최소화되어야 한다. `solve_TSP()` 함수가 사용되었다.

R 스크립트 optim_3.r

```
> library(TSP)
> protein <- read.table("protein.txt", header=T)
> str(protein)
> country <- protein$Country
> X <- scale(protein[,2:10])
> D <- dist(X)
> D.tsp <- TSP(D, labels=country)

> solve_TSP(D.tsp, method="repetitive_nn")
  object of class 'TOUR'
  result of method 'repetitive_nn' for 25 cities
  tour length: 60.76182

> solve_TSP(D.tsp, method="2-opt")
  object of class 'TOUR'
  result of method '2-opt' for 25 cities
  tour length: 59.34614
```

"repetitive_nn" 방법에 의한 경로의 거리 총합은 60.76이고 "2-opt" 방법에 의한 거리 총합은 59.35이다. 따라서 여기서의 승자는 "2-opt" 방법이다 (그러나 "2-opt"는 확률 알고리즘을 쓰므로 실행 시 마다 결과가 다를 수 있다).

"2-opt" 경로는 다음과 같다 (TSP의 해는 원형 고리이므로 아래 해에서 포르투갈과 스페인은 이웃한다).

```
> tsp.country <- solve_TSP(D.tsp, method="2-opt")
> labels(tsp.country)
 [1] "Spain"      "Greece"     "Italy"      "Bulgaria"   "Albania"
 [6] "Yugoslavia" "Rumania"    "Hungary"    "Poland"     "Czecho"
[11] "E-Germany"  "W-Germany"  "Netherland" "Austria"    "Swiss"
[16] "France"     "U-Kingdom"  "Bel-Luxem"  "Ireland"    "Denmark"
[21] "Sweden"     "Norway"     "Finland"    "USSR"       "Portugal"
```

다음은 TSP-2 문제에 대한 R 스크립트와 출력이다. 1개의 가상도시를 넣기 위해 `insert_dummy( )`라는 함수를 사용하였고 이에 따라 26개 도시를 한 바퀴 도는 TSP 문제가 되었다 ($n = 25$). 총 거리 합은 53.20으로 감소하였다.

```
> D.plus <- insert_dummy(D.tsp, label="cut")
> tsp.country.plus <- solve_TSP(D.plus, method="2-opt")
> tsp.country.plus
object of class 'TOUR'
result of method '2-opt' for 26 cities
tour length: 53.19924
```

TSP-2 문제의 "2-opt" 경로는 다음과 같다 (TSP-2 해는 시작과 끝이 의미를 갖는 선(線) 형이다). `cut_tour( )` 함수를 써서 임의로 넣은 가상도시에서 경로를 끊었다. 알바니아가 한 끝이고 포르투갈이 다른 한 끝이다).

```
> tsp.country.cut <- cut_tour(tsp.country.plus, "cut")
> labels(tsp.country.cut)
 [1] "Albania"    "Bulgaria"   "Yugoslavia" "Rumania"    "USSR"
 [6] "Finland"    "Norway"     "Sweden"     "Denmark"    "Ireland"
[11] "Bel-Luxem"  "U-Kingdom"  "France"     "Swiss"      "Austria"
[16] "Netherland" "W-Germany"  "E-Germany"  "Czecho"     "Poland"
[21] "Hungary"    "Italy"      "Greece"     "Spain"      "Portugal"
```

그림 3은 프로테인 자료에서 25개 유럽 국가의 TSP-2 경로를 고전적 다차원 척도(classic multidimensional scaling) 플롯에 덧붙인 그래프이다.

```
> mds <- cmdscale(D)
> plot(mds[,1],mds[,2],type="n", xlim=c(-5,5),ylim=c(-5,5),
+               main="Protein Consumption")
> text(mds[,1],mds[,2],abbreviate(country,minlength=
> seq.mds <- as.integer(tsp.country.cut)
> for (i in 2:length(country)){
+     segments(mds[seq.mds[i-1],1],mds[seq.mds[i-1],2],
+              mds[seq.mds[i],1],mds[seq.mds[i],2],col="red")
+ }
```

탐구과제 2. 프로테인 자료에서 9개 변수를 잇는 최단거리 경로를 구하라.

* 그 결과는 끝 잇기 알고리즘(endlink algorithm)의 결과와 얼마나 다른가?
  ["gclus" 팩키지의 `order.endlink( )` 참조]

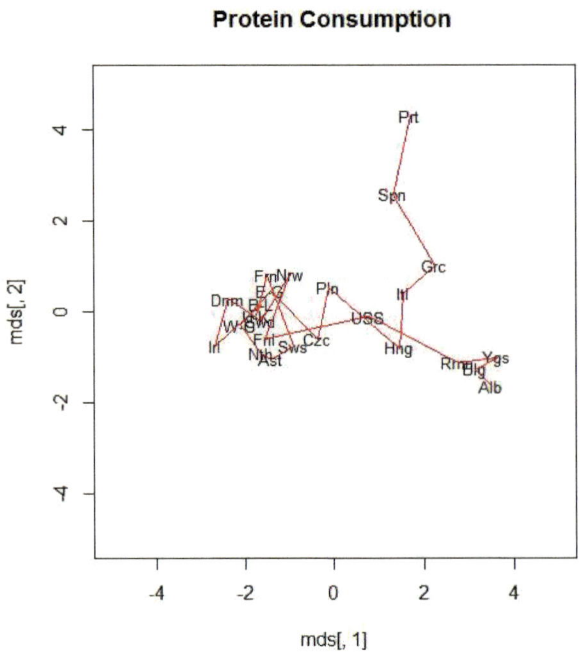

그림 3. 프로테인 자료에서 25개 유럽 국가의 TSP 경로

5장. 결측값 대체 missing value imputation

결측값(missing value)은 일부 관측개체의 일부 변수에서 관측값이 얻어지지 않아 'NA' (not available)로 남은 것인데 어느 정도 규모의 자료에서는 불가피하다. 결측값을 포기(무시)하고 관측자료만을 분석하게 되면 많은 경우 통계적 편향(bias)이 생긴다.

이 장에서는 개체별로 $p\ (\geq 2)$개의 변수가 측정된 자료에서 일부 변수 값의 결측 문제에 대한 통계적 해결 방법을 다룬다. 우리가 쓰게 될 R 팩키지는 "mice"이고 대체 방법은 FCS (fully conditional specification), 즉 MICE (multivariate imputation by chained equations)이다. 이 방법은 1회 1변수씩 나머지 변수들로 모형화하고 이를 연쇄적으로 교대하여 결측값을 대체한다. 더불어 "mice"는 대체 자료세트의 분석과 결합 기능을 제공한다.

1. 결측값 대체

n개 개체에 대한 p개 변수 $Y_1, \cdots, Y_p$의 관측에서 일부 자료값이 결측되었다고 하자. 이런 결측 현상은 n 또는 p가 커지면 어쩔 수 없이 발생한다. 최신의 대처 방법은 1) 결측값을 그럴듯한 값(plausible value)으로 대체하여 유사완결 자료를 여러 개 만들고 2) 각각의 유사완결 자료를 분석하고 나서 3) 개별적 분석 결과를 결합하여 종합적 결론을 도출해내는 것이다.

1)의 결측값 대체 과정에서는 Y_j가 $Y_1, \cdots, Y_{j-1}, Y_{j+1}, \cdots, Y_p$로 모형화되고 적합모형과 관측자료로부터 Y_j의 대체 값이 만들어진다 $(j=1, \cdots, p)$. 변수별 대체 모형은 연쇄적으로 업데이트 되면서 서로 엮인다. 2)의 과정에서는 자료가 분석되어 수치 정보가 산출된다. 1)의 과정이 여러 번($=m$) 실행되면서 2)의 분석 결과에 변이가 생기게 되고 3)에서 분석 결과들이 종합된다.

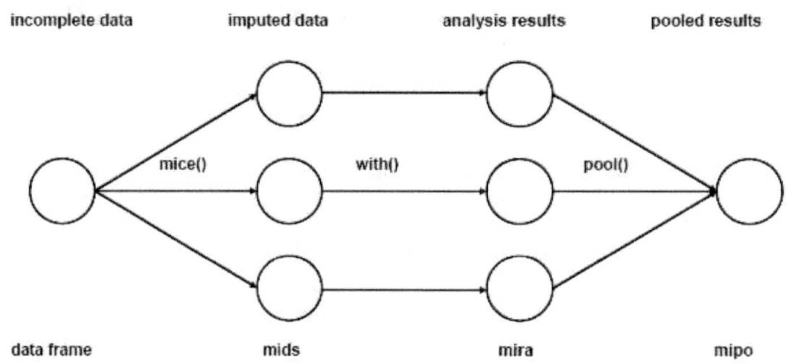

그림 1. "mice"에서 결측자료 방법론

그림 1은 "mice" 패키지에 쓰인 결측자료 방법론의 개념도이다.[1] 단계 1, 2, 3이 각각 mids, mira, mipo로 지칭되어 있다. 이 그림에서 형상화된 m은 3이지만 실제로 추천되는 m은 최소 5, 최대 10이다.

간단한 자료 예로서 "mice" 패키지가 제공하는 nhanes 자료를 보자. 관측 개체수 n은 25이고 변수 수 p는 4이다.

```
age = Age group (1=20-39, 2=40-59, 3=60+)
bmi = Body mass index (kg/m**2)
hyp = Hypertensive (1=no,2=yes)
chl = Total serum cholesterol (mg/dL)
```

이 자료의 결측자료 패턴이 어떤가를 보자. "mice" 패키지의 `md.pattern( )` 함수를 썼다 (이하 R 스크립트는 'mice_1.r'에 있다).

```
> library(mice)
> data(nhanes)
> str(nhanes)
 'data.frame':   25 obs. of  4 variables:
 $ age: num  1 2 1 3 1 3 1 1 2 2 ...
 $ bmi: num  NA 22.7 NA NA 20.4 NA 22.5 30.1 22 NA ...
```

1) van Buuren and Groothuis-Oudshoorn (2011). "mice: Multivariate Imputation by Chained Equations in R". Journal of Statistical Software, 45(3).

```
 $ hyp: num  NA 1 1 NA 1 NA 1 1 1 NA ...
 $ chl: num  NA 187 187 NA 113 184 118 187 238 NA ...

> pattern <- md.pattern(nhanes)
> colnames(pattern)[ncol(pattern)] <- "# miss"
> rownames(pattern)[nrow(pattern)] <- "# miss"
> pattern
        age hyp bmi chl # miss
 13       1   1   1   1      0
  1       1   1   0   1      1
  3       1   1   1   0      1
  1       1   0   0   1      2
  7       1   0   0   0      3
 # miss   0   8   9  10     27
```

테이블 칸에서 '1'은 관측을, '0'은 결측을 나타낸다. 그리고 왼쪽 레이블 열은 해당 행의 빈도이다. 즉, 첫 번째 행은 분석자료에 모든 변수(age, hyp, bmi, chl)가 관측된 개체가 13개 있음을 의미한다. 두 번째 행은 age, hyp, chl이 관측되고 bmi가 결측된 개체가 1개 있음을 말한다. 이런 식으로, nhanes 자료에는 27개 셀에 결측값이 있다. 셀의 총 수가 100개 $(= n \times p)$이므로 27%의 셀이 'NA'인 것이다. 결측값 비율이 가장 높은 변수는 chl이다.

다음은 nhanes 자료에 대한 다중대체 모형을 구하는 R 스크립트이다 $(m = 5)$. `mice( )` 함수가 쓰였다.

```
> mice(nhanes, seed=23109, m=5)
  ⋮
 Missing cells per column:
 age bmi hyp chl
   0   9   8  10
 Imputation methods:
   age   bmi   hyp   chl
    ""  "pmm" "pmm" "pmm"
 VisitSequence:
 bmi hyp chl
   2   3   4
```

```
PredictorMatrix:
    age bmi hyp chl
age   0   0   0   0
bmi   1   0   1   1
hyp   1   1   0   1
chl   1   1   1   0
Random generator seed value:  23109
```

이 출력에서 세 수치형(numerical) 변수 bmi, hyp, chl의 결측값 대체방법으로 “pmm”이 사용되었음을 볼 수 있다. “pmm”은 predictive mean matching 방법을 말하는데 이에 대하여는 다음 절에서 설명할 것이다. 변수 age는 결측값이 없으므로 대체방법이 null인 “”이다.

nhanes 자료 대신 nhanes2 자료를 분석해보자. 두 자료는 실제로 값이 같지만 한 가지 차이가 있는데, 그것은 nhanes2 자료에서는 변수 age와 hyp가 범주형(factor)이라는 점이다. age는 3개 범주, hyp는 2개 범주를 값으로 취한다.

```
> data(nhanes2)
> str(nhanes2)
 'data.frame':   25 obs. of  4 variables:
 $ age: Factor w/ 3 levels "20-39","40-59",..: 1 2 1 3 1 3 1 1 2 2 ...
 $ bmi: num  NA 22.7 NA NA 20.4 NA 22.5 30.1 22 NA ...
 $ hyp: Factor w/ 2 levels "no","yes": NA 1 1 NA 1 NA 1 1 1 NA ...
 $ chl: num  NA 187 187 NA 113 184 118 187 238 NA ...

> mice(nhanes2, seed=23109, m=5)
 ⋮
 Imputation methods:
      age      bmi      hyp      chl
       ""    "pmm" "logreg"    "pmm"
 ⋮
```

nhanes2 자료의 변수 hyp에 대하여는 결측값 대체방법으로 “logreg”가 쓰였음을 볼 수 있다. 이 방법도 다음 절에서 설명한다. 이제부터는 nhanes2 자료를 분석하기로 한다. 다음 R 코드는 MICE 방법으로 분석자료의 10개 대체세트를 만들어 오브젝트 imp.mice에 넣는다.

```
> imp.mice <- mice(nhanes2, seed=23109, m=10)
```

다음 R 스크립트와 출력은 대체값들을 보여준다. 이항형인 변수 hyp의 경우, 첫 번째 관측에 대한 10개 대체 값 중 2개가 'yes'이고 8개가 'no'로 나타났다. 그러나 21번째 관측에 대한 10개 대체 값은 모두 'no'로 나타났다.

```
> imp.mice$imp$bmi
      1    2    3    4    5    6    7    8    9   10
1  33.2 29.6 22.5 30.1 35.3 27.5 27.5 27.2 35.3 30.1
3  30.1 30.1 30.1 35.3 30.1 22.0 35.3 35.3 35.3 29.6
4  22.5 27.4 29.6 27.4 29.6 22.7 24.9 28.7 24.9 22.7
6  25.5 24.9 30.1 27.4 24.9 27.4 24.9 21.7 27.4 24.9
10 27.4 30.1 22.0 22.0 29.6 22.0 20.4 27.4 22.7 26.3
11 33.2 25.5 25.5 33.2 35.3 29.6 29.6 30.1 33.2 22.7
12 22.0 20.4 22.0 22.0 22.0 22.7 22.5 27.4 28.7 24.9
16 22.7 21.7 25.5 35.3 27.2 30.1 33.2 27.2 30.1 27.4
21 33.2 20.4 22.5 35.3 29.6 33.2 28.7 27.2 22.5 30.1

> imp.mice$imp$hyp
     1   2   3   4   5   6   7   8   9  10
1   no  no  no  no yes  no  no  no yes  no
4  yes  no  no  no yes  no  no yes yes yes
6   no yes yes yes yes yes  no  no  no  no
10 yes  no yes yes yes  no  no  no yes yes
11  no  no  no yes  no  no  no yes  no  no
12  no  no yes yes yes  no  no yes yes  no
16  no  no  no  no  no yes yes yes  no  no
21  no  no  no  no  no  no  no  no  no  no

> imp.mice$imp$chl
     1   2   3   4   5   6   7   8   9  10
1  186 187 131 131 187 131 131 187 187 187
4  204 186 284 238 284 284 229 284 186 204
10 206 186 113 199 229 206 187 186 187 218
11 229 187 187 187 199 238 238 131 187 113
12 187 238 118 229 187 186 229 199 187 187
15 187 187 218 187 187 238 187 131 187 187
16 187 118 187 238 131 187 187 187 131 187
20 184 218 186 187 218 186 184 204 199 284
21 186 131 113 238 238 199 187 131 118 238
24 184 284 184 131 186 184 218 184 186 206
```

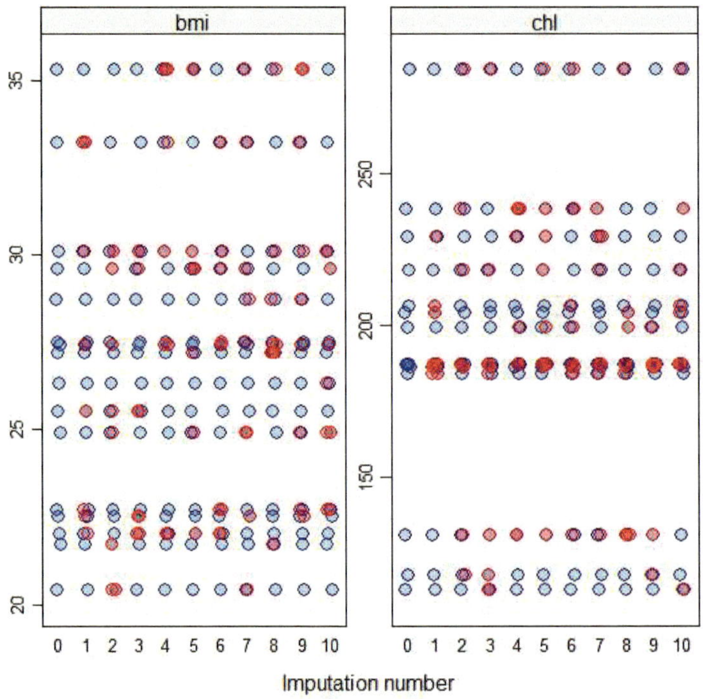

그림 2. bmi와 chl의 관측값과 대체 결측값

"mice" 팩키지의 `stripplot( )` 함수는 대체 자료세트별 일변량 분포를 띠 모양 그래프로 보여준다. 관측값과 대체 결측값은 색깔로 구분되어 있다.

```
> stripplot(imp.mice, pch=21, cex=1.2, col=c("blue","red"))
```

그림 2를 보라. 관측점은 청색으로, 대체 결측값은 적색으로 표출되어 있다. 대체 번호(imputation number) 0은 원자료를 지칭한다.

"mice" 팩키지의 `xyplot( )` 함수는 2개 변수 간 산점도를 그려준다. 대체 자료세트별로 관측값과 대체 결측값은 색깔로 구분되어 있다.

```
> xyplot(imp.mice, chl~bmi|.imp, pch=21, col=c("blue","red"), cex=1.4)
```

그림 3을 보라. 관측점은 청색으로, 대체 결측값은 적색으로 표출되어 있다.

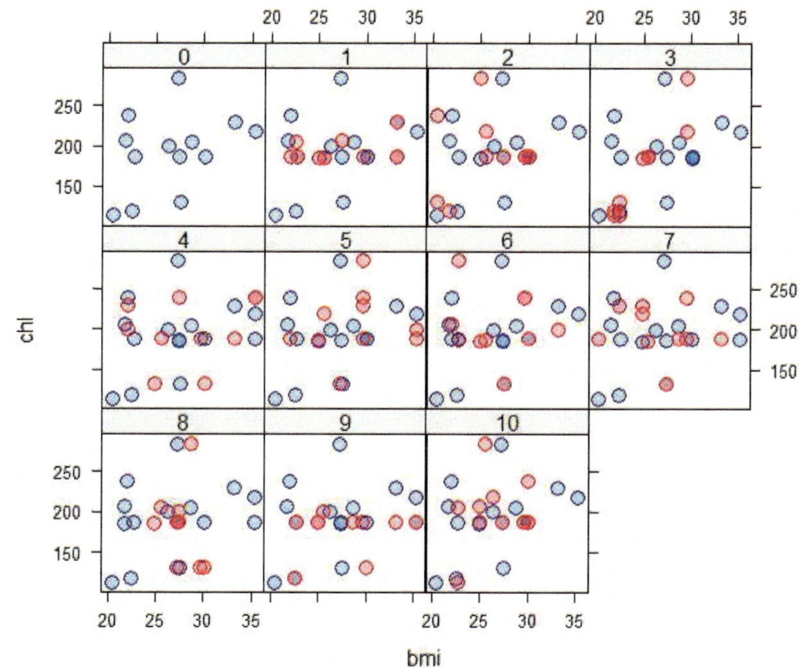

그림 3. bmi와 chl 간 산점도

2. 대체 자료의 활용

MICE 방법론의 제2 · 제3 단계는 m개 유사완결(대체) 자료에 대한 분석결과의 종합(pooling)이다. 앞의 nhanes2 사례를 계속하기로 한다 ($m = 2$).

chl(수치형)이 종속변수이고 age(범주형)와 bmi(수치형)가 설명변수인 선형모형을 생각하기로 하자. age는 범주가 **1:"20-39", 2:"40-59", 3:"60-99"**의 3개이므로 실제로는 가변수(dummy variable) 2개가 투입 된다 (age2와 age3). 선형모형 분석을 위해 R "stats"(기본설치)의 `lm( )` 함수를 쓴다.

대체자료의 분석에는 `with( )` 함수를, 결과종합에는 `pool( )` 함수를 쓴다.

```
> fit <- with(imp.mice, lm(chl ~ age + bmi))
```

```
> print(pool(fit))

  Call: pool(object = fit)

  Pooled coefficients:
  (Intercept)        age2        age3         bmi
    -1.120029   49.399739   67.069209    6.051829

  Fraction of information about the coefficients missing due to nonresponse:
  (Intercept)        age2        age3         bmi
    0.3697808   0.3911037   0.4213194   0.3807687

> round(summary(pool(fit)),2)

                est    se     t    df Pr(>|t|)   lo 95  hi 95 nmis
  (Intercept) -1.12 60.40 -0.02 12.46     0.99 -132.17 129.93   NA
  age2        49.40 20.02  2.47 11.95     0.03    5.76  93.04   NA
  age3        67.07 21.18  3.17 11.23     0.01   20.56 113.58   NA
  bmi          6.05  2.08  2.91 12.20     0.01    1.52  10.58    9

               fmi lambda
  (Intercept) 0.37   0.28
  age2        0.39   0.30
  age3        0.42   0.33
  bmi         0.38   0.29
```

위의 R 출력을 정리해보자. 적합 모형은 다음과 같다.

```
chl fitted  = -1.12 + 49.4*I(age=2) + 67.1*I(age=3) + 6.05*bmi.
```

3개의 설명변수 I(age=2), I(age=3), bmi의 계수들은 통계적으로 유의하다 (양측 검정의 p-값이 모두 5% 미만). 적합 모형을 해석하면, 콜레스테롤 chl은 나이 age의 구간 2와 구간 3에서 구간 1에 비해 평균적으로 49.4와 67.1이 높고 bmi가 10 단위 증가하면 60.5만큼 커지는 경향이 있다.

위의 R 출력에서 fmi (fraction of missing information)와 lambda는 결측값 혼재로 인한 정보의 손실을 나타내는 지표들이다. 다음 절에서 정의한다.

또 하나의 예로서 hyp(이항형)가 종속변수이고 bmi(수치형)와 chl(수치형)이 설명변수인 로지스틱 회귀모형을 생각하자. 로지스틱 회귀모형을 위해 R "stats"(기본설치)의 `glm( , family=binomial)` 함수를 쓴다.

```
> fit.hyp <- with(imp.mice, glm(hyp ~ bmi + chl, family=binomial()))
> print(pool(fit.hyp))

  Call: pool(object = fit.hyp)

  Pooled coefficients:
  (Intercept)         bmi         chl
  -4.18144357 -0.03303909  0.02041319

  Fraction of information about the coefficients missing due to nonresponse:
  (Intercept)         bmi         chl
    0.2965569   0.3876105   0.4866111

> round(summary(pool(fit.hyp)),2)

                est   se     t    df Pr(>|t|)  lo 95 hi 95 nmis
  (Intercept) -4.18 4.61 -0.91 14.88     0.38 -14.02  5.65   NA
  bmi         -0.03 0.15 -0.23 12.49     0.83  -0.35  0.29    9
  chl          0.02 0.02  1.08 10.12     0.31  -0.02  0.06   10

               fmi  lambda
  (Intercept) 0.30  0.21
  bmi         0.39  0.30
  chl         0.49  0.39
```

위 출력에 의하면, bmi와 chl의 어느 것도 hyp에 주는 영향이 통계적으로 유의하다고는 할 수 없다. 표본크기 n이 작은데다가 결측값 대체로 인한 정보손실이 유의성 입증에 부정적 영향을 주었을 것이다.

"mice" 팩키지의 `mice( )` 함수는 유사완결(대체) 자료 세트를 m개 만들어낸다. 따라서 이를 활용하여 각종 자료 분석을 할 수도 있다. 예를 들어 nhanes2 자료에서 bmi 변수에 대한 25%, 50%, 75% 분위수를 구하고자 한다고 하자.

다음 R 코드는 10개 유사완결 자료세트 각각에 대하여 25%, 50%, 75% 분위수를 구하고 각 분위수들의 평균으로 추정치를 산출해낸다.

```
> summary.bmi <- matrix(0,10,3)
> rownames(summary.bmi) <- 1:10
> colnames(summary.bmi) <- c("25%","50%","75%")

> for (i in 1:10) {
+   x <- complete(imp.mice,i)$bmi
+   summary.bmi[i,] <- summary(x)[c(2,3,5)]
+ }

> summary.bmi
      25%  50%  75%
 1  22.7 27.2 30.1
 2  22.5 26.3 29.6
 3  22.5 25.5 29.6
 4  22.7 27.4 30.1
 5  24.9 27.4 29.6
 6  22.7 27.2 29.6
 7  22.7 27.2 29.6
 8  24.9 27.2 28.7
 9  22.7 27.4 30.1
 10 22.7 26.3 29.6

> round(apply(summary.bmi,2,mean),1)
  25%  50%  75%
 23.1 26.9 29.7
```

위에서 `complete(`*mice.obj*`, i)`는 *mice.obj*의 $i\,(=1,\cdots,m)$번째 유사완결 자료세트를 지칭한다.

3. 대체 방법과 손실

"mice" 패키지의 `mice( )` 함수에서 목표 변수가 수치형인 경우 결측값 대체를 위해 디폴트로 잡히는 방법은 pmm (predictive mean matching)이고 목표 변수가 이항형인 경우 디폴트는 logreg (logistic regression)이다.

pmm 방법은 다음과 같이 구성된다. 목표변수가 수치형인 경우에 적용된다.

1) 선형회귀 모형이 적합된다. 회귀계수(벡터)를 β, 오차항 분산을 σ^2라고 하자.
2) β와 σ^2 각각의 베이즈 사후분포로부터 β^*과 σ^{2*}가 모의 생성된다.
3) 그 모형으로부터 예측값(predicted value) y^*_{obs}와 y^*_{mis}가 산출된다. 여기서 y^*_{obs}와 y^*_{mis}는 목표변수가 관측・결측된 개체에서의 예측값이다.
4) y^*_{mis}에 가장 가까운 y^*_{obs}를 matching 하여 그 개체의 관측값 y_{obs}으로 결측된 y_{mis}를 대체한다.

따라서 pmm 대체 값은 실제 관측값 중 하나가 된다. 모형 예측값에 근거하여 가장 잘 맞는 관측 개체가 찾아지므로, 대체 모형의 적절성이 부족하더라도 괜찮은 성과를 낸다.

logreg 방법은 다음과 같이 구성된다. 목표변수가 이항형인 경우에 적용된다.

1) 로지스틱 회귀모형이 적합된다. 회귀계수(벡터)를 β라고 하자.
2) β의 베이즈 사후분포로부터 β^*가 생성된다.
3) 성공확률이 $e^{x^t\beta^*}/(1+e^{x^t\beta^*})$인 베르누이 변수값 0 또는 1이 모의 생성되어 결측된 y를 대체한다. 여기서 x는 그 개체의 공변량(벡터)이다.

그 밖에도 목표 변수가 다항형인 경우에는 polyreg (multinomial logit model)가, 순서 다항형인 경우에는 polr (ordered logit model)이 쓰인다. norm 방법은 베이즈 선형회귀에 기반하여 수치형의 대체 값을 산출한다.

결측값 대체로 인하여 불가피하게 정보(Fisher's information)의 손실이 발생하게 된다. 피셔의 정보가 "$I_{complete} = I_{observed} + I_{missing}$"로 분할됨에 착안하여 fmi (fraction of missing information) 지수는

$$\text{fmi} = \frac{I_{missing}}{I_{complete}} = 1 - \frac{I_{observed}}{I_{complete}}$$

로 정의된다. 이에 따라 fmi가 크다는 것은, 결측값이 합당한 최선의 값들로 대체

됨에도 불구하고, 결측으로 인한 불가피한 손실이 그만큼 발생함을 의미한다.

람다(lambda) 지수는 $(1+1/m)B/T$로 정의되는데 여기서 B는 추정치의 대체간(間) 분산(between imputation variance)이고 T는 총 분산(total variance)이다. 따라서 결측비율이 증가함에 따라 B가 커지게 되면 lambda 지수가 커진다.

4. MAR 상황

이상의 MICE 방법이 통하려면 결측 패턴이 MAR (Missing At Random)이어야 한다. MAR 상황은 한 변수의 결측값이 관측된 다른 변수들의 회귀함수로 표현이 가능하다는 전제로부터 나온다. 따라서 결측값이 있는 변수에 대하여 MAR 상황이 충족되기 위해서는 그 변수와 관련 있는 모든 변수들을 쓸 수 있어야 한다.

탐구 과제 1. "mice" 팩키지의 mammalsleep 자료에 결측값 대체 기법을 적용하여 의미 있는 분석 결과를 제시하라.

탐구 과제 2. "mi" 팩키지의 기능을 탐구하라. "mice"와 어떻게 다른가.

6장. 다차원 척도화 multidimensional scaling

다차원 척도화(multidimensional scaling, MDS)는 n개의 개체들을 낮은 차원(2 · 3차원) 공간에 타점하는 방법이다. 입력 정보는 개체 간 거리(distance) 뿐이다. 이 장에서는 고전적 MDS, 비계량적 MDS와 iso map을 다룬다.

1. 거리 행렬

n개 개체의 MDS에서 투입 자료는 $n \times n$ 거리 행렬이다. 즉, 개체 i와 i' 간 비유사도(dissimilarity) $\delta_{ii'}$이 기본 자료로 입력된다. 비유사도는 그 자체로 정의될 수 있지만 통상적으로 p개 특성의 수량화로부터 정의된다. 개체 i의 특성 j가 z_{ij}로 수치화된 경우, $\delta_{ii'}$는 다음과 같이 정의될 수 있다.

$$\delta_{ii'} = \sqrt{\sum_{j=1}^{p} (z_{ij} - z_{i'j})^2} : \qquad \text{유클리드 거리(euclidean),}$$

$$\delta_{ii'} = \sum_{j=1}^{p} | z_{ij} - z_{i'j} | : \qquad \text{맨하튼 거리(manhattan),}$$

$$\delta_{ii'} = \max_{j=1,\cdots,p} | z_{ij} - z_{i'j} | : \quad \text{최대값 거리(maximum).}$$

여기서 Z_j $(j = 1, \cdots, p)$가 각각 표준화되어 있음을 전제한다[1]. 이상의 거리 옵션들은 R 함수 `dist( )`에 들어와 있다.

이항형 거리(binary)는 모든 z_{ij}가 0 또는 1인 경우에 적용되는데 z_{ij} 또는 $z_{i'j}$ 중 적어도 하나가 1인 j들 중에서 하나만 1인 j들의 빈도로 정의된다. 예컨대

```
> x <- c(0, 0, 1, 1, 1, 1)
> y <- c(1, 0, 1, 1, 0, 1)
```

1) 표준화(standardization)의 대표적 두 가지는 ① 평균 0 · 표준편차 1의 정규 표준화와 ② 최소값 -1 (또는 0) · 최대값 1의 범위 표준화이다.

의 경우

```
> dist(rbind(x,y), method= "binary")
```

의 결과 값은 0.4이다. 왜냐하면 총 6개 비트 쌍 중에서 적어도 하나가 1인 비트 쌍이 5개인데 그 중에서 값이 일치하지 않는 쌍이 2개이기 때문이다 (첫 번째 쌍과 다섯 번째 쌍). 이런 거리 외에 생태학에서는 다양한 거리 개념이 활용되고 있는데 이에 관하여는 R "vegan" 팩키지의 vegdist( )를 참조하라.

사례: 미국하원의 법안 표결 자료

이 자료는 1984년 435명 미국하원 의원의 16개 법안에 대한 투표 기록(v1, ⋯, v16)과 소속 정당을 담고 있다 ("r"은 공화당, "d"는 민주당). 투표 기록은 찬성은 1, 반대는 -1, 기권・중립은 0으로 코딩되었다.

R 스크립트: mds_1.r

```
> vote <- read.csv("house-votes-84-number coded.txt", header=F)
> rownames(vote) <- 1:435
> colnames(vote) <- c("party","v1","v2","v3","v4","v5","v6","v7","v8"
+             "v9","v10","v11","v12","v13","v14","v15","v16")
> str(vote)  # 435 observations

> D <- dist(vote[,2:17], method="manhattan")
> as.matrix(D)[1:5,1:5]
   1  2  3  4  5
1  0  4 11 12 12
2  4  0  9 12 12
3 11  9  0  7  7
4 12 12  7  0  8
5 12 12  7  8  0
```

위의 R 스크립트에서 맨하튼 거리가 지정되었고 그 결과 의원 1과 의원 2 사이의 거리가 4로 출력되었다. 그 이유는 아래에서 볼 수 있듯이, 두 의원이 법안 v10에서 찬반이 엇갈려 2만큼 거리가 생겼고 법안 v11 (v16)에서 한 명이 기권・중립, 다른 한 명이 반대(찬성)하여 1만큼씩의 거리가 생겼기 때문이다. 참고로, 의원 1과 의원 2는 모두 공화당 "r" 소속이다.

```
> rbind(vote[1,2:17],vote[2,2:17])
   v1 v2 v3 v4 v5 v6 v7 v8 v9 v10 v11 v12 v13 v14 v15 v16
 1 -1  1 -1  1  1  1 -1 -1 -1   1   0   1   1   1  -1   1
 2 -1  1 -1  1  1  1 -1 -1 -1  -1  -1   1   1   1  -1   0
```

2. 고전적 MDS

k 차원 MDS 지도(map)에 n개 개체가 $n \times k$ 행렬 Y의 행에 따라 표출된다고 하자. 고전적 MDS는 다음의 근사적 해(解)이다.

$$d_{ii'}^2 \simeq \| \boldsymbol{y}_i - \boldsymbol{y}_{i'} \|^2, \quad \text{for all } i \text{ and } i'.$$

여기서 $d_{ii'}$은 개체 i와 i' 간 거리(입력값)이고 $\boldsymbol{y}_i$는 Y의 i번째 행이다. 해(解)는

$$(I_n - \frac{1}{n}J_n)A(I_n - \frac{1}{n}J_n) \qquad (= S)$$

의 고유값-고유벡터 분해로부터 얻어진다 (여기서 A는 $n \times n$ 행렬로 (i, i') 요소가 $-\frac{1}{2}d_{ii'}^2$이고, I_n은 $n \times n$ 항등행렬, J_n은 모든 원소가 1인 $n \times n$ 행렬). 즉,

$$S = VD_\lambda V^t \tag{1}$$

라고 하면 (V는 $n \times n$ 직교행렬, D_λ는 대각행렬), k차원 해 $Y_{(k)}$는

$$Y_{(k)} = V_{(k)} D_{\lambda_{(k)}}^{0.5}$$

이다. 여기서 $V_{(k)}$는 V의 첫 k개의 열로 구성되는 $n \times k$ 부행렬이고 $D_{\lambda_{(k)}}$는 첫 k개의 λ 값(> 0)으로 구성되는 대각행렬이다.

아래는 고전적 다차원척도화를 위한 R 코드이다. R "stats" 팩키지(기본설치)의 `cmdscale( )` 함수를 사용하였다. 개체(의원) 별로 소속정당에 따라 색을 부여하여 고유번호를 표출하였다 (청 = 민주당 "d", 적 = 공화당 "r"). 그림 1을 보라.

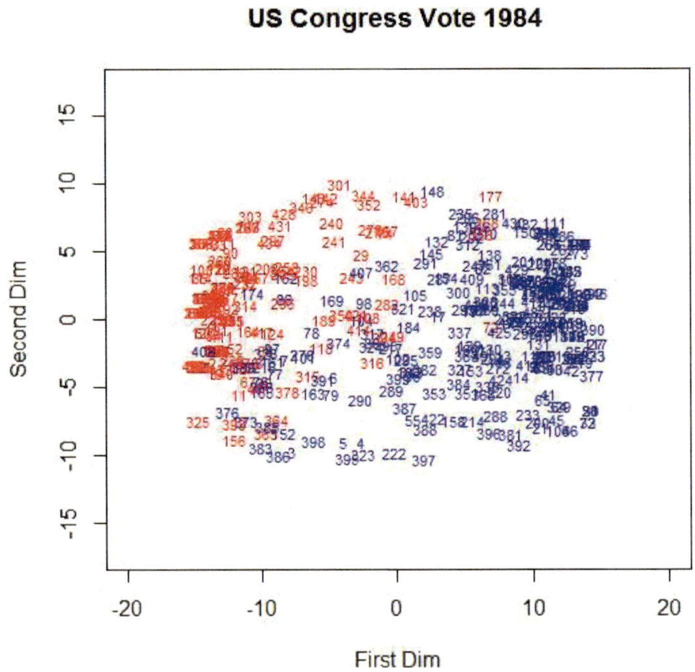

그림 1. 1984년 미국하원의 법안 표결: 고전적 MDS 지도

```
> mds.classic <- cmdscale(D)
> plot(mds.classic[,1], mds.classic[,2], type="n",
+     main="US Congress Vote 1984", xlab="First Dim", ylab="Second Dim",
+     xlim=c(-20,20), ylim=c(-17,17))
> text(mds.classic[,1], mds.classic[,2], 1:435,
+     col=c("blue","red")[unclass(vote$party)],cex=0.7)
```

그림 1의 MDS 지도에서 대체로 좌측은 공화당이고 우측은 민주당이다. 일부 의원들은 소속정당의 다수와는 전혀 다른 투표를 하고 있음이 발견된다.

고전적 MDS는 계산이 간단하여 좋다. 그러나 $n \times n$ 대칭행렬 S가 양의 定부호(positive definite)가 아닐 수 있으므로 분석자가 지정한 k 차원의 해를 산출하지 못할 수 있다. 또한, 유연성이 부족하여 해의 적합도가 낮을 수 있다.

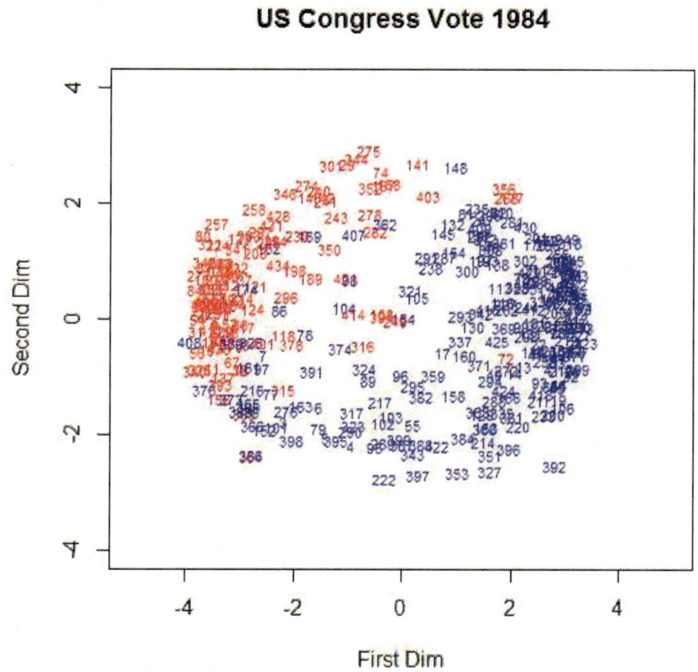

그림 2. 1984년 미국하원의 법안 표결: 비계량형 MDS 지도

3. 비계량형 MDS

비계량형 k 차원 MDS 지도(map)의 해 $\boldsymbol{y}_1, \cdots, \boldsymbol{y}_n$ 은 다음을 목표로 한다.

$$f(d_{ii'}) \simeq \| \boldsymbol{y}_i - \boldsymbol{y}_{i'} \|, \quad \text{for all } i \text{ and } i'.$$

여기서 f 는 임의의 단조 비감소(monotonic nondecreasing) 함수이다.

구체적으로 기술하자면, 비계량형 MDS는 다음을 최소화하는 해이다.

$$STRESS^2 = \sum_{i \neq i'} (f(d_{ii'}) - \| \boldsymbol{y}_i - \boldsymbol{y}_{i'} \|)^2 / \sum_{i \neq i'} \| \boldsymbol{y}_i - \boldsymbol{y}_{i'} \|^2.$$

다음은 이를 실행하는 R 스크립트이다. “MASS” 패키지의 `isoMDS( )` 함수를 사용하여 비계량형 MDS를 계산하였다. 그런데 이 함수가 2개 개체 간 거리에 0이 포함되어 있지 않음을 전제하므로, R “data.table” 팩키지의 unique( ) 함수를 써서 관측이 완전하게 동일한 개체들에 대해서는 1개 개체만 분석 데이터 셋에 남도록 사전 조치하였다.

```
> library(MASS)
> library(data.table)
> vote.1 <- unique(vote)
> str(vote.1)  # 342 observations
> D.1 <- dist(vote.1)
> mds.isoMDS <- isoMDS(D.1)
> plot(mds.isoMDS$points[,1], mds.isoMDS$points[,2], type="n",
+     main="US Congress Vote 1984", xlab="First Dim", ylab="Second Dim",
+     xlim=c(-5,5), ylim=c(-4,4))
> text(mds.isoMDS$points[,1], mds.isoMDS$points[,2], rownames(vote.1),
+     col=c("blue","red")[unclass(vote.1$party)],cex=0.8
```

그림 2의 비계량형 MDS 지도는 그림 1의 고전적 MDS 지도와 전체적 모습이 비슷하다. 약간의 차이는 비계량형 MDS 지도에서 양봉성(bimodality)이 더 분명하게 나타난다는 점이다.

R “vegan” 팩키지의 monoMDS( ) 함수도 비계량형 MDS를 계산해낸다. 이 함수의 좋은 점은 개체 간 거리에 0인 것이 있고 없음에 관계없이 결과를 산출해낸다는 점이다. 따라서 특별한 사전 조치가 필요하지 않다.

```
> library(vegan)
> mds.vegan <- monoMDS(D)
> plot(mds.vegan$points[,1], mds.vegan$points[,2], type="n",
+      main="US Congress Vote 1984", xlab="First Dim", ylab="Second Dim",
+      xlim=c(-1.5,1.5), ylim=c(-1.2,1.2))
> text(mds.vegan$points[,1], mds.vegan$points[,2], rownames(vote),
+      col=c("blue","red")[unclass(vote$party)],cex=0.7)
```

monoMDS( )의 출력 그래프는 그림 2와 유사하므로 여기서 제시하지는 않겠다.

R "vegan" 팩키지의 `monoMDS( )`의 출력이 R "MASS" 팩키지의 `isoMDS( )`의 출력과 완전히 같은 것은 아니다. 또한, `monoMDS( )`의 계산 알고리즘은 임의적 초기점에 의존하므로 실행 시마다 스트레스 값이 다소 다를 수 있다.

탐구문제 1. `isoMDS( )`의 MDS 지도와 `monoMDS( )`의 MDS 지도가 어느 정도 유사한가? R "vegan" 팩키지의 `procrustes( )` 함수를 써서 답하라.

4. iso map

개체 간 거리를 정의하는 데 있어 iso map은 네트워크 개념을 사용한다. 즉 iso map은 다음과 같이 만들어진다.

1) 각 개체 별로 k-최근접 이웃(k-nearest neighbor) K개 개체들에 연결선을 넣음으로써 n개 노드의 네트워크를 생성시키고
2) 모든 쌍의 개체 간 최단경로(geodesic path)를 산출하고 최단거리들을 모아 $n \times n$ 행렬 G에 넣는다.
3) 고전적 MDS에 G를 투입하여 저차원 map을 만든다.

미국하원의 법안처리 표결 자료를 iso map으로 만들어보자. 각 개체(의원)이 자신과 친한 $K(=5)$명과 영향을 주고받는다는 가정을 한다. 다음은 R 스크립트는 "vegan" 팩키지의 `isomap( )` 함수를 써서 iso map을 만들어낸다.

R 스크립트: mds_2.r

```
> vote <- read.csv("house-votes-84-number coded.txt", header=F)
> rownames(vote) <- 1:435
> colnames(vote) <- c("party","v1","v2","v3","v4","v5","v6","v7","v8"
+       "v9","v10","v11","v12","v13","v14","v15","v16")
> str(vote)  # 435 observations
> D <- dist(vote[,2:17], method="manhattan")
```

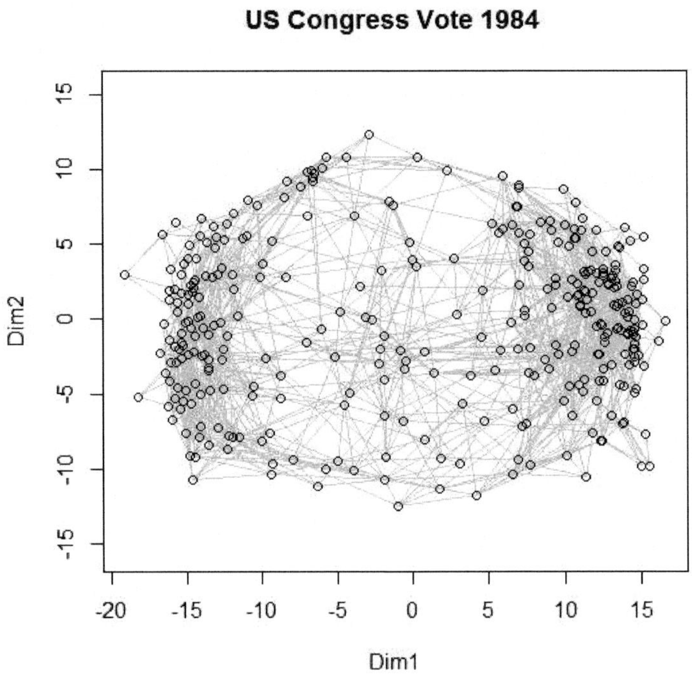

그림 3. 1984년 미국하원의 법안 표결: iso map ($k = 5$)

```
> library(vegan)
> i.map <- isomap(D, k=5)
> plot(i.map, main="US Congress Vote 1984")
> x11()
> plot(i.map$points[,1], i.map$points[,2], type="n",
+       main="US Congress Vote 1984", xlab="First Dim", ylab="Second Dim",
+       xlim=c(-20,20), ylim=c(-17,17))
> text(i.map$points[,1], i.map$points[,2], 1:435,
+       col=c("blue","red")[unclass(vote$party)],cex=0.8)
```

그림 3이 iso map의 출력 그래프이다. 각 노드가 다른 노드에 선들로 연결되어 있음을 볼 수 있다. 소수의 의원들이 타원체의 바깥에 돌출되어 있음을 볼 수 있다. 그림 4는 그림 3에 개체 번호와 소속 정당별 색을 넣은 map이다.

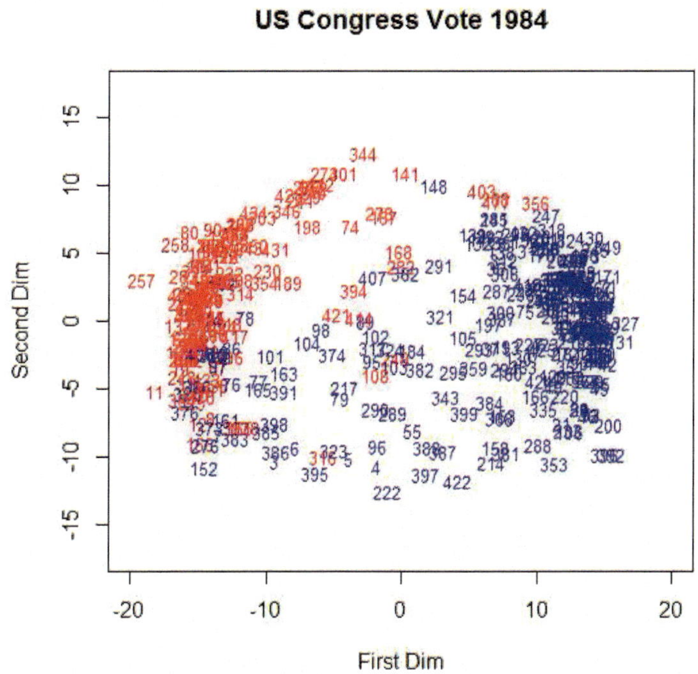

그림 4. 1984년 미국하원의 법안 표결: iso map ($k=5$)

5. 차원의 결정

이제까지의 MDS 지도는 모두 2차원이었다. 2차원 이미지는 우리가 다루기 쉽지만, 그렇다고 항상 정답인 것은 아니다. 자료 분석자가 봐야 할 이미지는 3차원 또는 그 이상 차원일 수 있다. (1차원인 경우도 있겠지만 현대 사회와 과학의 복잡성을 고려한다면 그럴 가능성은 무시해도 되겠다.)

고전적 MDS에서 적정 차원에 대한 정보는 행렬 S의 고유값에서 나온다. S는 식 (1)에 있으며 $n \times n$ 대칭행렬이다. 고유값이 큰 것부터 작아지는 순서로 보면서 값이 급감하는 곳이 있다면 직전 차원이 적정 MDS 차원이다. 이 방법이 잘 통하지 않는 경우에는 MDS의 제3축, 제4축에 어떤 흥미로운 패턴이 있는가를 살펴본다.

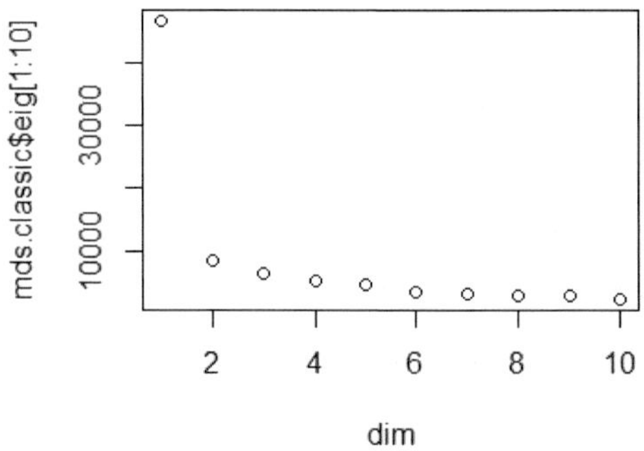

그림 5. 고전적 MDS에서 차원 별 고유값

미국하원의 법안표결 사례에 적용해보자. 행렬 S의 고유값을 차원 순서로 플롯하여 그림 5가 나왔다. 제2 고유값에 비해 제3 고유값이 특별히 작지 않으므로 MDS의 제3축이 특별한 패턴 정보를 갖는지를 살펴보기로 한다.

그림 6은 고전적 MDS의 제1축, 제2축, 제3축 간 산점도 행렬이다. 그림 6에서 특이한 점은 제2축과 제3축 간 산점도에서 2개 군집이 보여진다는 것이다. 군집이 정당(party)과 관련이 있는 것은 아니다.

다음은 이제까지의 추가분석에 쓰인 R 코드이다 (이하 mds_1.r에서 계속).

```
> mds.classic <- cmdscale(D, k=3, eig=T)
> plot(mds.classic$eig[1:10], xlab="dim")
> pairs(mds.classic$points[,1:3], labels=c("dim 1","dim 2","dim 3"),
+          col=c("blue","red")[unclass(vote$party)])
```

탐구문제 2. 미국하원의 법안표결 자료에 대한 고전적 MDS 지도에서 제2축·제3축 산점도의 2개 군집 간 (16개 법안에 대한 투표에서의) 행태적 차이를 규명하라.

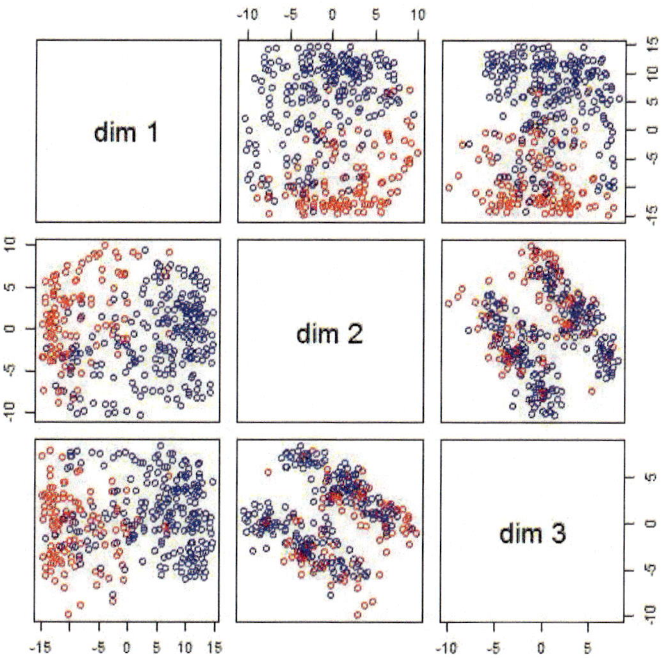

그림 6. 고전적 MDS에서 제1축, 제2축, 제3축의 산점도

비계량형 MDS에서 적정 차원에 대한 정보는 스트레스 값에서 나온다. 스트레스는 차원이 커질수록 자연스럽게 작아지는 패턴을 보이는데 이 값이 급감한 곳이 있다면 그 차원이 비계량형 MDS의 적정 차원이다. 이 방법이 잘 통하지 않는 경우에는 MDS의 제3축, 제4축에 어떤 흥미로운 패턴이 있는가를 살펴본다.

다음은 미국하원의 법안표결 자료에 대한 isoMDS의 차원별 스트레스를 계산한 결과이다. 3차원, 4차원으로 가면서 스트레스의 감소가 지속되므로 isoMDS의 적정 차원이 꼭 2차원이라고 판단할 수 없다.

```
> isoMDS(D.1, k=2)$stress
  [1] 18.48086
> isoMDS(D.1, k=3)$stress
  [1] 14.12543
```

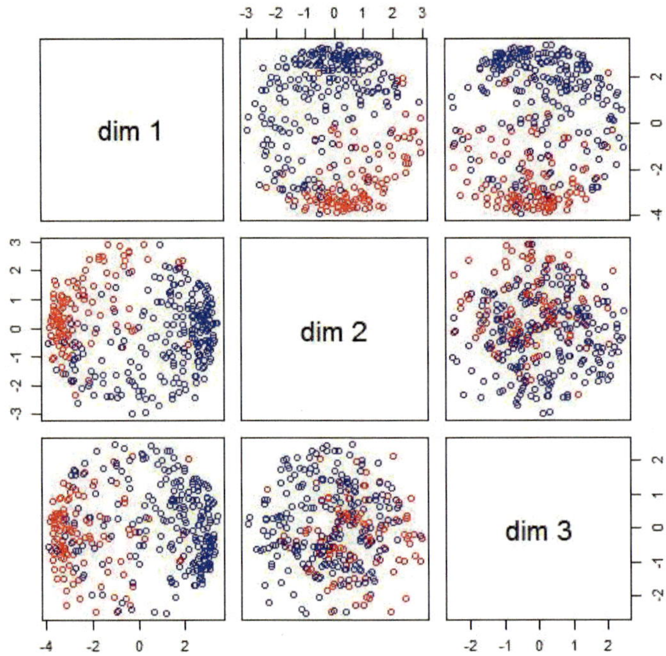

그림 7. 3차원 isoMDS에서 제1축, 제2축, 제3축의 산점도

```
> isoMDS(D.1, k=4)$stress
  [1] 10.78701
```

그러므로 isoMDS의 차원을 2차원에서 3차원으로 높여 MDS 플롯을 살펴볼 필요가 있다. 그림 7을 보라. 제2축과 제3축 간 산점도에서 군집성이 보이는가?

iso map은 일종의 고전적 MDS이다. 개체 간 거리의 정의에서 차이가 있을 뿐이다. 따라서 iso map에서 차원을 정하는 데 참고할 통계량은 고유값이다. 다음 R 코드는 iso map의 R 스크립트에서 이어진다 (이하 mds_2.r에서 계속).

```
> plot(i.map$eig[1:10])
```

그림 8이 그 결과이다. 특별히 2차원이 적절하다고 보기는 힘들다. 따라서 3차원

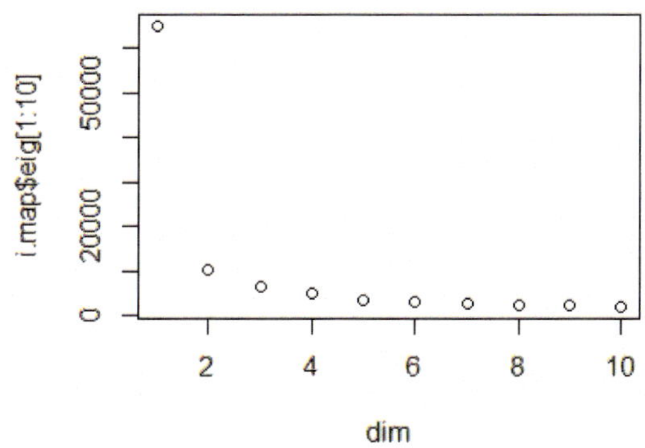

그림 8. iso map에서 차원 별 고유값

MDS 플롯을 살펴 볼 필요가 있다.

```
> pairs(i.map$points[,1:3], labels=c("dim 1","dim 2","dim 3"),
+       col=c("blue","red")[unclass(vote$party)])
```

그림 9가 그 결과이다. 제3축 좌표점 분포가 심하게 기울어져(skewed) 있다. 어느 집단이나 다수 그룹(majority group)으로부터 일탈하는 "튀는" 사람들이 있기 마련이다.

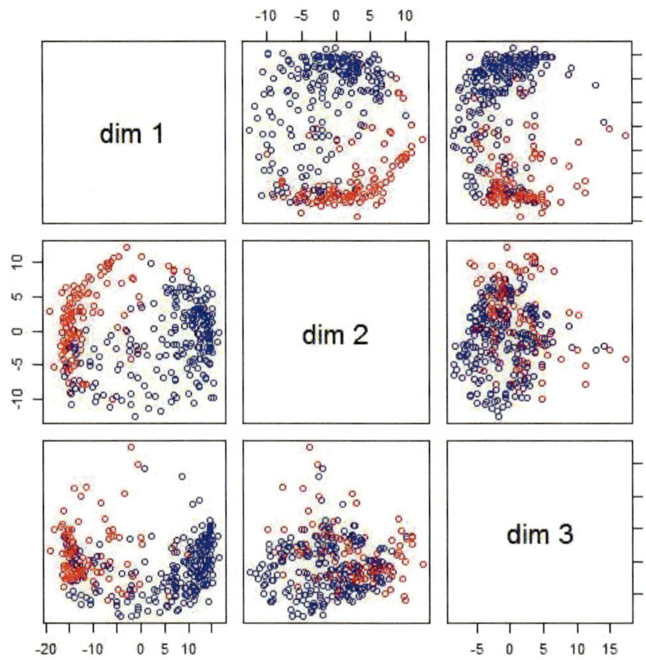

그림 9. 3차원 iso map에서 제1축, 제2축, 제3축의 산점도

탐구문제 2. iso map의 제3축 좌표점이 큰 개체들은 어떤 특성을 가지고 있나?

7장. 표본크기와 검정력 sample size and power

통계적 검증(검정)은 과학적 추론의 핵심 도구이다. 통계적 검증은 연구자에게 자신의 주장(가설)을 입증할 충분한 증거를 제시할 것을 요구한다. 허튼 지식의 유통을 막고자 하는 것이다. 통계적으로 충분한 증거란, 영가설(null hypothesis, 귀무가설) 대 대안가설(alternative hypothesis, 대립가설)의 검토에서, 연구자가 확보한 관측 자료로부터 산출된 소위 p-값이 일정수준 이하로 떨어지는 "유의한" 케이스를 말한다. 충분한 증거이기 위해서는 표본크기가 충분히 커야 하지만 큰 표본크기는 연구자의 경제적·시간적 부담이 되므로 표본이 필요 이상으로 커지지 않게 하는 것이 좋다. 그러면 연구자 가설(= 대안가설)의 입증에 필요한 최소 표본크기는 얼마일까? 이런 문제를 다룰 것이다. R "pwr" 팩키지를 활용한다.

1. 정규분포의 중심

통계적 추론에서 가장 기본적인 문제에서 시작하자. 즉, $x_1, \cdots, x_n$이 정규분포 $N(\mu, \sigma)$로부터의 임의표본인 경우에서

$$H_0 : \mu = 0 \quad \text{vs.} \quad H_1 : \mu > 0 \tag{1}$$

의 검증 시 모집단의 산포 σ가 알려진 상황을 전제한다. 유의수준 α의 검증은

$$\bar{x} \geq z_\alpha \frac{\sigma}{\sqrt{n}} \tag{2}$$

이면 H_0를 기각하는 것이다. 여기서 z_α는 표준정규분포의 상위 α 분위수이다. 통상적으로는 α를 0.05로 놓는데 그 경우 z_α는 1.645이다. 이 검정에서 $\mu \geq 0$일 때 H_0가 기각될 확률, 즉 (2)의 확률은 다음과 같다.

$$P\left\{ Z \geq z_\alpha - \sqrt{n}\,\frac{\mu}{\sigma} \right\} \quad (:= \pi(\mu)), \tag{3}$$

여기서 Z는 $N(0,1)$ 확률변수이다. $\pi(\mu)$는 검정력(power, power of the test)으로 불린다. 이 함수는 $\mu = 0$에서 값이 α이고 μ가 커짐에 따라 단조 증가한다.

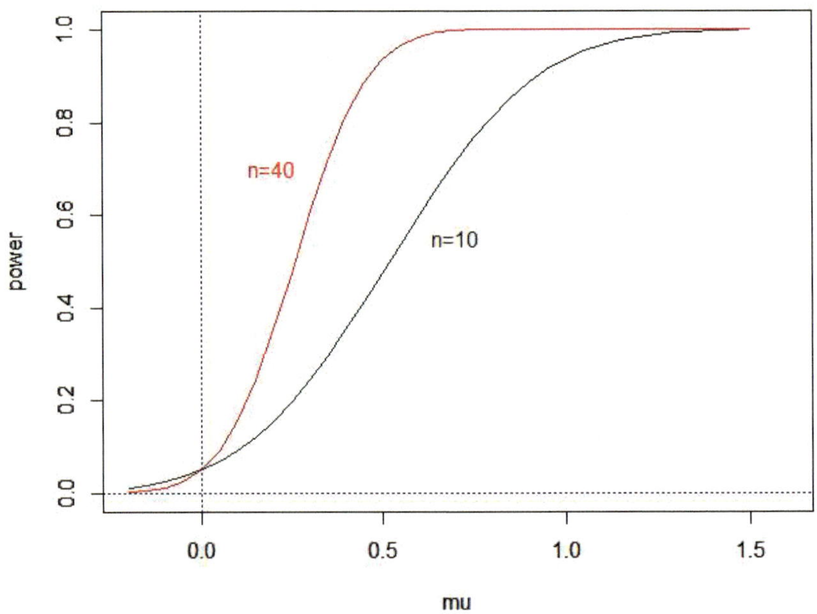

그림 1. 정규분포의 중심 μ에 대한 검정에서의 검정력 함수

그림 1은 $\sigma = 1$인 경우에서 검정력 $\pi(\mu)$를 μ의 함수로 그린 그래프이다. 유의수준 α는 0.05로 두었고 n은 10인 경우와 40인 경우가 고려되었다.

예상하는 μ가 0.4 정도라고 하자. 이 상황에서 우리가 스스로에게 던지는 질문은

1) $n = 10$의 표본을 가진 연구에서 H_0가 기각될 확률은 얼마인가?

2) 표본크기 n이 얼마 정도여야 검정력이 80% 이상이 될 것인가?

$n = 10$, $\mu = 0.4$에서 H_0가 기각될 확률은

$$P\left\{ Z \geqq 1.645 - \sqrt{10}\,\frac{0.4}{1} \right\} = 0.352$$

이다 ($\sigma = 1$, $\alpha = 0.05$). 그림 1에서 대략 이 값을 확인할 수 있다. 즉, μ가 0.4

정도인 경우에서 $n=10$의 표본으로 $H_0: \mu=0$가 기각될 확률은 35%에 불과하다. 다시 말하자면, 실망스럽게도 연구자가 그의 주장을 뒷받침할 증거를 제시하지 못할 가능성이 50%를 훨씬 넘는 65%나 된다.

(3)의 확률 값, 즉 검정력은 n이 커질수록 증가한다. $n=10$에서 시작하여 20, 30, 40, … 등으로 키우면서 H_0가 기각될 확률이 어떻게 변하는가를 살펴보자. 그림 1에서, $n=40$이면 $\mu=0.4$에서 검정력이 0.8 정도가 됨을 볼 수 있다.

다음은 $n=10$과 40일 때, $\mu=0.4$에서의 검정력 $\pi(0.4)$를 계산해내는 R 코드이다 (R 스크립트: sample size_1.r).

```
> mu <- 0.4; sigma <- 1
> n <- c(10,40)
> round(1-pnorm(1.645-sqrt(n)*mu/sigma, 0, 1), 3)
  [1] 0.352 0.812
```

R "pwr" 팩키지를 써서, $n=10$과 40일 때 $\mu=0.4$에서의 검정력 $\pi(0.4)$를 구해보자 ($\sigma=1$, $\alpha=0.05$). `pwr.norm.test( )` 함수를 사용한다.

```
> library(pwr)
> pwr.norm.test(d=0.4, n=c(10,40), sig.level=0.05, alternative="greater")

     Mean power calculation for normal distribution with known variance
              d = 0.4
              n = 10, 40
      sig.level = 0.05
          power = 0.3519940, 0.8119132
    alternative = greater
```

그림 2는 R "pwr" 팩키지를 써서 산출한 검정력 $\pi(\mu)$의 그래프이다 ($n=40$).

```
> mu <- seq(0,1,0.05);  n <- 40
> pwr <- pwr.norm.test(d=mu, n=n, sig.level=0.05, alternative="greater")$power
> plot(mu, pwr, type="l", main=paste("normal power curve, n =",n))
> abline(h = 0.8, col="blue", lty="dotted", lwd=1.2)
```

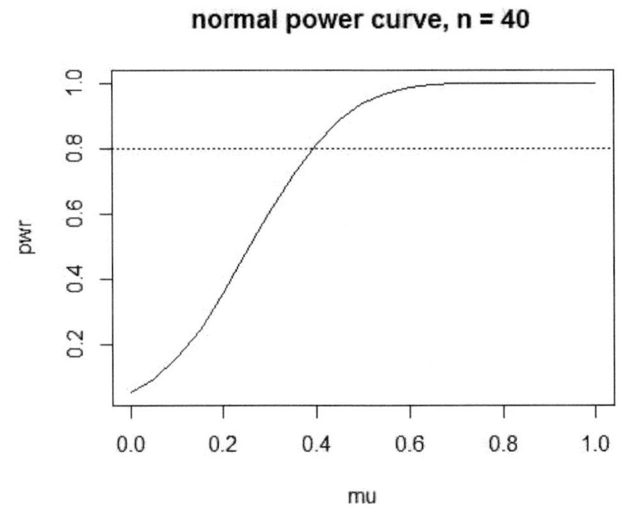

그림 2. 정규분포의 중심 μ에 대한 검정에서의 검정력 함수 ($n = 40$일 때)

이와 같이 `pwr.norm.test( )` 함수는 표본크기 n이 투입되면 검정력 π를 계산해낸다. 뿐만 아니라, 요구되는 검정력 π가 지정되면 검정력의 그 값을 확보하기 위해 필요한 표본크기 n을 계산해낸다:

```
> pwr.norm.test(d=0.4, power=0.80, sig.level=0.05, alternative="greater")

     Mean power calculation for normal distribution with known variance
              d = 0.4
              n = 38.64099
      sig.level = 0.05
          power = 0.8
    alternative = greater
```

이 출력에 의하면, $\mu = 0.4$에서 검정력이 80%가 되기 위해서는 $n \geq 39$의 표본이 필요하다 ($\alpha = 0.05$, 단측 검정).

`pwr.norm.test( )` 함수의 인수 d는 μ/σ를 의미한다. 이제까지는 $\sigma = 1$을 가정하였다.

2. t-검정

통계학에서 t-검정(t-test)은 1개 표본의 중심, 짝이 지어진 2개 표본의 중심 간 비교, 독립적인 2개 표본의 중심 간 비교 등 다양한 경우에 적용된다.

1) 1개 표본의 중심

$x_1, \cdots, x_n$이 중심이 μ이고 산포(표준편차)가 σ인 모집단으로부터의 임의표본이라고 하자. 연구자의 관심이

$$H_0 : \mu = 0 \quad \text{vs.} \quad H_1 : \mu > 0$$

에 있다고 할 때, 이를 검증하는 방법은

$$t := \sqrt{n}\,\frac{\bar{x}}{s} \geq t_{n-1,\alpha}$$

이면 H_0를 기각하는 것이다. 여기서 $t_{n-1,\alpha}$는 자유도가 $n-1$인 t-분포의 상위 α 분위수이다.

H_0가 기각될 확률, 즉 검정력은 자유도 $n-1$과 비중심 파라미터(noncentrality parameter) δ의 비중심(noncentral) t-분포로부터 계산된다. 여기서 δ는

$$\delta := \frac{\mu}{\sigma}$$

이다. 이 파라미터는 효과크기(effect size)로 불리는데 그 이유는 이것이 크면 클수록 모집단의 중심이 0으로부터 멀리 떨어져 있음을 의미하기 때문이다.

코헨(Cohen, 1988)은 $\delta = 0.5$를 중간 효과크기(medium effect size), $\delta = 0.2$를 작은 효과크기(small effect size), $\delta = 0.8$을 큰 효과크기(large effect size)로 보았다. $z = 0.2, 0.5, 0.8$은 표준정규분포 $N(0,1)$에서 상위 42%, 31%, 21% 분위수 점에 해당한다.

표본크기를 정하거나 검정력을 사전에 파악하려면 효과크기 δ에 대한 예상치가 필요하다. 이에 대한 정보는 기존연구의 검색에서 나온다. 기존연구가 전혀 없거

나 도움이 되지 않는 경우에는 예비연구(pilot study)를 시행하여 μ와 σ에 대한 가늠치를 확보할 필요가 있다.

다음 R 코드는 $\delta = 0.2$일 때 $n = 40$ 인 표본이 갖는 검정력을 산출해준다. "pwr" 패키지의 `pwr.t.test( )` 함수를 썼다 (R 스크립트: sample size_2.r).

```
> pwr.t.test(d=0.2, n=80, sig.level=0.05, type="one.sample",
+            alternative="greater")

     One-sample t test power calculation
              n = 80
              d = 0.2
      sig.level = 0.05
          power = 0.5511835
    alternative = greater
```

결과는 검정력이 55%라는 것이다. 표준적으로 요구되는 검정력 수준은 80%이다. 따라서 표본크기 n을 40보다 훨씬 크게 할 필요가 있다.

다음 R 코드는 $\delta = 0.2$일 때 검정력 80%를 확보하기 위해서 요구되는 표본크기 n을 계산해준다. "pwr" 패키지의 `pwr.t.test( )` 함수를 썼다.

```
> pwr.t.test(d=0.2, power=0.8, sig.level=0.05, type="one.sample",
+            alternative="greater")

     One-sample t test power calculation
              n = 155.9257
              d = 0.2
      sig.level = 0.05
          power = 0.8
    alternative = greater
```

결과는 표본크기 n이 156 이상이여야 한다는 것이다 ($\alpha = 0.05$).

이와 같이 `pwr.t.test( )` 함수는 표본크기 n과 효과크기 δ를 투입하면 검정력 π를 산출하고 검정력 π와 효과크기 δ를 투입하면 표본크기 n을 산출한다.

2) 짝이 지어진 2개 표본의 중심 간 비교

n개의 짝 관측을 $(x_1, y_1), \cdots, (x_n, y_n)$으로 표기하자. 제1 표본 $x_1, \cdots, x_n$의 모집단은 중심이 μ_1, 산포(표준편차)가 σ_1이고 제2 표본 $y_1, \cdots, y_n$의 모집단은 중심이 μ_2, 산포(표준편차)가 σ_2라고 하자. 연구자가

$$H_0 : \mu_1 = \mu_2 \quad \text{vs.} \quad H_1 : \mu_1 > \mu_2$$

를 검증하고자 한다. 이런 상황에 적용되는 t-검정은

$$t := \sqrt{n}\,\frac{\overline{x} - \overline{y}}{\sqrt{s_1^2 + s_2^2 - 2\,r\,s_1\,s_2}} \quad \sim \; t_{n-1}, \quad \text{under } H_0$$

에 바탕을 둔다 (s_1은 제1 표본의 표준편차, s_2는 제2 표본의 표준편차, r은 이변량 표본 상관계수). 이에 맞추어, 효과크기는 다음으로 정의된다.

$$\delta := \frac{\mu_1 - \mu_2}{\sqrt{\sigma_1^2 + \sigma_2^2 - 2\,\rho\,\sigma_1\sigma_2}},$$

여기서 ρ는 이변량 모집단의 상관계수이다. 따라서 "짝이 지어진 2개 표본의 중심 간 비교" 문제는 "1개 표본의 중심" 문제로 귀착 된다 (중심 = $\mu_1 - \mu_2$, 표준편차 = $\sqrt{\sigma_1^2 + \sigma_2^2 - 2\,\rho\,\sigma_1\sigma_2}$).

다음 R 코드는 $\mu_1 - \mu_2 = 0.25$이고 $\sigma_1 = \sigma_2 = 1$, $\rho = 0.5$일 때, 크기 $n = 50$의 표본이 갖는 검정력을 계산해준다.

```
> d <- 0.25/sqrt(2*(1-0.5))
> pwr.t.test(d=d, n=50, sig.level=0.05, type="paired", alternative="greater")

     Paired t test power calculation
              n = 50
              d = 0.25
      sig.level = 0.05
          power = 0.5392054
    alternative = greater      NOTE: n is number of *pairs*
```

답은 검정력 53.9%. 따라서 검정력이 80%가 되려면 표본크기 n을 늘려야 한다. 다음 R 코드도 같은 결과를 낸다.

```
> pwr.t.test(d=d, n=50, sig.level=0.05, type="one.sample",
+            alternative="greater")
```

다음 R 코드는 검정력 80%를 확보하기 위해 필요한 표본크기 n을 계산해준다.

```
> pwr.t.test(d=d, power=0.8, sig.level=0.05, type="paired",
+            alternative="greater")

     Paired t test power calculation
              n = 100.2877
              d = 0.25
      sig.level = 0.05
          power = 0.8
    alternative = greater       NOTE: n is number of *pairs*
```

답은 $n \geq 101$. 101개 이상의 관측 쌍이 필요하다.

3) 독립적인 2개 표본의 중심 간 비교

2개의 표본이 독립적으로 얻어진다고 한다. 제1 표본 $x_1, \cdots, x_n$의 모집단은 중심이 μ_1, 산포가 σ이고 제2 표본 $y_1, \cdots, y_n$의 모집단은 중심이 μ_2, 산포가 σ라고 하자. 단순성을 위하여 두 모집단의 산포가 같다고 가정한다. 또한 표본크기도 같다고 가정한다. 영가설과 대안가설이

$$H_0 : \mu_1 = \mu_2 \quad \text{vs.} \quad H_1 : \mu_1 > \mu_2$$

로 설정된 상황에서, t-검정은

$$t := \sqrt{\frac{n}{2}} \frac{\bar{x} - \bar{y}}{s} \sim t_{2n-2}, \quad \text{under } H_0$$

에 바탕을 둔다 (s^2은 두 표본의 합동 분산 pooled sample variance).

효과크기는 $\delta := \dfrac{\mu_1 - \mu_2}{\sigma}$ 로 정의된다.

다음 R 코드는 $\mu_1 - \mu_2 = 0.4$이고 $\sigma = 1$일 때, 크기 $n = 50$의 2개 독립 표본이 갖는 검정력을 계산해준다.

```
> d <- 0.4
> pwr.t.test(d=d, n=50, sig.level=0.05, type="two.sample",
+            alternative="greater")

  Two-sample t test power calculation
              n = 50
              d = 0.4
      sig.level = 0.05
          power = 0.633565
    alternative = greater
  NOTE: n is number in *each* group
```

답은 검정력 63.4%. 따라서 검정력이 80%가 되려면 표본크기 n을 늘려야 한다. 다음 R 코드는 검정력 80%를 확보하기 위해 필요한 표본크기 n을 계산해준다 (여기서 n은 각 표본의 크기).

```
> pwr.t.test(d=d, power=0.8, sig.level=0.05, type="two.sample",
+            alternative="greater")

  Two-sample t test power calculation
              n = 77.96726
              d = 0.4
      sig.level = 0.05
          power = 0.8
    alternative = greater      NOTE: n is number in *each* group
```

답은 $n \geq 78$. 제1 표본과 제2 표본이 크기가 각각 78 이상이어야 한다.

3. 비율의 검정

크기 n의 임의표본으로부터 비율 p가 산출된다고 하자. 모집단 비율 θ에 대한 다음 가설을 검증 하고자 한다.

$$H_0 : \theta = \theta_0 \quad \text{vs.} \quad H_1 : \theta > \theta_0 .$$

표본크기 n이 큰 경우, 표본비율 p의 역싸인 제곱근 변환 $z = \sin^{-1}\sqrt{p}$의 분포는 $N(\sin^{-1}\sqrt{\theta}, \frac{0.5}{\sqrt{n}})$에 가깝게 된다:

$$Var(\sin^{-1}\sqrt{p}) \simeq \frac{0.25}{n}.$$

즉, p의 역싸인 제곱근 변환은 분산 안정화(variance stabilizing) 변환이다. 따라서 효과크기는 다음과 같이 정의된다.

$$h = \frac{1}{0.5}(\sin^{-1}\sqrt{\theta} - \sin^{-1}\sqrt{\theta_0}).$$

R "pwr" 팩키지의 `ES.h( )` 함수는 위의 식으로 효과크기를 계산한다.

다음 R 코드는 $\theta_0 = 0.5$이고 $\theta = 0.6$일 때 $n = 50$의 표본이 갖는 검정력을 계산해준다. `pwr.p.test( )` 함수를 사용하였다 (R 스크립트 sample size_3.r).

```
> h <- ES.h(0.6, 0.5)
> pwr.p.test(h=h, n=50, sig.level=0.05, alternative="greater")

    proportion power calculation for binomial distribution
    (arcsine transformation)
              h = 0.2013579,                n = 50
      sig.level = 0.05
          power = 0.4125314
    alternative = greater
```

다음 R 코드는 $\theta_0 = 0.5$이고 $\theta = 0.6$일 때 검정력 80%가 성취되는 표본크기를 계산해준다. 답: 표본크기 $n \geqq 153$.

```
> pwr.p.test(h=h, power=0.80, sig.level=0.05, alternative="greater")

    proportion power calculation for binomial distribution
    (arcsine transformation)
              h = 0.2013579,                n = 152.4863
      sig.level = 0.05
          power = 0.8
    alternative = greater
```

2개의 독립표본에서 얻어진 비율 간 비교에서도 역싸인 제곱근 변환이 활용된다. 크기 n의 제1 표본으로부터 비율 p_1이 나오고 독립적인 크기 n의 제2 표본에서 비율 p_2가 나온다고 하자. 제1 모집단 비율 θ_1과 제2 모집단 비율 θ_2에 대한 다음 가설을 검증하기로 한다.

$$H_0 : \theta_1 = \theta_2 \quad \text{vs.} \quad H_1 : \theta_1 > \theta_2 .$$

2개의 모집단 비율 θ_1과 θ_2 간 차이의 효과크기는 다음으로 표현된다.

$$h = \frac{1}{0.5} (\sin^{-1} \sqrt{\theta_1} - \sin^{-1} \sqrt{\theta_2}).$$

다음 R 코드는 $\theta_1 = 0.6$과 $\theta_2 = 0.4$일 때 크기가 각각 $n = 50$인 2개 표본이 갖는 검정력을 계산해준다. 답: 검정력 64.4%.

```
> h <- ES.h(0.6,0.4)
> pwr.2p.test(h=h, n=50, sig.level=0.05, alternative="greater")

    Difference of proportion power calculation for binomial distribution
    (arcsine transformation)
              h = 0.4027158,              n = 50
      sig.level = 0.05
          power = 0.6438339
    alternative = greater             NOTE: same sample sizes
```

다음 R 코드는 $\theta_1 = 0.6$과 $\theta_2 = 0.4$일 때 80%의 검정력을 확보하기 위해 요구되는 표본 크기를 계산해준다. 답: 각 표본의 크기 $n \geq 77$.

```
> pwr.2p.test(h=h, power=0.8, sig.level=0.05, alternative="greater")

    Difference of proportion power calculation for binomial distribution
    (arcsine transformation)
              h = 0.4027158,              n = 76.24313
      sig.level = 0.05
          power = 0.8
    alternative = greater             NOTE: same sample sizes
```

4. 상관의 검정

크기 n의 임의표본으로부터 상관계수 r이 산출된다고 하자. 모집단 상관계수 ρ에 대한 다음 가설을 검증하기로 한다.

$$H_0 : \rho = \rho_0 \quad \text{vs.} \quad H_1 : \rho > \rho_0 .$$

상관계수 r의 피셔 z-변환(Fisher's z-transform)

$$z(r) = \frac{1}{2} \log \frac{1+r}{1-r}$$

은 근사적으로 다음 분포를 따른다.

$$z(r) - z(\rho) \sim N(0, \frac{1}{\sqrt{n-3}}).$$

다음 R 코드는 $\rho_0 = 0.3$일 때 크기가 각각 $n = 50$인 표본에서 산출된 상관계수 r이 갖는 검정력을 계산해준다 (R 스크립트: sample size_4.r).

```
> pwr.r.test(r=0.3, n=50, sig.level=0.05, alternative="greater")

    approximate correlation power calculation (arctangh transformation)
              n = 50,              r = 0.3
      sig.level = 0.05
          power = 0.6853183
    alternative = greater
```

답: 검정력 68.5%.

다음 R 코드는 $\rho_0 = 0.3$일 때 80%의 검정력을 확보하기 위해 요구되는 표본 크기를 계산해준다. 답: 표본의 크기 $n \geqq 68$.

```
> pwr.r.test(r=0.3, power=0.8, sig.level=0.05, alternative="greater")

    approximate correlation power calculation (arctangh transformation)
              n = 67.19195,        r = 0.3
      sig.level = 0.05
          power = 0.8
    alternative = greater
```

5. 그 밖의 검정

이제까지의 단측 검증(one-sided test)에서 대안가설이 "greater" 방향인 경우만 사용하였다. 그러나 당연하게도 연구의 상황이 대안가설의 방향이 반대일 수 있다. 그런 경우에는 alternative 인수를 "less"로 놓아야 한다. 다음은 한 예이다.

```
> pwr.t.test(d=-0.2, n=80, sig.level=0.05, type="one.sample",
+            alternative="less")
```

대안가설의 방향이 단측이 아니라 양측인 경우도 있다. 그런 경우엔 alternative 인수를 "two-sided"로 놓는다. 그러나 그런 상황이 자주 있지는 않다. 왜냐하면 통상적인 과학적 연구에서는 연구자의 주장이 방향성을 가져야 하기 때문이다. "기존 방법 A 보다 새 방법인 B가 좋다"고 주장할 수 있지만 "기존 방법 A와 새 방법인 B는 다르다"는 주장은 통상적 상황에서는 생각하기 어렵다.[1)]

R 패키지 "pwr"은 z-검정, t-검정, 비율 검정, 상관 검정 외에도 카이제곱 검정, 분산분석, 선형모형에서의 검정력과 표본크기 산출을 위한 `pwr.chisq.test( )`, `pwr.anova.test( )`, `pwr.f2.test( )` 등의 함수를 제공한다.

"TrialSize"는 임상시험(clinical trial) 설계에서의 검정력과 표본크기 산출을 위한 R 패키지이다. "TrialSize" 팩키지는 예를 들어 교차설계(crossover design), 동등성 테스트(equivalence test), 콕스의 비례위험 모형(Cox proportional hazards model) 등에 필요한 각종 함수를 제공한다.

---

1) 동등성 테스트(equivalence testing, 동등성 검정)는 원조 약(original drug)과 카피 약(generic drug)이 같은 효능임을 입증하는 데 쓰이는 통계적 방법으로 이 장에서 다룬 유의성 검증(significance testing)과는 개념과 방법에서 분명한 차이가 있다.

탐구문제 1. 1개 표본 t-검정에서 효과크기 δ를 0.4로 고정할 때, 표본크기 n 대 검정력의 그래프를 그려라. 검정력 0.8에 수평선을 그려 $n=40$ 근처에서 교점이 있음을 확인하라.

탐구문제 2. 2개 독립표본에서 상관계수가 각각 산출되는 경우를 생각하자. 모집단 A의 상관계수 ρ_1과 모집단 B의 상관계수 ρ_2가 각각 0.5와 0.25로 예상되는 상황에서 검정력 80%를 확보하기 위해서는 각 표본의 크기가 어느 정도 되어야 하는가? 이 문제에서 영가설과 대안가설은 다음과 같다.

$$H_0 : \rho_1 = \rho_2 \qquad \text{vs.} \qquad H_1 : \rho_1 > \rho_2 .$$

8장. 붓스트랩 방법 bootstrap method

에프론(B. Efron)의 붓스트랩(bootstrap) 방법은 확률모형의 구체적 전제 없이 표본에서 표본을 추출하여 신뢰구간을 구한다. 전통적인 방법들이 수학에 크게 의존하지만 이 방법은 그렇지 않다. 대신, 계산 집중적(computer intensive)이다. 이 장에서는 R의 “boot” 팩키지를 활용하여 추정량의 편향과 표준오차를 제시하고 붓스트랩 신뢰구간을 구한다.

1. 붓스트랩 방법이란?

크기 n의 관측 표본 $x_1, \cdots, x_n$이 미지의 모집단 F에서 얻어졌다고 하자. 연구자의 관심은 모집단의 한 특성 파라미터인 θ에 있다. 붓스트랩 방법은 표본의 n개 관측을 복원추출하여 재표본(re-sample)을 확보한다. 그것을

$$x_1^*, \cdots, x_n^*$$

로 표기하자. 재표본에는 같은 관측이 2회 이상 중복될 수 있고 일부 관측은 누락될 수 있다.

붓스트랩 방법은 다음과 같이 구성된다.

1) 관측 표본에서 θ를 추정하는 통계량 $\hat{\theta} := T(x_1, \cdots, x_n)$를 계산한다.

2) $x_1, \cdots, x_n$에서 $x_1^*, \cdots, x_n^*$를 복원추출(sampling with replacement)하고 $\hat{\theta}^* := T(x_1^*, \cdots, x_n^*)$를 계산한다.

3) 위 작업을 $B(=1{,}000)$회 반복한다.

4) B개의 $T(x_1^*, \cdots, x_n^*)$를 활용하여 $\hat{\theta}$의 편향과 표준오차를 산출하고 θ에 대한 신뢰구간을 구축한다.

- 편향 $bias(\hat{\theta}) := E_\theta[\hat{\theta}] - \theta$의 추정치:

$$\widehat{bias}(\hat{\theta}) = Average\{\hat{\theta}_1^*, \cdots, \hat{\theta}_B^*\} - \hat{\theta},$$

여기서 $\hat{\theta}_1^*, \cdots, \hat{\theta}_B^*$는 $T(x_1^*, \cdots, x_n^*)$의 B개 실현값 (단계 2의 반복).

- 표준오차 $s.e.(\hat{\theta}) := \{Var_\theta[\hat{\theta}]\}^{\frac{1}{2}}$의 추정치:

$$\widehat{s.e.}(\hat{\theta}) = \left[Var\{\hat{\theta}_1^*, \cdots, \hat{\theta}_B^*\}\right]^{\frac{1}{2}},$$

여기서 $\hat{\theta}_1^*, \cdots, \hat{\theta}_B^*$는 $T(x_1^*, \cdots, x_n^*)$의 B개 실현값 (단계 2의 반복).

- θ에 대한 신뢰구간, $\theta \in (\hat{\theta}_L, \hat{\theta}_U)$. 다음 두 방법이 대표적이다.

1) 백분위수 방법(percentile method):

$\hat{\theta}_L, \hat{\theta}_U$:= lower and upper $\frac{\alpha}{2}$ percentiles of $\{\hat{\theta}_1^*, \cdots, \hat{\theta}_B^*\}$,

여기서 $\frac{\alpha}{2}$ 백분위수는 순서열의 앞 · 뒤에서 $\left[\frac{\alpha}{2}(B+1)\right]$번째 값이다.

이 방법은 $\hat{\theta}$의 분포가 편향이 없고 대칭인 경우 잘 작동된다.

2) BCa 방법(bias-corrected and accelerated method):

$\hat{\theta}_L, \hat{\theta}_U$:= lower α_1 and upper α_2 percentiles of $\{\hat{\theta}_1^*, \cdots, \hat{\theta}_B^*\}$,

여기서 $\Phi(z)$는 N(0,1)의 분포함수, $\Phi(z_\alpha) = \alpha$, $\Phi(z_{1-\alpha}) = 1-\alpha$이고

$$\alpha_1 = \Phi\left(z_0 + \frac{z_0 + z_{\alpha/2}}{1 - a(z_0 + z_{\alpha/2})}\right), \quad \alpha_2 = 1 - \Phi\left(z_0 + \frac{z_0 + z_{1-\alpha/2}}{1 - a(z_0 + z_{1-\alpha/2})}\right)$$

이며

$$z_0 = \Phi^{-1}\left(\frac{1}{B+1}\sum_{b=1}^{B} I(\hat{\theta}_b^* \le \hat{\theta})\right),$$

$$a = \sum_{i=1}^{n}(\hat{\theta} - \hat{\theta}_{-i})^3 / [6(\sum_{i=1}^{n}(\hat{\theta} - \hat{\theta}_{-i})^2)^{1.5}]$$

이다. z_0은 편향을 바로잡고 a는 기울어짐(skewness)을 보정한다.

왜 이런 방법을 쓰는가? 개념적 원리는 다음과 같다 (허명회(2012)의 고급 통계학 특강 I의 제5장에서 전재). 건너뛰어도 좋다.

추론자의 관심은 확률표본 $x_1, \cdots, x_n$이 추출되어 나온 모집단(population) F에 있다. 이것은 미지(unknown)이다. F의 한 특성치 θ에 대한 추정치로

$$\hat{\theta} = T(x_1, \cdots, x_n)$$

을 쓰는 경우, θ에 대한 추론을 위해서 기본적으로 필요한 것은 $T(x_1, \cdots, x_n)$의 확률분포이다. 그런데 이것을 산출하는 것이 때때로 쉽지 않다.

그 이유는 첫째, F가 어떤 분포 족에 속하는 분포인지를 가정해야 하는데 이것이
애매하기 때문이다. 둘째, $T(x_1, \cdots, x_n)$의 확률분포를 구하는 것이 수학적으로 어려운 경우가 있기 때문이다. 셋째, $\hat{\theta}$의 형태 별로 추론 방식을 매번 개발하는 것이 번거롭기 때문이다. 다음은 붓스트랩 방법의 개념도이다.

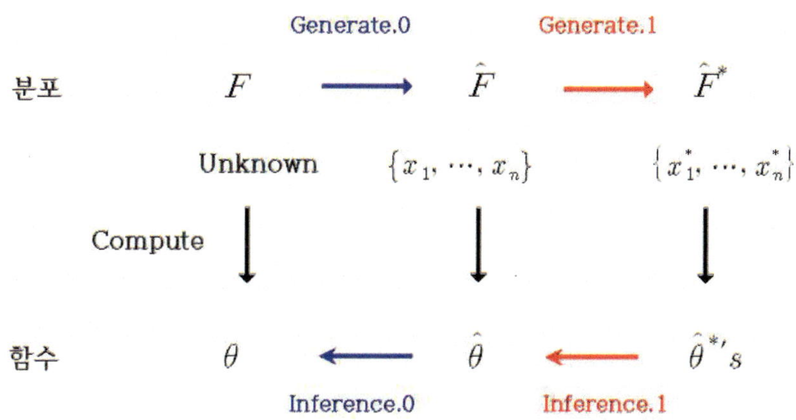

상단 중앙의 $\hat{F}$은 각 자료점 x_i에서 확률 $1/n$을 갖는 확률분포이다 (경험분포함수, empirical distribution function). 따라서 $\hat{F}$은 $x_1, \cdots, x_n$과 같다. $\hat{F}$은 F로부터 임의 생성된다.

$\hat{F}$으로부터 $\hat{\theta} = T(x_1, \cdots, x_n)$, 즉 $T(\hat{F})$이 산출된다. 추론(推論)은

$$\theta \longleftarrow \hat{\theta}$$

Inference.0

의 과정이다. 이것이 쉽지 않은 근본 원인은 추론자가 F를 모른다는 데 있다.

붓스트랩 방법은 이것을 1세대 물려 해결한다. 즉, F로부터 $\hat{F}$이 임의 생성되듯이 $\hat{F}$로부터, 즉 $x_1, \cdots, x_n$으로부터 임의자료 $x_1^*, \cdots, x_n^*$를 생성시킨다. 이것을 붓스트랩 표본(bootstrap sample, 재표본)이라고 하고 $\hat{F}^*$로 표기한다.

$\hat{F}^*$로부터 $\hat{\theta}^* = T(x_1^*, \cdots, x_n^*)$, 즉 $T(\hat{F}^*)$를 산출한다. 이 과정을 B번($=1{,}000$) 반복하여 $\hat{\theta}_1^*, \cdots, \hat{\theta}_B^*$를 확보한다. 그런데 추론자가 $\hat{\theta}$을 가지고 있으므로

$$\hat{\theta} \longleftarrow \hat{\theta}^{*\prime}s$$

Inference.1

의 관계를 파악하는 것이 가능하다. 바로 이 관계를 "$\theta \leftarrow \hat{\theta}$"의 관계를 밝히는 데 활용할 수 있겠는데 바로 이것이 붓스트랩 방법이다.

2. 붓스트랩 사례: 상관계수

이변량 관측 표본 $(x_1, y_1), (x_2, y_2), \cdots, (x_n, y_n)$에서 상관계수 $r(=T)$을 산출하였다고 하자. 즉, $r = \mathrm{cor}\,(X, Y)$. 표본 상관계수 r의 편향과 표준오차를 가늠해 보고 모집단 상관계수 $\rho(=\theta)$에 관한 신뢰구간을 구해보자.

예제 자료는 아동 20명을 대상으로 측정한

X: 첫 단어를 말한 나이(월), Y: 게셀(Gessel) 적응력 점수

이다. 연구자의 관심은 "말 시작의 늦음과 사회 적응력의 저하"가 어느 정도 연관이 있는가를 알아내는 데 있다. 관측 자료는 다음과 같다.

X = 15, 26, 10, 9, 15, ⋯ ,10, 12, 17, 11, 10

Y = 95, 71, 83, 91,102, ⋯ ,100,105,121,86,100

이 자료에서 $n = 20$이고 표본 상관계수 $r(= T)$은 -0.335이다.

R "boot" 팩키지는 B개의 붓스트랩 통계량 $T(x_1^*, \cdots, x_n^*)$를 모의 생성해내는 boot() 함수와 B개의 $T(x_1^*, \cdots, x_n^*)$로부터 붓스트랩 신뢰구간을 산출해내는 boot.ci() 함수 등을 제공한다.

R 스크립트: bootstrap method_1.r

```
> library(boot)
> x <- c(15,26,10,9,15,20,18,11,8,20,7,9,10,11,11,10,12,17,11,10)
> y <- c(95,71,83,91,102,87,93,100,104,94,113,96,83,84,102,100,105,121,86,100)

> cor.X <- function(data, indices) cor(data[indices,1], data[indices,2])

> boot.log <- boot(data=cbind(x,y), statistic=cor.X, R=1000)
> print(boot.log)
> hist(boot.log$t, xlim=c(-1,1), nclass=20,
+              main="bootstrap correlations", xlab="corr")

> boot.ci(boot.log, type = c("perc", "bca"))
```

boot() 함수에 필요한 인수는 관측표본 data와 통계량 statistic (= T), 붓스트랩 반복 수 R (= B) 등이다. statistic은 R의 함수로 정의되어야 하는데 indices를 인수로 넣어야 한다. boot() 오브젝트를 프린트하면 통계량 T의 편향과 표준오차를 알아낼 수 있다 (각각 0.036과 0.285이다).

```
> print(boot.log)

 ORDINARY NONPARAMETRIC BOOTSTRAP

 Bootstrap Statistics :
      original      bias    std. error
 t1* -0.3349073 0.03560622   0.2845257
```

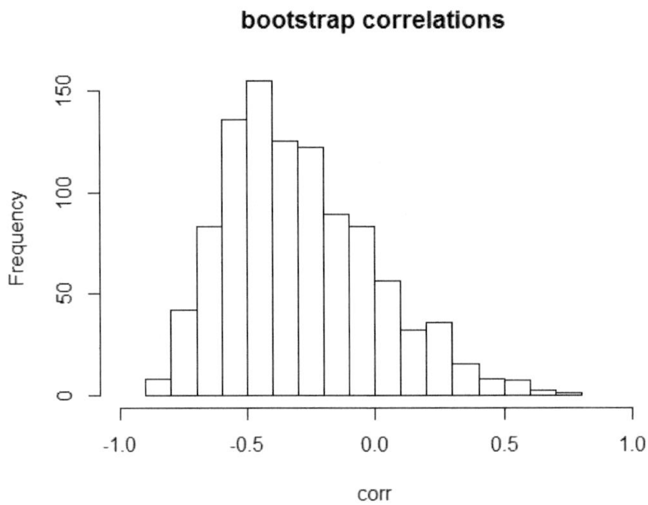

그림 1. 붓스트랩 상관계수 T의 히스토그램 (반복 수 1,000)

그림 1은 1,000개의 붓스트랩 상관계수의 히스토그램이다 ($B=1{,}000$). 분포가 비대칭형이다. 이런 경우에는 BCa 신뢰구간이 더 낫다.

`boot.ci()` 함수는 `boot()` 오브젝트를 투입 받아 백분위수 신뢰구간과 BCa 신뢰구간 등을 산출 한다 (`type="perc"`, `type="bca"`). 출력은 다음과 같다.

```
> boot.ci(boot.log, type = c("perc", "bca"))

  BOOTSTRAP CONFIDENCE INTERVAL CALCULATIONS
  Based on 1000 bootstrap replicates

  Intervals :
  Level      Percentile            BCa
  95%   (-0.7543,  0.3503 )   (-0.7652,  0.3137 )
  Calculations and Intervals on Original Scale]
```

모집단 상관계수 ρ에 대한 백분위수 신뢰구간은 (-0.754, 0.350)이고 BCa 신뢰구간은 (-0.765, 0.314)이다.

3. 붓스트랩 사례: 로지스틱 회귀

이 사례에서 Y는 혼외정사가 있고 없음을 나타내는 이항형 반응 ynaffair이다.[1] 이에 대한 설명변수는 gender, age, yearsmarried (결혼년수), religiousness (신앙심), rating (결혼 만족도) 등 5개이다. 이를 로지스틱 회귀모형

$$\log_e \frac{P\{Y=1 \mid x_1, \cdots, x_5\}}{P\{Y=0 \mid x_1, \cdots, x_5\}} = \beta_0 + \beta_1 x_1 + \cdots + \beta_5 x_5 \quad (1)$$

으로 분석하고자 한다. 여기서 연구자의 주 관심이 gender (="female", "male")의 차이에 있다고 하자 (R 스크립트 bootstrap method_2.r).

```
> library(boot)
> data(Affairs, package = "AER")
> Affairs$ynaffair[Affairs$affairs > 0] <- 1
> Affairs$ynaffair[Affairs$affairs == 0] <- 0
> logistic.model <- glm(ynaffair ~ gender + age + yearsmarried
+     + religiousness + rating, family=binomial(), data = Affairs)
```

다음은 R glm(일반화선형모형)의 출력이다.

```
> summary(logistic.model)

  Coefficients:
                Estimate Std. Error z value Pr(>|z|)
  (Intercept)    1.94760    0.61234   3.181 0.001470 **
  gendermale     0.38612    0.20703   1.865 0.062171 .
  age           -0.04393    0.01806  -2.432 0.015011 *
  yearsmarried   0.11133    0.02983   3.732 0.000190 ***
  religiousness -0.32714    0.08947  -3.656 0.000256 ***
  rating        -0.46721    0.08928  -5.233 1.67e-07 ***
  ---
  Signif. codes:  0 '***' 0.001 '**' 0.01 '*' 0.05 '.' 0.1 ' ' 1

  (Dispersion parameter for binomial family taken to be 1)
```

---

1) 이 변수는 혼외정사 수 affairs로부터 파생되었다. 즉, affairs $\geq$ 1이면 ynaffair $=1$이고 affairs $=$ 0이면 ynaffair $=0$이다.

```
    Null deviance: 675.38  on 600  degrees of freedom
Residual deviance: 611.86  on 595  degrees of freedom

AIC: 623.86
Number of Fisher Scoring iterations: 4
```

이제 붓스트랩 분석을 해서 앞의 결과와 비교해보자. `boot()` 오브젝트의 프린트에서 index는 추정 파라미터가 다수인 경우 대상 파라미터를 지정한다. 여기서는 로지스틱 회귀모형 (1)의 6개 파라미터 $\beta_0, \beta_1, \cdots, \beta_5$가 차례대로 index=1,⋯,6으로 지칭된다. 따라서 index=2는 gender에 붙는 회귀계수이다.

```
> coefs <- function( data, indices, formula) {
+     data.1 <- data[indices, ]
+     fit <- glm(formula, data = data.1, family=binomial())
+     return(coef(fit))
+ }

> logistic.log <- boot(data = Affairs, statistic = coefs, R = 1000,
+     formula = ynaffair ~ gender+age+yearsmarried+religiousness+rating)

> print(logistic.log, index=1:6, digits=2)

ORDINARY NONPARAMETRIC BOOTSTRAP

Bootstrap Statistics :
      original     bias    std. error
t1*      1.948   0.0683        0.662
t2*      0.386   0.0060        0.211
t3*     -0.044  -0.0011        0.019
t4*      0.111   0.0021        0.030
t5*     -0.327  -0.0080        0.095
t6*     -0.467  -0.0112        0.094
```

glm(일반화선형모형)의 출력에서는 gender 계수의 표준오차가 0.207로 나타났으나 붓스트랩 표준오차는 약간 큰 0.211로 나타났다. 다른 회귀계수들에 대하여도 붓스트랩 표준오차가 glm에 출력된 표준오차보다 다소 크다. 참고로 말하자면,

glm 출력에 제시된 회귀계수의 표준오차는 대표본 근사에 의한 것이다.

다음은 gender 계수에 대한 붓스트랩 90% 신뢰구간이다. $\beta_2 = 0$이 구간 바깥에 놓이므로 단측수준 5%에서 $\hat{\beta}_2$의 유의성이 확보된 것으로 볼 수 있다. 이것은 남자가 여자에 비해 혼외정사 비율이 유의하게 높음을 말한다.

```
> boot.ci(logistic.log, type = c("perc", "bca"), conf = 0.9, index=2)

  BOOTSTRAP CONFIDENCE INTERVAL CALCULATIONS
  Based on 1000 bootstrap replicates

  Intervals :
  Level     Percentile            BCa
  90%   ( 0.0565,  0.7502 )   ( 0.0559,  0.7476 )
  Calculations and Intervals on Original Scale
```

4. 붓스트랩 사례: 두 독립표본의 중심 간 차이

표본 X가 중심이 μ_1인 모집단에서 추출된 크기 n_1의 관측값들로 구성되고 표본 Y가 중심이 μ_2인 모집단에서 (표본 X와는 독립적으로) 추출된 크기 n_2의 관측값들로 구성된다고 하자. 이때, $\mu_1 - \mu_2$ $(:= \theta)$에 대한 신뢰구간을 구하는 데 추론의 목표가 있다고 하자. 여기서는 분포의 중심을 평균(mean)으로 정의하겠지만 중간값(median)으로 정의할 수도 있을 것이다.

2-표본 중심 비교에 대한 붓스트랩 방법은 다음과 같다.

1) 표본 X의 $x_1, \cdots, x_{n_1}$으로부터 n_1개의 자료값 $x_1^*, \cdots, x_{n_1}^*$를 복원추출하고 평균을 구한다 (그것을 $\hat{\mu}_1^*$로 표기). 또한 표본 Y의 $y_1, \cdots, y_{n_2}$로부터 n_2개의 자료값 $y_1^*, \cdots, y_{n_2}^*$를 복원추출하고 평균을 구한다 (그것을 $\hat{\mu}_2^*$로 표기). 이에 따라 $\hat{\theta}^*$ $(:= \hat{\mu}_1^* - \hat{\mu}_2^*)$가 1개 얻어진다.

2) 앞의 단계를 반복하여 $\hat{\theta}^*$ 의 $B(=1{,}000)$개 값 $\hat{\theta}_1^*, \cdots, \hat{\theta}_B^*$를 얻는다.

3) 붓스트랩 통계값 $\hat{\theta}_1^*, \cdots, \hat{\theta}_B^*$로부터 θ에 대한 신뢰구간을 산출한다 (백분위수 신뢰구간 또는 BCa 신뢰구간).

따라서 단계 1의 붓스트랩 표본을 얻어내는 과정에서 2절 사례와 3절 사례가 다르다. 즉, 표본 별로 재표본추출(resampling)을 하는 것인데, "표본 = 층"의 개념에서 `boot()` 함수 내 `strata` 옵션이 그런 기능을 한다.

예로서, gamma(5, 0.8) 분포에서 모의생성된 100개 관측값을 표본 X라고 하고 gamma(5, 1.0) 분포에서 모의생성된 100개 관측값을 표본 Y라고 하자.[2] 두 분포의 기대값은 각각 6.25와 5이다. 표본 X와 표본 Y로부터 $\mu_1 - \mu_2 \,(:= \theta)$에 대한 95% 붓스트랩 신뢰구간을 구해보자.

R 스크립트: bootstrap method_3.r

```
> library(boot)
> set.seed(123)
> x <- rgamma(100,5,0.8)
> y <- rgamma(100,5,1.0)

> x.and.y <- data.frame(x, y)
> z <- stack(x.and.y)

> t.test(x, y, var.equal=T)

  Two Sample t-test
  t = 3.6788, df = 198, p-value = 0.000302
  alternative hypothesis: true difference in means is not equal to 0

  95 percent confidence interval:
    0.5650153 1.8706557
```

2) gamma(α, λ) 분포의 밀도함수는 $\frac{\lambda^\alpha}{\Gamma(\alpha)} x^{\alpha-1} e^{-\lambda x},\ x > 0$이다. 기대값은 $\frac{\alpha}{\lambda}$이다.

```
  sample estimates: mean of x   mean of y
                    5.940007    4.722172

> diff.means <- function(data, n1, indices) {
+       m1 <- mean(data[indices[indices <= n1],1])
+       m2 <- mean(data[indices[indices >  n1],1])
+       c(m1 - m2)
+ }

> z.boot <- boot(data=z, statistic=diff.means, n1=100, R=1000, strata=z[,2])

> boot.ci(z.boot, type = c("perc", "bca"))

  BOOTSTRAP CONFIDENCE INTERVAL CALCULATIONS
  Based on 1000 bootstrap replicates

  Intervals :
  Level     Percentile            BCa
  95%   ( 0.571,  1.847 )   ( 0.620,  1.897 )
  Calculations and Intervals on Original Scale
```

R 스크립트에서 데이터프레임 x.and.y는 100×2 구조이고 각 열은 표본 x와 표본 y이다. 이것을 stack한 z는 200×2 구조로 제1열은 x와 y의 자료값들이 순서대로 채워지고 제2열은 자료 값들의 표본 레이블이 자리 잡는다 (“x” 또는 “y”).

`boot()` 함수 호출에서 통계량은 `diff.means`로 하고 붓스트랩 표본추출은 `strata=z[,2]`로써 하도록 지정되었다. 즉, 표본 별로 복원추출을 하라는 것이다. `n1`은 x의 표본크기이다.

두 표본이 추출된 모집단의 평균 간 차이 $\mu_1 - \mu_2$에 대한 95% 신뢰구간은 백분위수 방법으로는 (0.571, 1.847)이고 BCa 방법으로는 (0.620, 1.897)이다.

이제까지는 분포의 중심으로 평균을 썼지만 평균(mean) 대신 중간값(median)을 쓰기로 한다면, 앞의 R 스크립트에서 `diff.means`의 정의에서 mean을 median 으로만 고치면 된다.

탐구과제 1. 생존자료 모형에서 붓스트랩 방법의 응용 사례를 제시하라.

9장. 로버스트 회귀와 분위수 회귀

robust regression and quantile regression

통계적 모형 중에서 가장 널리 쓰이는 다중선형회귀는 변수 Y를 p개의 다른 변수 $X_1, \cdots, X_p$로 적합해낸다. 통상적인 적합 방법은 최소제곱법(least squares method)이다. 이에 대한 대안으로서, 이 장에서는 다중선형회귀 모형의 로버스트 적합(robust fit)과 분위수 회귀(quantile regression) 등 최소제곱 다중선형회귀의 확장을 다룬다.

1. 로버스트 회귀

종속변수 Y를 p개의 변수 $X_1, \cdots, X_p$로 설명하는 모형으로, 다중선형회귀는

$$Y = \beta_0 + \beta_1 X_1 + \cdots + \beta_p X_p + \epsilon, \qquad \epsilon \sim (0, \sigma)$$

를 제시한다. 설명변수들의 효과가 선형적으로 묶여지는 통계적 모형이다. 다중선형회귀 모형의 적합에서 널리 쓰이는 최소제곱법(least squares method)은

$$\sum_{i=1}^{n} (y_i - \beta_0 - \beta_1 x_{i1} - \cdots - \beta_p x_{ip})^2$$

을 최소화하는 $p+1$개 파라미터 β_0, $\beta_1, \cdots, \beta_p$를 찾아낸다. 여기서 y_i는 개체 $i\,(=1, \cdots, n)$의 Y 관측값이고 x_{ij}는 개체 i의 X_j 관측값이다 $(j = 1, \cdots, p)$. n은 p보다 커야 한다.

이 방법의 장점은 계산하기가 쉽고 추정치의 분포가 잘 알려져 있다는 데 있다. 그러나 소수의 관측점에 의해 좌지우지됨으로써 부러지기 쉬운 모형이 만들어진다. 그런 이유로, 대안으로 로버스트 회귀(robust regression)가 나왔다.

로버스트 회귀의 한 버전인 M 회귀는

$$\sum_{i=1}^{n} \rho\left(\frac{1}{\sigma}(y_i - \beta_0 - \beta_1 x_{i1} - \cdots - \beta_p x_{ip})\right) \tag{1}$$

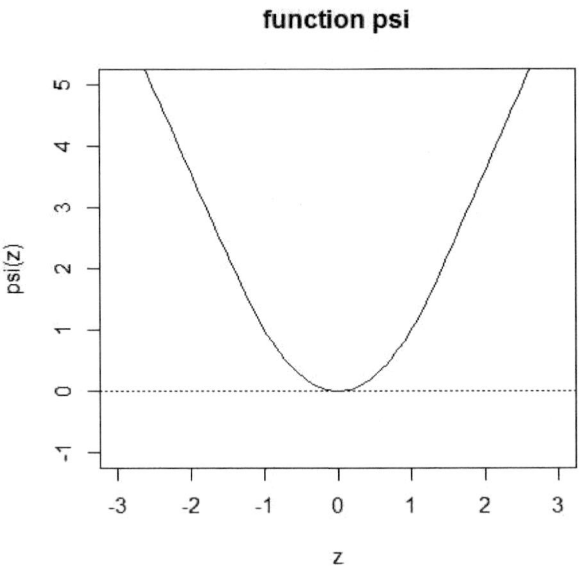

그림 1. 함수 $\rho(z)$

의 최소화에서 나온다. 여기서 $\rho(z)$는 중앙 영역에서는 볼록한 2차 함수이지만 중앙에서 먼 곳에서는 선형인 함수이다. 그림 1의 $\rho(z)$는 $-1.345 \leqq z \leqq 1.345$에서 2차 함수이고 그 밖에서는 1차 함수이다.[1] 이런 함수는 전(全)영역에서 2차인 함수에 비교하여 큰 값에 둔감하게 반응한다.

기준 (1)을 최소화하기 위해서는 σ 값이 사전에 추정되어야 하는데 이것은 잔차 $r_1, \cdots, r_n$의 MAD (median of absolute deviations), 즉

$$\tilde{\sigma} = median(\mid r_1 \mid, \cdots, \mid r_n \mid)/0.675$$

로 정한다. 식 (1)을 최소화 기준으로 계수 $\beta_0, \beta_1, \cdots, \beta_p$를 찾으면 이로부터 다시 σ를 정할 수 있고 $\beta_0, \beta_1, \cdots, \beta_p$를 다시 찾는다 (반복). MM 회귀는 M 회귀의 한 변종이다.

---

1)
```
psi <- function(z) ifelse(abs(z) < 1.345, z^2, 1.345*(2*abs(z)-1.345))
plot(psi,-3,3, ylab="psi(z)",xlab="z", main="function psi", ylim=c(-1,5))
abline(h=0,lty="dotted")
```

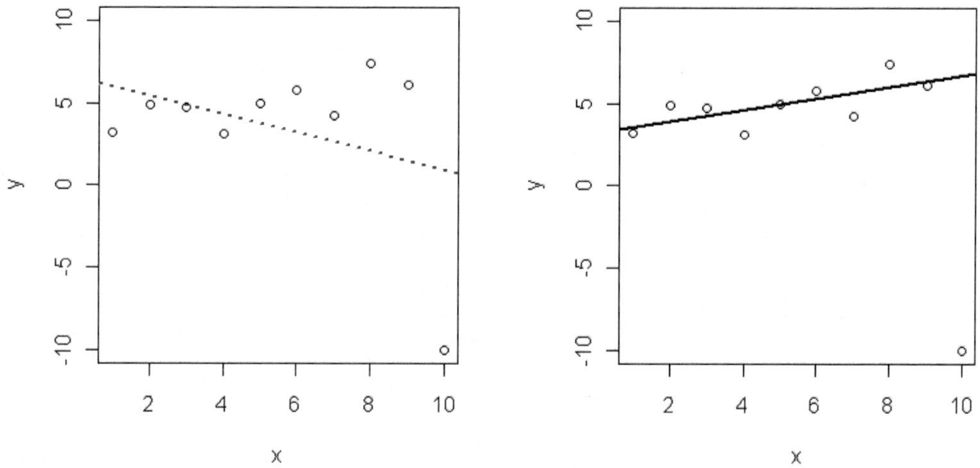

그림 2. 최소제곱 회귀(왼쪽)와 M 회귀(오른쪽)

M 회귀는 y-방향의 이상점(outlier)에 대하여 강건하다. 그림 2의 왼쪽 그래프는 10개 관측점에 최소제곱 회귀 적합선을 그린 것인데 $x=10$의 관측점이 y-방향 이상점이다. 그런데 그것 하나 때문에 최소제곱 회귀선은 기울기가 음이 된다. 그러나 오른쪽 그래프의 M 회귀선은 기울기가 양이다. 즉, 이상점의 영향을 받지 않은 것이다.

LMS 회귀는 M 회귀보다 더 강건하다. LMS (least median of squares) 회귀는

$$median\,(r_1^2,\ \cdots, r_n^2)$$

을 최소화하는 $\beta_0, \beta_1, \cdots, \beta_p$를 찾는다. 여기서 $r_1, \cdots, r_n$는 잔차이다. 즉,

$$r_i = y_i - \beta_0 - \beta_1 x_{i1} - \cdots - \beta_p x_{ip} \quad (i=1, \cdots, n).$$

최소제곱 회귀가 제곱잔차들 $r_1^2, \cdots, r_n^2$의 평균을 최소화하는 반면[2], LMS 회귀는 제곱잔차들의 중간값(median)을 최소화한다.

2) $r_1^2, \cdots, r_n^2$의 평균(mean)을 최소화하는 것은 $r_1^2 + \cdots + r_n^2$을 최소화하는 것과 같다.

또 하나의 로버스트 회귀인 LTS (least trimmed squares) 회귀는

$$\sum_{i=1}^{n-h} r_{(i)}^2 \qquad (1 \leq h < n/2)$$

을 최소화하는 $\beta_0, \beta_1, \cdots, \beta_p$를 찾는다. 여기서 $r_{(1)}^2 \leq \cdots \leq r_{(n)}^2$는 크기순서로 정렬된 제곱잔차이다. 이것은 제곱잔차들 $r_1^2, \cdots, r_n^2$의 절삭평균(trimmed mean)을 최소화하는 것으로 볼 수 있다. 일부 큰 값들은 잘린다 (절삭된다). 절삭관측수 h의 통상적인 값은 $[n/4]$, 즉 $n/4$이하의 정수 중에서 가장 큰 값이다.

이제 R에서 최소제곱(LS) 회귀, M 회귀, LMS 회귀, LTS 회귀를 해보자. LS 회귀는 stats 패키지(자동설치)의 `lm()` 함수로 한다. 적용할 자료는 datasets 패키지(자동설치)의 stackloss이다. 종속변수는 stack.loss (암모니아 손실분량), 설명변수는 Air.Flow (공기흐름), Water.Temp (물 온도), Acid.Conc. (산 농축도) 등이다. 다음에서 적용 예와 출력을 보자 ("robust regression.r").

```
> data(stackloss)
> str(stackloss)
'data.frame':   21 obs. of  4 variables:
 $ Air.Flow  : num  80 80 75 62 62 62 62 62 58 58 ...
 $ Water.Temp: num  27 27 25 24 22 23 24 24 23 18 ...
 $ Acid.Conc.: num  89 88 90 87 87 87 93 93 87 80 ...
 $ stack.loss: num  42 37 37 28 18 18 19 20 15 14 ...

> m.ls <- lm(stack.loss ~ ., data=stackloss)
> m.ls$coefficients
  (Intercept)    Air.Flow  Water.Temp  Acid.Conc.
  -39.9196744   0.7156402   1.2952861  -0.1521225
```

따라서 최소제곱(LS) 회귀의 적합모형은 다음과 같다.

$$\text{LS:} \qquad \hat{Y} = -39.9 + 0.716\,X_1 + 1.30\,X_2 - 0.152\,X_3\,.$$

보다 자세한 출력은 `summary(m.ls)`에서 볼 수 있다.

M 회귀는 MASS 패키지의 `rlm( )` 함수로 할 수 있고 LMS 회귀와 LTS 회귀는 같은 패키지의 `lqs( )` 함수로 할 수 있다. 다음에서 적용 예와 출력을 보자.

```
> library(MASS)
> m.m <- rlm(stack.loss ~ ., data=stackloss); m.m$coefficients
  (Intercept)    Air.Flow  Water.Temp  Acid.Conc.
  -41.0265311   0.8293739   0.9261082  -0.1278492

> m.lms <- lqs(stack.loss ~ ., data=stackloss, method="lms")
> m.lms$coefficients
    (Intercept)       Air.Flow     Water.Temp     Acid.Conc.
  -3.333333e+01  7.083333e-01  3.333333e-01  -2.746238e-17

> m.lts <- lqs(stack.loss ~ ., data=stackloss, method="lts", quantile=15)
> m.lts$coefficients
   (Intercept)      Air.Flow   Water.Temp    Acid.Conc.
  -37.13391137    0.83959538   0.49421965  -0.08092486
```

따라서 M 회귀, LMS 회귀와 LTS 회귀의 적합모형은 다음과 같이 정리된다.[3)]

$$\text{M:}\quad \hat{Y} = -41.0 + 0.829\,X_1 + 0.926\,X_2 - 0.128\,X_3\,.$$

$$\text{LMS:}\quad \hat{Y} = -33.3 + 0.708\,X_1 + 0.333\,X_2 - 0.000\,X_3\,.$$

$$\text{LTS:}\quad \hat{Y} = -37.1 + 0.840\,X_1 + 0.494\,X_2 - 0.081\,X_3\,.$$

X_1 (= Air.Flow)의 계수에서는 LS 회귀, M 회귀, LMS 회귀, LTS 회귀 간 차이가 크지 않으나, X_2 (= Water.Temp)의 계수와 X_3 (= Acid.Conc.)의 계수 간 차이는 상당하다. 이제 잔차에서 4개의 회귀 간 어떠한 차이가 있는가를 보자.

```
> residuals <- data.frame(ls=m.ls$ residuals, m=m.m$residuals,
                          lms=m.lms$residuals, lts=m.lts$residuals)
> boxplot(residuals, main="residuals of stack.loss", ylim=c(-12,12))
```

3) `lqs( )`의 method="lts"에서 quantile 옵션값은 표본크기 n에서 절삭 수 h를 뺀 값이다. quantile의 디폴트 값은 $[n/2]+[(p+1)/2]$이지만 $[0.75n]$을 추천한다. stack loss 자료에서 n이 21이므로 이 값은 $[15.75]$, 즉 15이다.

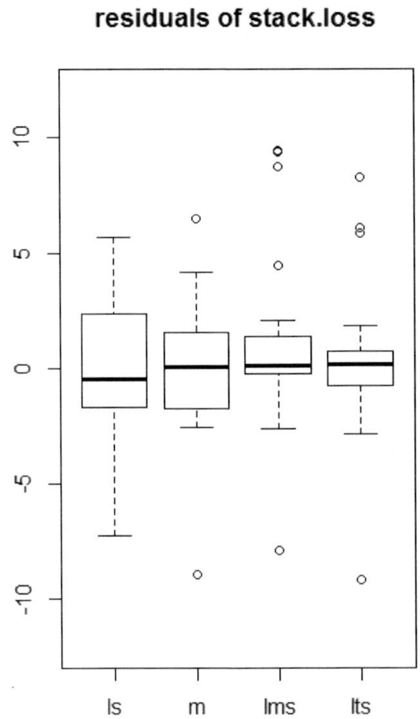

그림 3. stack.loss 잔차들의 분포

그림 3이 잔차들의 분포를 상자그림으로 보여준다. LS 회귀에서는 모든 관측점이 모형 내에 갇혀 잔차들의 산포가 커지는 결과가 되었다.

MASS 팩키지의 `lqs( )` 함수는 회귀계수들의 표준오차(standard error)를 산출하지 않는다.[4] 다음은 X_3 (= Acid.Conc.)의 LTS 회귀계수에 대한 붓스트랩 편향과 표준오차를 구하는 R 스크립트와 출력이다.

```
> library(boot)
> lts.coeff <- function(data, indices)
    lqs(stack.loss ~ .,data=data[indices,],method="lts",quantile=15) $coefficients
```

4) 붓스트랩 방법에 대하여는 8장을 참조할 것.

```
> boot.log <- boot(data=stackloss, statistic=lts.coeff, R=1000)
> print(boot.log)

  ORDINARY NONPARAMETRIC BOOTSTRAP
  Call: boot(data = stackloss, statistic = lts.coeff, R = 1000)

  Bootstrap Statistics :
          original        bias    std. error
  t1* -38.06010929 -0.77254667  34.7150122
  t2*   0.87500000 -0.11092397   0.3030113
  t3*   0.40983607  0.30200618   0.8489225
  t4*  -0.07377049  0.01237519   0.4647809
```

앞의 출력 마지막 줄에서 X_3 (= Acid.Conc.)의 LTS 회귀계수의 붓스트랩 표준오차가 0.4648임을 알 수 있다. 다음은 붓스트랩 신뢰구간이다.

```
> boot.ci(boot.log,t0=boot.log$t0[4],t=boot.log$t[,4],type=c("perc","bca"))

  BOOTSTRAP CONFIDENCE INTERVAL CALCULATIONS
  Based on 1000 bootstrap replicates

  Intervals :
  Level      Percentile            BCa
  95%    (-1.0230,  0.4286 )   (-3.5388,  0.0890 )
  Calculations and Intervals on Original Scale
  Some BCa intervals may be unstable
```

따라서 Y (= stack.loss)에 미치는 X_3 (= Acid.Conc.)의 영향이 유의하지 않음을 볼 수 있다. LS 모형에서도 X_3 의 계수가 유의하지 않게 나타난다.[5)]

5)
```
> summary(m.ls)
  Coefficients:
              Estimate Std. Error t value Pr(>|t|)
  (Intercept) -39.9197    11.8960  -3.356  0.00375 **
  Air.Flow      0.7156     0.1349   5.307  5.8e-05 ***
  Water.Temp    1.2953     0.3680   3.520  0.00263 **
  Acid.Conc.   -0.1521     0.1563  -0.973  0.34405
```

2. 분위수 회귀

분위수 회귀(quantile regression)의 대상도 다중선형회귀모형

$$Y = \beta_0 + \beta_1 X_1 + \cdots + \beta_p X_p + \epsilon, \qquad \epsilon \sim (0, \sigma)$$

이다. 그런데 오차항 ϵ이 정규분포를 따르지 않을 수 있다고 본다. 분위수 회귀의 지향점은 $(X_1, \cdots, X_p)$가 $(x_1, \cdots, x_p)$로 주어졌을 때 Y의 τ 분위수를 구하는 데 있다 $(0 < \tau < 1)$.

예컨대 $\tau = 0.5$라면 분위수 회귀의 목표는 $(x_1, \cdots, x_p)$에 조건화하여 Y의 중간값(median)을 찾는 것이다. 분위수 회귀는 오차항이 기울어진 분포(skewed distribution)를 취하는 경우 더욱 유용하다. 분위수 회귀는 다수의 분위수 τ $(= 0.05, 0.25, 0.5, 0.75, 0.95)$에 대하여 각각 해당하는 회귀선을 찾아낸다.

분위수 회귀는 최소화의 기준을

$$\sum_{i=1}^{n} \rho_\tau (y_i - \beta_0 - \beta_1 x_{i1} - \cdots - \beta_p x_{ip}) \tag{2}$$

로 한다. 여기서 함수 $\rho_\tau(e)$는

$$\rho_\tau(e) = \begin{cases} \tau e & \text{if } e \geq 0, \\ (\tau - 1)e, & \text{if } e < 0 \end{cases}$$

인데, 한 예는 τ가 0.5인 경우인

$$\rho_{0.5}(e) = \begin{cases} 0.5e & \text{if } e \geq 0, \\ -0.5e, & \text{if } e < 0 \end{cases}$$

이다 (그림 4 참조). 따라서 그 경우에 (2)는

$$\frac{1}{2} \sum_{i=1}^{n} | y_i - \beta_0 - \beta_1 x_{i1} - \cdots - \beta_p x_{ip} |$$

와 같고 이것을 최소화하여 $x_1, \cdots, x_p$일 때 Y의 중간값을 찾는다.

그림 5는 $\tau = 0.25$, 0.75인 경우에서 함수 $\rho_\tau(e)$의 그래프를 보여준다. 기준 (2)에서 τ를 $0.25, 0.75$로 두면 25%, 75% 분위수 회귀선을 얻게 된다.

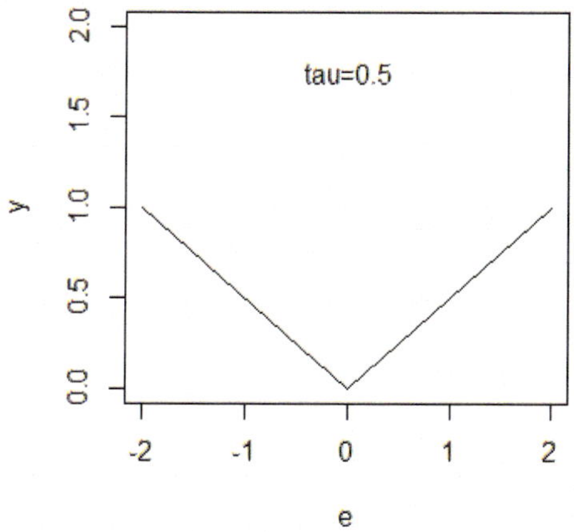

그림 4. $\rho_{0.5}(e)$ 함수의 그래프

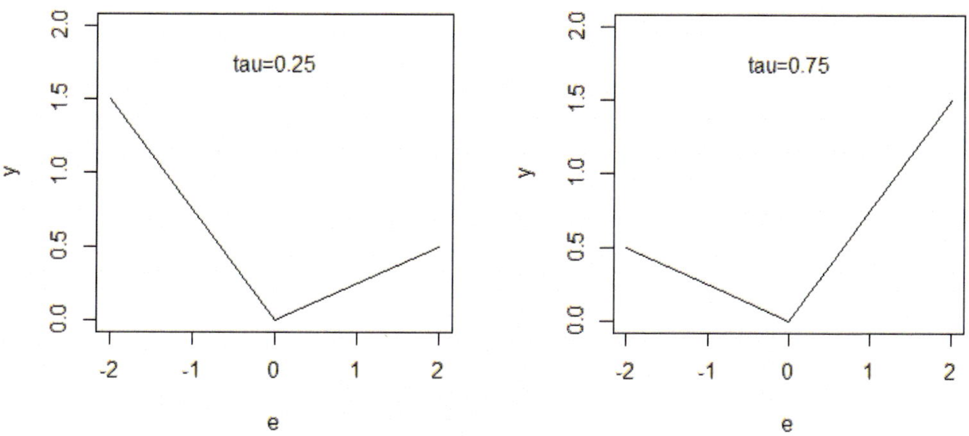

그림 5. [왼쪽] $\rho_{0.25}(e)$ 함수의 그래프, [오른쪽] $\rho_{0.75}(e)$ 함수의 그래프

수치 예로서, 앞 절의 stackloss 자료에 중간값 회귀 ($\tau = 0.5$)와 사분위수 회귀 ($\tau = 0.25$, 0.75)를 해보기로 한다.

R에서 quantreg 팩키지의 `rq( )` 함수가 분위수 회귀를 해낸다. tau 옵션에 원하는 분위수를 지정하면 된다. 다음은 stackloss 자료에서 종속변수 stack.loss를 Air.Flow, Water.Temp, Acid.Conc.로 설명하는 중간값 회귀선을 추정하는 R 스크립트이다 ("quantile regression_1.r").

```
> library(quantreg)
> data(stackloss)
> rq(stack.loss ~ ., tau=0.5, data=stackloss)

  Call: rq(formula = stack.loss ~ ., tau = 0.5, data = stackloss)

  Coefficients:
   (Intercept)      Air.Flow   Water.Temp   Acid.Conc.
  -39.68985507    0.83188406   0.57391304  -0.06086957

  Degrees of freedom: 21 total; 17 residual
```

4분위수 회귀를 하려면 다음과 같이 R 코드를 바꾼다 ($\tau = 0.25$, 0.75).

```
> rq(stack.loss ~ ., tau=c(0.25,0.75), data=stackloss)

  Call: rq(formula = stack.loss ~ ., tau = c(0.25, 0.75), data = stackloss)

  Coefficients:
                   tau= 0.25     tau= 0.75
  (Intercept) -3.600000e+01 -5.418966e+01
  Air.Flow     5.000000e-01  8.706897e-01
  Water.Temp   1.000000e+00  9.827586e-01
  Acid.Conc.  -4.903169e-17 -2.156904e-16

  Degrees of freedom: 21 total; 17 residual
```

중간값(median) 회귀는 최소제곱(LS) 회귀에 비하여 로버스트하다. LS 회귀가 잔차들의 제곱 합을 최소화함으로써 얻어지는데 반하여, 중간값 회귀는 잔차들의 절대값 합을 최소화함으로써 얻어지기 때문이다. 그림 6은 중간값 회귀에서 잔차들이 취하는 상자그림이다. 4개의 이상점이 탐지된다. 그림 6의 상자그림을 그림 3의 가장 왼쪽 상자그림과 비교해보라.

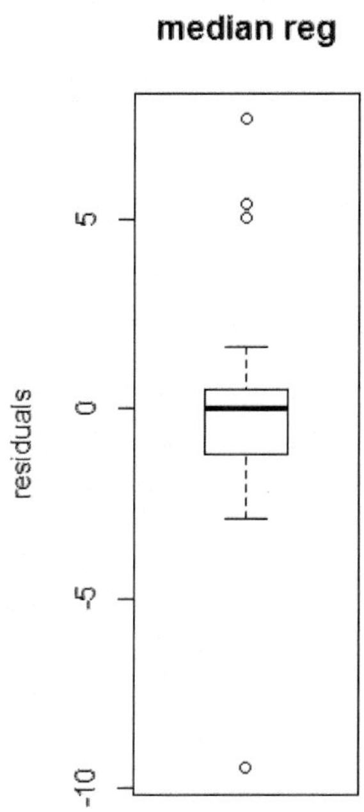

그림 6. 중간값 회귀에서 잔차들의 분포

```
> m.50 <- rq(stack.loss ~ ., tau=0.5, data=stackloss)
> boxplot(m.50$residuals, ylab="residuals", main="median reg")
```

또 하나의 예로서 Mammals 자료에 $\tau\,(=0.25, 0.5, 0.75)$ 분위수 회귀를 적용해보자. 이 자료는 $107(=n)$ 종의 포유류에 대하여 weight와 speed 등을 담고 있다. 분포 기울어짐을 바로 잡기 위하여 두 분석 변수에 대하여 로그 변환을 취하였다. 즉 X는 log weight이고 Y는 log speed이다 ("quantile regression_2.r").

```
> library(quantreg)
> data(Mammals)
> attach(Mammals)
> x <- log(weight); x.1 <- x[order(x)]
> y <- log(speed);  y.1 <- y[order(x)]
> plot(x,y, xlab="Weight in log(Kg)", ylab="Speed in log(Km/hour)",
+      main="Mammals")
```

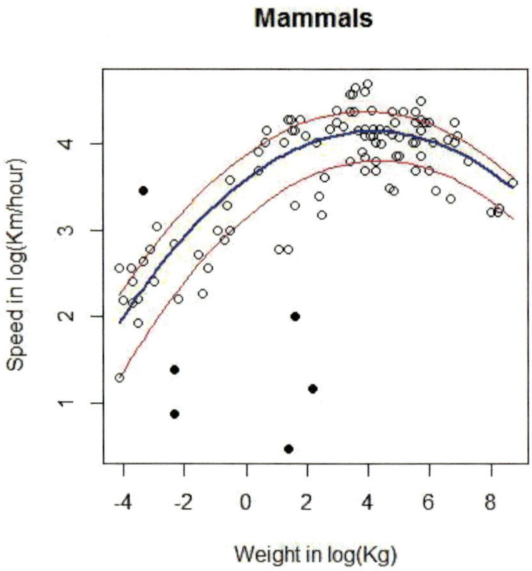

그림 7. 포유류의 체중(log weight) 대 속도(log speed)

X와 Y 간 관계가 비선형적 패턴을 보이므로 Y를 X와 X^2에 회귀시키는 선형 모형이 상정되었다.

```
> x.2 <- x.1^2
> m.rq <- rq(y.1 ~ x.1 + x.2, tau = .5)
> lines(x.1, fitted(m.rq), col="blue", lwd=2)
> lines(x.1, fitted(rq(y.1 ~ x.1 + x.2, tau =.25)), col="red", lwd=1)
> lines(x.1, fitted(rq(y.1 ~ x.1 + x.2, tau =.75)), col="red", lwd=1)
```

그림 7은 X와 Y의 산점도에 $\tau(=0.25, 0.5, 0.75)$ 분위수 회귀선을 넣고 잔차가 특이한 관측점들을 까맣게 마킹한 그래프이다.

```
> bp <- boxplot(resid(m.rq),plot=F)
> outliers <- as.numeric(labels(bp$out))
> points(x.1[outliers],y.1[outliers],pch=20)
```

탐구문제 1. 다음과 같이 생성된 이변량 자료($n = 400$)에 중간값 회귀와 최소제곱 회귀를 적합 시켜 회귀선을 비교하라. 그렇게 나타나는 이유는?

X ~ Uniform(0,5),

Given $X = x$, $Y = x + \alpha$,

여기서, α ~ Exponential(x): 평균이 x 인 지수분포.

탐구문제 2. stackloss 자료의 중간값 회귀에서 회귀계수 각각에 대한 붓스트랩 95% 신뢰구간을 구하라.

10장. 일반화선형모형 generalized linear model

선형모형(linear model)에서 반응은 설명변량들의 선형결합에 정규분포를 따르는 오차가 붙여지는 것으로 가정된다. 따라서 반응변수(종속변수)는 연속형이어야 한다. 그런데 실제로는 드물지 않게 종속변수가 이산형인 경우가 있고 연속형이지만 비음(非陰, nonnegative)인 경우가 있다. 이런 경우들에서는 선형모형이 적절하지 않으므로 대안 모형이 필요한데, 일차적으로 고려할 수 있는 것이 일반화선형모형(generalized linear model)이다. 이 장에서는 일반화선형모형을 소개하고 보험 자료에 적용해보기로 한다.[1] 다룰 일반화선형모형은 로지스틱 회귀, 포아송 회귀, 감마 회귀 등이다.

1. 일반화선형모형이란?

통계학에서 가장 빈번하게 활용되는 확률분포인 정규분포(normal distribution, Gaussian distribution)는 1) 평균을 중심으로 좌우 대칭이고, 2) 이론적으로는 음수와 양수를 모두 취하며, 3) 연속적 값을 취한다는 점이 특징이다.

그림 1은 평균이 2, 표준편차가 1인 정규분포, 즉 N(2,1)의 밀도함수이다. $x = 2$가 중심점이고 대부분의 확률은 $0 \le x \le 4$에 있지만, 0보다 작은 값을 취할 확률도 꽤 된다 (2.5% 정도). 따라서 자료 값이 절대로 음수일 수 없는 자료에 대하여는 N(2,1) 분포가 고려될 수 없다.

예 1. n명의 보험가입자에 대하여 계약유지기간 Y를 관측하였고 공변량으로 보험가입자의 총 보험계약 수 X를 획득하였다고 하자. 이런 경우에서 Y가 X와 선형적 관련성이 있다고 하더라도, $X = x$일 때의 Y를 $\mathrm{N}(\beta_0 + \beta_1 x, \sigma)$로 모형화할 수는 없다. $Y > 0$이어야 하기 때문이다.

---

1) 이 장의 내용은 저자의 2012년 저서 《고급 통계학 특강 I》의 6장의 일부와 같다. 사례들은 de Jong and Heller (2008)의 *Generalized Linear Models for Insurance Data*, Cambridge University Press에서 따왔다.

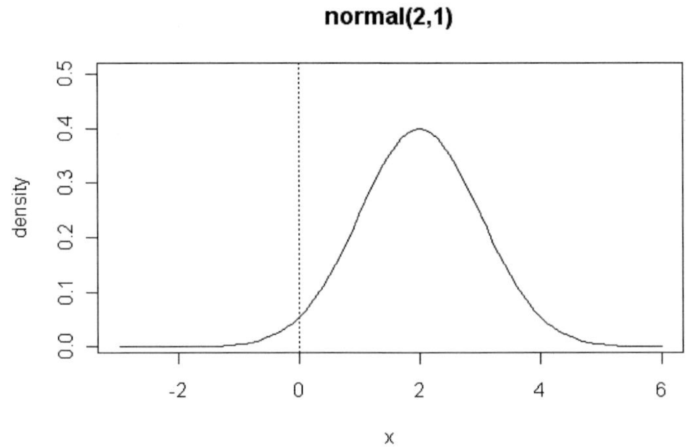

그림 1. 정규분포 N(2,1)

예 2. 국민여론조사에서 FTA에 대한 찬반의견을 $Y(=1$ 찬성, 0 반대)로 표기하고 관련 변수로 응답자의 소득 X를 고려하자. Y는 0 또는 1의 값만 취하기 때문에, $X=x$일 때의 Y를 $\mathrm{N}(\beta_0+\beta_1 x, \sigma)$로 모형화 할 수 없다.

예 3. 통계학 수업에서 수강자의 결석 횟수 Y가 기록되었다고 하자. 이것과 수강자의 GPA X 간 관련성을 "Y given $X=x \sim \mathrm{N}(\beta_0+\beta_1 x, \sigma)$"로 모형화할 수 있을까? 아니다. 그 이유는 Y가 도수(度數, count)이므로 0,1,2,3,$\cdots$ 만을 값으로 취하기 때문이다.

그렇다면 앞의 예들 각각에서 대안 모형이 있는가? 있다. 이 장에서 소개하려는 일반화선형모형(generalized linear model)이 대안이다.

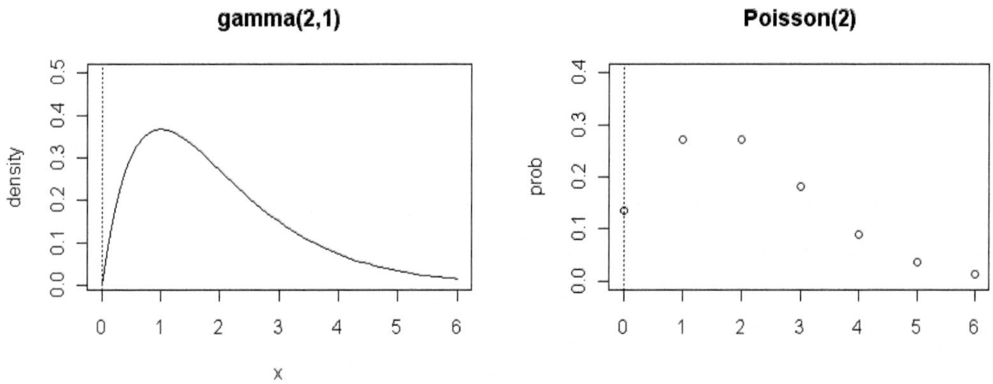

그림 2. 감마 분포와 포아송 분포

일반화선형모형에서 종속변수 Y와 설명변량 $X_1 = x_1, \cdots, X_p = x_p$의 연관성은 다음과 같이 표현된다.

$E[Y \mid x_1, \cdots, x_p] = \mu$로 표기할 때, (1)

$x_1, \cdots, x_p$로 주어진 상황에서 Y는 지수족 분포(μ)를 따르고 (2)

μ를 특정하게 변환하면 $\beta_0 + \beta_1 x_1 + \cdots + \beta_p x_p$가 된다. (3)

여기서

(1) $E[Y \mid x_1, \cdots, x_p]$는 $x_1, \cdots, x_p$로 주어진 상황에서 Y의 기댓값이다.

(2) 지수족(exponential family)이라고 함은 정규분포, 감마 분포, 이항분포, 포아송 분포 등을 일컫는 수리통계학 용어이다. 감마 분포는 비음(non-negative)의 연속적 값을 취하고 포아송 분포는 0,1,2,3,…등의 비음의 정수에만 확률이 부여된다. 그림 2를 보라.

(3) μ의 특정 변환이라고 함은 로그(logarithm), 로짓(logit) 등을 일컫는데, 확률분포 별로 우선적으로 고려되는 변환이 있다.[2] 그 변환을 연결함수(link function)라고 한다.

---

2) 여기서 로그함수는 자연로그 $\log_e \mu$를 말한다 (밑수 e는 2.7182…). 로짓(logit) 함수는 $\log_e\{\mu/(1-\mu)\}$이다 (단, $0<\mu<1$).

2. 포아송 회귀

포아송 회귀(Poisson regression)는 종속변수 Y가 도수(度數, count)인 경우에 적용되는 일반화선형모형이다. 한 예로서, 표 1에서 Australia 2002년의 당뇨병 사망 자료를 보자. 사망자 수 deaths가 종속변수 Y이고 성(gender) X_1과 연령(age) X_2가 설명변수이다. 또한 성*나이의 조합마다 인구(popn) s가 붙어있다. l_popn은 popn의 로그이다.

표 1. 당뇨병 사망 자료 (파일명: diabetes.csv)

gender	age	deaths	popn	l_popn	agemidpt
Male	<25	3	1141100	13.9475	20
Male	25-34	0	485571	13.09308	30
Male	35-44	12	504312	13.13095	40
Male	45-54	25	447315	13.01102	50
Male	55-64	61	330902	12.70958	60
Male	65-74	130	226403	12.33007	70
Male	75-84	192	130527	11.77934	80
Male	85+	102	29785	10.30176	90
Female	<25	2	1086408	13.89839	20
Female	25-34	1	489948	13.10205	30
Female	35-44	3	504030	13.13039	40
Female	45-54	11	445763	13.00754	50
Female	55-64	30	323669	12.68748	60
Female	65-74	63	241488	12.39458	70
Female	75-84	174	179686	12.09897	80
Female	85+	159	67203	11.11547	90

Y가 도수이고 s에 비례하여 커지는 경향이 있을 것이므로 Y의 평균 μ를 다음과 같이 모형화한다 ($\mu > 0$).

$Y \sim$ Poisson(μ), 즉 평균 μ인 포아송 분포를 따르며[3)]

$\log_e \dfrac{\mu}{s}$가 성 효과와 연령 효과의 선형결합으로 표현된다.

---

3) Poisson(μ) 분포는 $Y = y$에 다음 확률을 부여한다.

$$f(y) = e^{-\mu}\frac{\mu^y}{y!}, \quad y = 0, 1, 2, 3, \cdots .$$

따라서 모형식을

$$\log_e \mu = \log_e s + \text{절편} + \text{성효과} + \text{연령효과}$$

로 쓸 수 있다. 앞줄의 식에서 우변의 첫 항을 오프셋(offset)이라고 한다.

표 1의 당뇨병 사망 자료에 대한 포아송 회귀를 해보자 (R 스크립트 generalized linear model.r). 다음과 같이 stats 패키지(자동설치)의 `glm( )` 함수를 써서 포아송 회귀를 할 수 있다.

```
> diabetes <- read.csv("diabetes.csv", header=T)
> diabetes.glm <- glm(deaths ~ age + gender, offset=l_popn,
+                     family="poisson", data=diabetes)
> summary(diabetes.glm)

 Coefficients:
             Estimate Std. Error z value Pr(>|z|)
 (Intercept) -13.30872    0.44916 -29.630  < 2e-16 ***
 age25-34     -0.77636    1.09539  -0.709 0.478480
 age35-44      1.89738    0.51640   3.674 0.000239 ***
 age45-54      2.89386    0.47726   6.063 1.33e-09 ***
 age55-64      4.12952    0.45934   8.990  < 2e-16 ***
 age65-74      5.22820    0.45297  11.542  < 2e-16 ***
 age75-84      6.31222    0.45030  14.018  < 2e-16 ***
 age85+        7.19932    0.45169  15.939  < 2e-16 ***
 genderMale    0.52331    0.06528   8.017 1.09e-15 ***
 ---
 Signif. codes:  0 '***' 0.001 '**' 0.01 '*' 0.05 '.' 0.1 ' ' 1
 (Dispersion parameter for poisson family taken to be 1)

     Null deviance: 3306.383  on 15  degrees of freedom
 Residual deviance:   10.889  on  7  degrees of freedom
 AIC: 104.49
 Number of Fisher Scoring iterations: 5
```

앞의 모형 계수들은 로그 사망률, 즉 $\log(\mu/s)$에 대한 것으로 연령(age)의 효과에서는 "<25"세가 기준이다. 이 범주에 비교하여 "25-34"세는 사망률이 작고 그 이후로는 연령이 많아질수록 사망률이 증가하는 것으로 나타난다.

Coefficients 출력에서 age25-34의 계수가 -0.776이고 age35-44의 계수가 1.897로 2.673의 차이가 난다. 이것은 35세를 전후로 사망률이 14.5($=e^{2.673}$)배가 됨을 의미한다.

남성(genderMale)은 여성에 비교하여 로그 사망률에서 0.5233만큼 크다. 이것은 사망률에서 남성이 여성의 1.69배($=e^{0.5233}$)임을 뜻한다.

다음은 ANOVA 표이다. 이 표는 deviance[4)]가 요인 별로 분할되는 양상을 보여주는데, 각 요인은 glm( )에 투입된 순서에 따라 기여도(설명정도)가 평가된다. 첫 번째 투입 요인인 age의 deviance는 3231.0이고 자유도 7의 카이제곱 분포에서 deviance의 이 값은 엄청나게 크다. 모형에 마지막으로 투입된 gender의 deviance는 64.5이다. 자유도 1의 카이제곱 분포에서 이 값에 대한 유의확률은 10^{-15} (= 1-pchisq(64.5,1))이다.

```
> anova(diabetes.glm)

  Analysis of Deviance Table
  Model: poisson, link: log
  Response: deaths
  Terms added sequentially (first to last)

         Df Deviance Resid. Df Resid. Dev
  NULL                      15     3306.4
  age     7   3231.0         8       75.4
  gender  1     64.5         7       10.9
```

4) Deviance는 관측자료가 적합모형에서 벗어난 정도를 나타낸다 (총 이탈도). 모형이 맞는 경우, Deviance는 자유도(df)의 카이제곱 분포를 따르고 기댓값은 df와 일치한다. 모형 자유도 df = 관측 수 - 적합 파라미터 수 (= 16-9).

3. 로지스틱 회귀

Y가 이항형(二項型, binary type)인 경우에 적용되는 일반화선형모형이 로지스틱 회귀(logistic regression)이다.

한 예로서, 표 2에서 자동차 보험청구 자료를 보자. 총 67,856 계약 중에서 보험청구가 있었던 4,624 계약에서는 clm 변수가 1이고 나머지 63,232 계약에서는 clm 변수가 0이다. 이제 로지스틱 회귀로써 보험청구 clm에 영향을 줄 수 있는 제 요인의 효과를 다원적으로 살펴보자.

Y가 0과 1로 코딩되어 있고 Y의 실현 값에 영향을 줄 수 있는 p개의 공변량 $x_1, \cdots, x_p$가 있는 경우,[5] 로지스틱 회귀는 $Y=1$ 대 0의 로그 오즈(log odds)를 $x_1, \cdots, x_p$의 선형결합으로 표현할 수 있음을 가정한다. 즉

$$\log_e \frac{P\{Y=1 \mid x_1, \cdots, x_p\}}{P\{Y=0 \mid x_1, \cdots, x_p\}} = \beta_0 + \beta_1 x_1 + \cdots + \beta_p x_p.$$

표 2. 자동차 보험청구 자료 (파일명: car.csv, 일부)

veh_value	exposure	clm	numcl	claimcst0	veh_body	veh_a	gende	area	ageca	veh_value_	valcat
1.06	0.303901	0	0	0	HBACK	3	F	C	2	1.1236	1
1.03	0.648871	0	0	0	HBACK	2	F	A	4	1.0609	1
3.26	0.569473	0	0	0	UTE	2	F	E	2	10.6276	2
4.14	0.317591	0	0	0	STNWG	2	F	D	2	17.1396	2
0.72	0.648871	0	0	0	HBACK	4	F	C	2	0.5184	1
2.01	0.854209	0	0	0	HDTOP	3	M	C	4	4.0401	1
1.6	0.854209	0	0	0	PANVN	3	M	A	4	2.56	1
1.47	0.555784	0	0	0	HBACK	2	M	B	6	2.1609	1
0.52	0.361396	0	0	0	HBACK	4	F	A	3	0.2704	1
0.38	0.520192	0	0	0	HBACK	4	F	B	4	0.1444	1
1.38	0.854209	0	0	0	HBACK	2	M	A	2	1.9044	1
1.22	0.854209	0	0	0	HBACK	3	M	C	4	1.4884	1
1	0.492813	0	0	0	HBACK	2	F	C	4	1	1
7.04	0.314853	0	0	0	STNWG	1	M	A	5	49.5616	3

5) k개 범주를 갖는 설명요인은 $k-1$개의 공변량으로 표현 가능하다.

다음은 표 2의 자료에 대한 로지스틱 회귀를 하기 위한 R 코드와 출력이다.

```
> car <- read.csv("car.csv", header=T)
> str(car)

  'data.frame':   67856 obs. of  12 variables:
   $ veh_value   : num  1.06 1.03 3.26 4.14 0.72 2.01 1.6 1.47 0.52 0 ...
   $ exposure    : num  0.304 0.649 0.569 0.318 0.649 ...
   $ clm         : int  0 0 0 0 0 0 0 0 0 0 ...
   $ numclaims   : int  0 0 0 0 0 0 0 0 0 0 ...
   $ claimcst0   : num  0 0 0 0 0 0 0 0 0 0 ...
   $ veh_body    : Factor w/ 13 levels "BUS","CONVT",..: 4 4 13 11 4 5 ...
   $ veh_age     : int  3 2 2 2 4 3 3 2 4 4 ...
   $ gender      : Factor w/ 2 levels "F","M": 1 1 1 1 1 2 2 2 1 1 ...
   $ area        : Factor w/ 6 levels "A","B","C","D",..: 3 1 5 4 3 3 ...
   $ agecat      : int  2 4 2 2 2 4 4 6 3 4 ...
   $ veh_value_2: num  1.124 1.061 10.628 17.14 0.518 ...
   $ valcat      : int  1 1 2 2 1 1 1 1 1 1 ...

> car.glm <- glm(clm ~ factor(agecat) + area + veh_body + factor(valcat),
+                family="binomial", data=car)
> summary(car.glm)

  Coefficients:
                  Estimate Std. Error z value Pr(>|z|)
  (Intercept)     -1.31817    0.37461  -3.519 0.000434 ***
  factor(agecat)2 -0.20350    0.05832  -3.489 0.000484 ***
  factor(agecat)3 -0.22959    0.05684  -4.039 5.37e-05 ***
  factor(agecat)4 -0.26144    0.05673  -4.609 4.05e-06 ***
  factor(agecat)5 -0.45116    0.06316  -7.143 9.16e-13 ***
  factor(agecat)6 -0.46203    0.07222  -6.398 1.58e-10 ***
  areaB            0.09646    0.04597   2.098 0.035891 *
  areaC            0.03712    0.04189   0.886 0.375476
  areaD           -0.09087    0.05649  -1.609 0.107722
  areaE           -0.01581    0.06210  -0.255 0.799086
  areaF            0.10479    0.07185   1.458 0.144706
  veh_bodyCONVT   -1.56785    0.70892  -2.212 0.026994 *
  veh_bodyCOUPE   -0.82492    0.39278  -2.100 0.035710 *
  veh_bodyHBACK   -1.09172    0.37271  -2.929 0.003399 **
  veh_bodyHDTOP   -0.91895    0.38228  -2.404 0.016222 *
  veh_bodyMCARA   -0.51975    0.46749  -1.112 0.266229
```

```
veh_bodyMIBUS   -1.24253    0.40347  -3.080 0.002073 **
veh_bodyPANVN   -0.89916    0.39442  -2.280 0.022626 *
veh_bodyRDSTR   -1.12705    0.82516  -1.366 0.171983
veh_bodySEDAN   -1.07739    0.37247  -2.893 0.003821 **
veh_bodySTNWG   -1.08619    0.37257  -2.915 0.003552 **
veh_bodyTRUCK   -1.13574    0.38300  -2.965 0.003023 **
veh_bodyUTE     -1.32740    0.37656  -3.525 0.000423 ***
factor(valcat)2  0.17321    0.04531   3.822 0.000132 ***
factor(valcat)3  0.08422    0.11354   0.742 0.458236
factor(valcat)4 -0.55150    0.51579  -1.069 0.284964
factor(valcat)5 -0.34345    0.73249  -0.469 0.639161
factor(valcat)6 -0.77849    1.02069  -0.763 0.445634
---
Signif. codes:  0 '***' 0.001 '**' 0.01 '*' 0.05 '.' 0.1 ' ' 1
(Dispersion parameter for binomial family taken to be 1)

    Null deviance: 33767  on 67855  degrees of freedom
Residual deviance: 33624  on 67828  degrees of freedom
AIC: 33680
Number of Fisher Scoring iterations: 5

> anova(car.glm)

Analysis of Deviance Table
Model: binomial, link: logit
Response: clm
Terms added sequentially (first to last)

               Df Deviance Resid. Df Resid. Dev
NULL                           67855      33767
factor(agecat)  5   71.130     67850      33696
area            5   14.581     67845      33681
veh_body       12   39.714     67833      33641
factor(valcat)  5   17.017     67828      33624
```

연령범주(agecat)의 최소 계수(수량화 값)는 0이고 최대 계수는 0.462이므로 차이가 0.462이다. 이런 식으로, 계수 값 범위가 지역(area)은 0.196이고, 차체유형(veh_body)는 1.568, 가격범주(valcat)는 0.952이다. 따라서 보험청구가 차체유형에 의하여 가장 큰 영향을 받는다고 말할 수 있다.

4. 감마 회귀

감마 회귀(gamma regression)에서는 $X_1 = x_1, \cdots, X_p = x_p$에 조건화하여 종속변수 Y가 감마 분포를 따른다고 가정된다. 감마 분포는 그림 2에서 한 예가 보여주듯이 비음의 실수 위에서 정의되는 확률분포이다. Gamma(α, β)로 표기되는 감마 분포는 다음과 같은 밀도를 갖는다 $(\alpha > 0, \beta > 0)$.

$$f(y) = \frac{1}{\Gamma(\alpha)\beta}\left(\frac{y}{\beta}\right)^{\alpha-1}\exp\left(-\frac{y}{\beta}\right),\ y > 0.$$

Gamma(α, β) 분포의 평균과 분산은 다음과 같다.

$$E(Y) = \alpha\beta\,(=\mu),\quad Var(Y) = \alpha\beta^2 = \frac{\mu^2}{\alpha}.$$

감마 회귀(gamma regression)에서는 "Y의 조건부 기대값"의 로그 변환을 공변량 $x_1, \cdots, x_p$의 선형결합으로 놓는다. 즉,

$$\log_e E\{Y \mid x_1, \cdots, x_p\} = \beta_0 + \beta_1 x_1 + \cdots + \beta_p x_p.$$

표 3은 총 4,624건의 보험청구 자료이다. 보험계약자가 청구한 금액 claimsize는 당연히 비음(nonnegative)이다. 이것에 통상적인 선형모형을 적용한다면 적절하지 못할 것이다. 설명변수로는 연령대(agecat), 성(gender), 지역(area), 차체(車體, veh_body), '연령대'와 '성'의 상호작용(agecat*gender)을 고려하기로 한다.

다음은 표 3의 자료에 대한 감마 회귀를 실행하는 R 코드와 출력이다.

```
> car_active <- read.csv("car_active.csv", header=T)
> str(car_active)
  'data.frame':   4624 obs. of  11 variables:
   $ veh_value: num  1.66 1.51 0.76 1.89 4.06 1.39 2.66 0.5 1.16 3.56 ...
   $ exposure : num  0.485 0.994 0.539 0.654 0.851 ...
   $ clm      : int  1 1 1 1 1 1 1 1 1 1 ...
   $ numclaims: int  1 1 1 2 1 1 1 1 2 1 ...
   $ claimsize: num  670 807 402 1812 5434 ...
   $ veh_body : Factor w/ 13 levels "BUS","CONVT",..: 10 10 4 11 11 4 ...
   $ veh_age  : int  3 3 3 3 2 3 1 4 4 3 ...
```

표 3. 보험청구액 자료 (일부, 파일명: car_active.sav)

veh_value	exposure	clm	numcla	claimsize	veh_body	veh_ag	gender	area	agecat	valcat
1.66	0.4846	1	1	669.51	SEDAN	3	M	B	6	1
1.51	0.99384	1	1	806.61	SEDAN	3	F	F	4	1
0.76	0.539357	1	1	401.8055	HBACK	3	M	C	4	1
1.89	0.654346	1	2	1811.71	STNWG	3	M	F	2	1
4.06	0.851472	1	1	5434.44	STNWG	2	M	F	3	2
1.39	0.317591	1	1	865.79	HBACK	3	F	A	4	1
2.66	0.317591	1	1	1105.77	STNWG	1	F	F	5	2
0.5	0.071184	1	1	200	HBACK	4	F	A	5	1
1.16	0.596851	1	2	739.23	STNWG	4	F	B	2	1
3.56	0.906229	1	1	3230.6	MCARA	3	M	F	4	2
2.15	0.654346	1	1	200	SEDAN	3	F	A	5	1
3.03	0.903491	1	1	200	TRUCK	1	M	C	1	2
2.41	0.339493	1	1	407.84	STNWG	3	M	E	1	1
1.72	0.616016	1	1	1619.83	STNWG	2	F	A	6	1
1.92	0.616016	1	1	1010.92	STNWG	4	M	A	5	1

```
 $ gender    : Factor w/ 2 levels "F","M": 2 1 2 2 2 1 1 1 1 2 ...
 $ area      : Factor w/ 6 levels "A","B","C","D",..: 2 6 3 6 6 1 6 ...
 $ agecat    : int  6 4 4 2 3 4 5 5 2 4 ...
 $ valcat    : int  1 1 1 1 2 1 2 1 1 2 ...

> car_active.glm <- glm(claimsize ~ factor(agecat) + gender + area
+    + veh_body + factor(agecat)*gender , family=Gamma(link=log),
+    data=car_active)

> summary(car_active.glm)

 Coefficients:
                           Estimate Std. Error t value Pr(>|t|)
 (Intercept)              7.1664150  0.5770906  12.418  < 2e-16 ***
 factor(agecat)2         -0.0754511  0.1255187  -0.601 0.547793
 factor(agecat)3         -0.1076265  0.1208730  -0.890 0.373292
 factor(agecat)4         -0.1443727  0.1219388  -1.184 0.236484
 factor(agecat)5         -0.1657348  0.1391425  -1.191 0.233670
 factor(agecat)6         -0.2829034  0.1618056  -1.748 0.080459 .
 genderM                  0.4126571  0.1549994   2.662 0.007788 **
 areaB                   -0.0255145  0.0748823  -0.341 0.733324
 areaC                    0.0659242  0.0683963   0.964 0.335169
 areaD                   -0.0007314  0.0925749  -0.008 0.993697
 areaE                    0.1563899  0.1016440   1.539 0.123970
```

```
areaF                        0.4083270  0.1167949   3.496 0.000477 ***
veh_bodyCONVT                0.7184377  1.1273220   0.637 0.523964
veh_bodyCOUPE                0.7386079  0.6009395   1.229 0.219102
veh_bodyHBACK                0.4839937  0.5664392   0.854 0.392900
veh_bodyHDTOP                0.4071329  0.5824934   0.699 0.484620
veh_bodyMCARA               -0.7243632  0.7222027  -1.003 0.315918
veh_bodyMIBUS                0.7681955  0.6204282   1.238 0.215716
veh_bodyPANVN                0.5396374  0.6035011   0.894 0.371273
veh_bodyRDSTR               -0.5400526  1.3205992  -0.409 0.682599
veh_bodySEDAN                0.3639916  0.5659705   0.643 0.520173
veh_bodySTNWG                0.3489989  0.5655943   0.617 0.537234
veh_bodyTRUCK                0.5344025  0.5838516   0.915 0.360079
veh_bodyUTE                  0.4305397  0.5726644   0.752 0.452199
factor(agecat)2:genderM -0.1854120  0.1897483  -0.977 0.328548
factor(agecat)3:genderM -0.3600261  0.1856058  -1.940 0.052473 .
factor(agecat)4:genderM -0.2174854  0.1851507  -1.175 0.240200
factor(agecat)5:genderM -0.4382465  0.2052988  -2.135 0.032840 *
factor(agecat)6:genderM -0.0312350  0.2340163  -0.133 0.893825
---
Signif. codes:  0 '***' 0.001 '**' 0.01 '*' 0.05 '.' 0.1 ' ' 1
(Dispersion parameter for Gamma family taken to be 2.844378)

    Null deviance: 7379.9  on 4623  degrees of freedom
Residual deviance: 7172.5  on 4595  degrees of freedom
AIC: 79321
Number of Fisher Scoring iterations: 7

> anova(car_active.glm)

Analysis of Deviance Table
Model: Gamma, link: log
Response: claimsize
Terms added sequentially (first to last)

                      Df Deviance Resid. Df Resid. Dev
NULL                                   4623     7379.9
factor(agecat)         5   61.972      4618     7317.9
gender                 1   34.492      4617     7283.4
area                   5   46.172      4612     7237.3
veh_body              12   43.611      4600     7193.6
factor(agecat):gender  5   21.181      4595     7172.5
```

glm의 summary 출력에 연령범주(agecat)와 성(gender)의 주효과 뿐만 아니라 두 요인 간 상호작용, 지역(area), 차체(veh_body)의 효과가 나타나 있다. 이 출력을 바탕으로 연령범주, 성, 지역, 차체의 모든 조합에서의 평균 보험청구액을 산출함으로써 표준 보험료율이 결정된다.

5. 요약

일반화선형모형은 선형모형의 확장으로 종속변수를 비(非)정규분포로, 평균반응의 특정 변환을 p개 공변량의 선형적 결합으로 모형화 한다. 비정규분포의 예로는 이항분포, 포아송 분포, 감마 분포 등이다. 특정변환의 예로는 로짓(logit)과 로그(logarithm) 등이 있다.

보험 자료에 대하여 일반화선형모형의 적용은 무궁무진하다. 예컨대 보험청구 발생(0,1)에 대하여는 로지스틱 회귀(이항분포와 logit 변환), 사망자 수에 대하여는 포아송 회귀(포아송 분포와 log 변환), 청구금액에 대하여는 감마 회귀(감마 분포와 log 변환)를 고려할 수 있다.

11장. 국소적 회귀 LOESS

연속형 반응 Y에 대하여 $X_1,\cdots,X_p$에 의한 회귀모형

$$y = g(x_1,\cdots,x_p) + \epsilon, \quad \epsilon \sim (0,\sigma)$$

를 생각하자. 여기서 ϵ은 정규분포 또는 대칭적 분포를 따른다고 가정된다. 그리고 $g(\cdot)$는 매끄러운(smooth) 함수로 간주된다. 선형회귀에서는

$$g(x_1,\cdots,x_p) = \beta_0 + \beta_1 x_1 + \cdots + \beta_p x_p$$

가 전제되지만 국소적 회귀에서는 $g(\cdot)$를 모수적 형태로 제한하지 않는다.

$(X_1, \cdots, X_p)$의 전 영역에서 모수적 형태의 함수로 Y의 확률적 행태를 충분히 기술해내는 것이 어려운 경우가 많다. 예를 들어 그림 1의 사례를 보자. A는 자료 점을 플롯한 것이고 B는 여기에 2차 함수를 적합한 것인데 그다지 만족스럽지 못하다. 구체적으로 봉우리 부분에서는 적합값이 너무 작고 $E \geq 1.0$ 영역에서는 적합 함수의 곡률과 자료가 보여주는 곡률이 다르다. 이에 비교하여 C는 국소적 회귀 적합을 보여주는데 적합 함수가 관측 자료를 잘 어우르고 있다.

국소적 회귀(local regression)는 $g(x_1, \cdots, x_p)$의 추정에 $(x_1,\cdots,x_p)$ 부근 영역의 자료만 활용한다 (전 영역의 자료를 사용하는 것이 아니라...). $g(x_1, \cdots, x_p)$의 함수 형태로 $x_1,\cdots,x_p$의 선형 또는 이차 함수를 가정하지만 이것은 큰 제약이 아니다. 왜냐하면 미분가능한 $g(x_1, \cdots, x_p)$는 국소적으로 선형 또는 이차 함수로 잘 근사되기 때문이다 (테일러 정리).

이 장에서는 Cleveland 등 (1979, 1988, 1991)에 의해 개발된 LOESS (**lo**cal polynomial regr**ess**ion) 방법론을 설명하고 R의 `loess()` 함수를 활용한 다수의 수치 예를 들어보기로 한다.

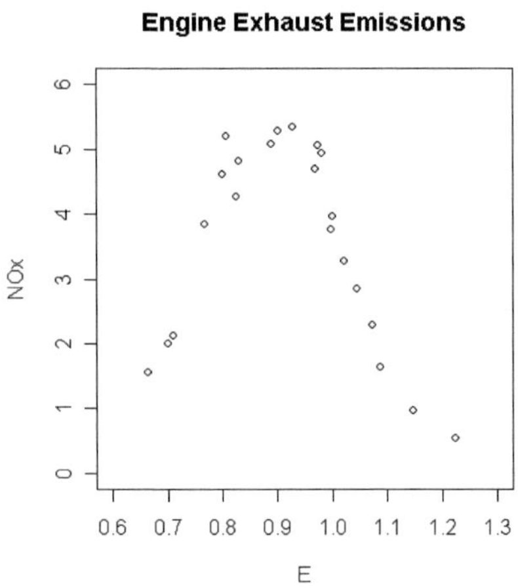

A. 자료 플롯

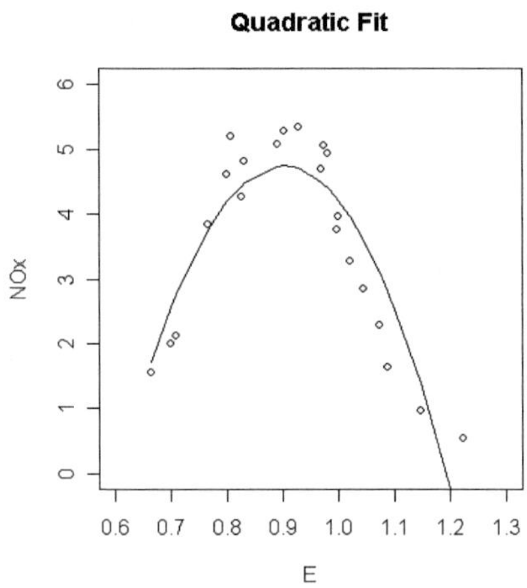

B. 이차함수 적합

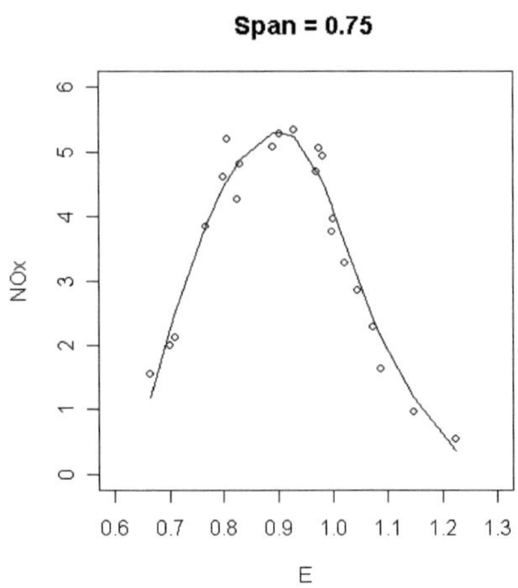

C. LOESS 적합

그림 1. 엔진 배기 배출 자료

1. **국소 가중치**(local weights)

p 차원 설명공간내의 1개 임의점 $\boldsymbol{x} = (x_1, \cdots, x_p)$에서의 회귀함수 적합을 위해서 LOESS는 다음과 같이 관측개체들에 국소 가중치를 부여한다.

$$w_i(\boldsymbol{x}) = (1-(d_i/d_{(q)})^3)^3, \quad \text{if } d_i \le d_{(q)},$$
$$= 0, \quad \text{otherwise.}$$

여기서 $d_i = d(\boldsymbol{x}, \boldsymbol{x}_i)$, $\boldsymbol{x}_i = (x_{i1}, \cdots, x_{ip})$, $i = 1, \cdots, n$이고 $d_{(q)}$는 크기 순서로 q번째인 d_i 값을 말한다. 그림 2는 $w(d) = (1-d^3)^3$, $0 \le d \le 1$의 함수 그래프인데, 개체 i에 붙는 가중치 w_i는 d_i가 커질수록 작아지며 그것이 $d_{(q)}$보다 커지면 0이 되는 것을 알 수 있다.

국소 가중치 $w_i(\boldsymbol{x})$의 값은 q에 의해 크게 좌우된다. q를 n의 상수 배, $q = [\alpha n]$으로 놓자. α를 작게 두면 1개 점의 회귀적합에는 적은 수의 개체를 쓰게 되고 반대로 α를 크게 두면 1개 점의 회귀적합에 많은 수의 개체를 쓰게 된다. 통상 α를 0과 1 사이로 두지만 1보다 큰 값이 지정된 경우엔 $d_{(q)}$가 $d_{(n)}\alpha^{1/p}$로 바뀐다. 앞으로 α를 너비(span)라 부를 것이다.

$d_i = d(\boldsymbol{x}, \boldsymbol{x}_i)$는 통상 유클리드 거리로 정의된다. 따라서 p개 설명변수들을 사전 척도화 하는 것이 일반적이다. 이때 자료 전처리의 안정성을 위해 각 변수의 양쪽에서 5%씩 절삭(trim)하고 남은 자료에서 표준편차를 산출한다.

2. 국소 선형 · 이차식의 적합 (local linear · quadratic fitting)

LOESS는 $\boldsymbol{x} = (x_1, \cdots, x_p)$ 부근에서 일차식 또는 이차식의 회귀 곡면을 상정한다. $p=2$인 경우의 예를 들면 다음과 같다.

일차식: $g(x_1, x_2) = \beta_0 + \beta_1 x_1 + \beta_2 x_2$,

이차식: $g(x_1, x_2) = \beta_0 + \beta_1 x_1 + \beta_2 x_2 + \gamma_{11} x_1^2 + \gamma_{22} x_2^2 + \gamma_{12} x_1 x_2$.

오차 ϵ이 정규분포를 따른다는 전제하에서는 국소 가중치를 적용한 후 가중최소제곱법(weighted least squares method)으로 해당 모수를 추정해낼 수 있다.

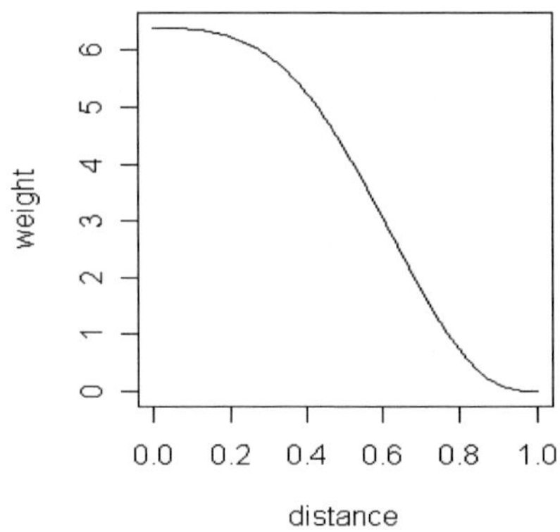

그림 2. 가중치 함수: 삼중 세제곱(tricube) 함수

그러나 오차 ϵ 의 분포가 일반적 대칭형인 경우엔 최소제곱 해가 불안정하므로 LOESS는 개별 점 $\boldsymbol{x} = (x_1, \cdots, x_p)$에서 로버스트한 적합값을 산출한다[1)]:

1) 가중최소제곱법으로 잔차를 구한다: $\hat{\epsilon}_i = y_i - \hat{g}(x_{i1}, \cdots, x_{ip})$.

2) 중간절대값잔차(MAD, median of absolute deviations)로써 산포를 측정한다:

$$\text{MAD} = \text{median}\{ |\hat{\epsilon}_i|, \ i = 1, \cdots, n \}.$$

3) 잔차 크기에 따른 로버스트성 가중치(robustness weights)를 산출한다:

$$w_i^* = (1 - (\hat{\epsilon}_i/(6\ \text{MAD}))^2)^2, \quad \text{if } |\hat{\epsilon}_i|/(6\ \text{MAD}) \leq 1$$
$$= 0, \quad \text{otherwise.}$$

따라서 개체 i 에 적용되는 가중치는 $w_i \cdot w_i^*$ 가 된다 (w_i 는 국소 가중치). 그림 3은 이때 사용된 가중치인 이중 제곱(bi-square) 함수

$$B(r) = (1 - r^2)^2, \quad \text{if } |r| \leq 1; \quad B(r) = 0, \text{ otherwise}$$

의 형태를 보여준다. 척도화된 잔차 $\hat{\epsilon}_i/(6\ \text{MAD})$가 0에서 멀어질수록 가중치가 작아지며 ± 1을 넘어서면 가중치가 0이 됨을 알 수 있다.

---

1) 관측이 있는 곳에서만 적합값을 계산하고 그 외에는 보간법으로 처리한다.

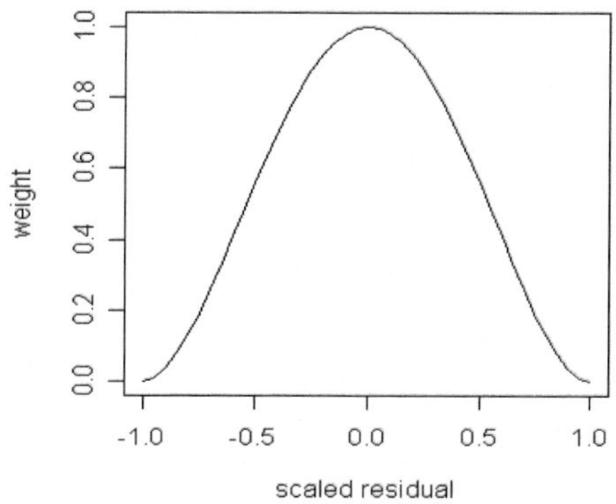

그림 3. 이중 제곱(bi-square) 함수

4) 이들 가중치를 사용하여 국소적 적합을 새로 한다.

5) 다시 1)에서 4)까지의 전 과정을 변화가 충분히 작아질 때까지 반복한다.

3. Engine Exhaust Emissions 사례

그림 1의 A 데이터는 자동차 엔진의 Equivalence ratio(= 변수명 E)에 따른 산화질소 배출량(= 변수명 NOx)의 관계를 보기 위한 실험에서 나온 것으로 (n = 22), Cleveland, Grosse and Shyu (1993)에서 자세히 다루어진 바 있다.

그림 1의 C는 너비(span) α 를 0.75로 둔 LOESS 결과이다.[2)]

---

2)
```
EEE <- read.table("EEE.txt",header=T)
attach(EEE)
EEE.1 <- loess(NOx ~ E)
plot(NOx ~ E, ylim=c(0,6), xlim=c(0.6,1.3), main ="Span = 0.75")
order <- order(E)
par(new=T)
plot(EEE.1$fit[order] ~ E[order], type="l", ylab="", xlab="",
        ylim=c(0,6), xlim=c(0.6,1.3))
```

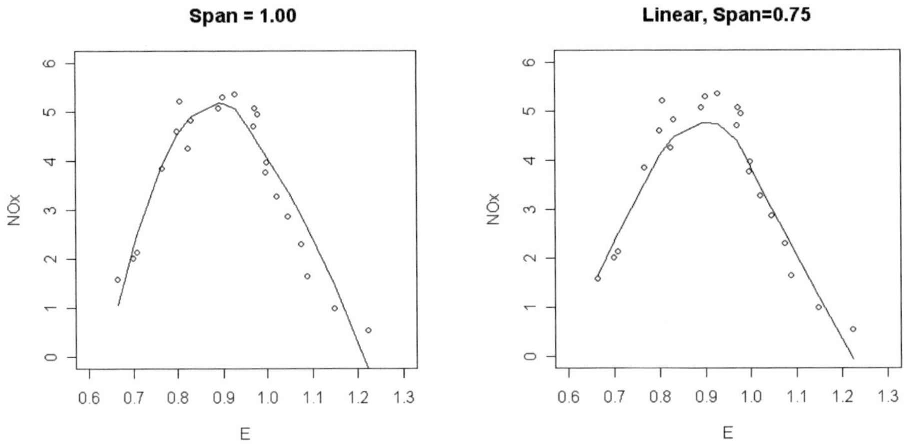

A. 너비를 1로 둔 경우 B. 다항식 차수를 1, 너비를 0.75로 한 경우

그림 4. 여러 LOESS 적합 결과

실험적으로 너비 α 를 1.0으로 지정하여 LOESS를 수행해보자. 그림 4의 A가 그 결과인데 그림 1의 B와 마찬가지로 $E \geq 1.0$ 영역에서 만족스럽지 못하다. 다시 실험적으로 너비 α 를 0.75로 두되 국소 다항식의 차수(degree)를 1로 조정하여 LOESS를 수행해보자 (degree의 디폴트 값은 2이다). 그 결과가 그림 4의 B이다. 봉우리 부분에서 과소 적합이 됨을 볼 수 있다.[3] 이를 해결하기 위하여 다항식의 차수를 늘릴 필요가 있다 (degree를 다시 2로). 그것이 그림 1의 C이다.[4]

---

3)
```
EEE.2 <- loess(NOx ~ E, span=1)
plot(NOx ~ E, ylim=c(0,6), xlim=c(0.6,1.3), main ="Span = 1.00")
par(new=T)
plot(EEE.2$fit[order] ~ E[order], type="l", ylab="", xlab="",
     ylim=c(0,6), xlim=c(0.6,1.3))
EEE.3 <- loess(NOx ~ E, span=0.75, degree=1)
plot(NOx ~ E, ylim=c(0,6), xlim=c(0.6,1.3), main ="Linear, Span=0.75")
par(new=T)
plot(EEE.3$fit[order] ~ E[order], type="l", ylab="", xlab="",
     ylim=c(0,6), xlim=c(0.6,1.3))
```

4)
```
EEE.3a <- loess(NOx ~ E, span=0.75, degree=2)
plot(NOx ~ E, ylim=c(0,6), xlim=c(0.6,1.3), main ="Quadratic, Span=0.75")
par(new=T)
```

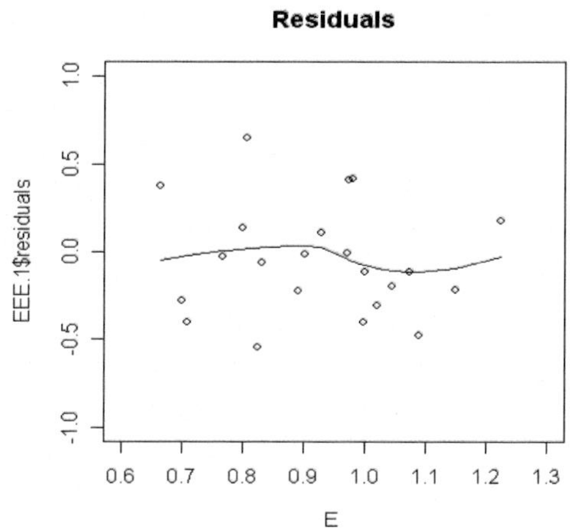

그림 5. 잔차 플롯과 잔차에 대한 LOESS

LOESS 적합에 대한 검토는 잔차 플롯으로 할 수 있다. 그림 5는 그림 1 C (α = 0.75, degree=2)에서의 잔차에 대해 다시 LOESS을 적용한 결과인데 물결 모양의 파동을 볼 수 있으나 그 폭이 미미한 것으로 나타난다. 따라서 그림 1 C의 LOESS 적합이 만족스럽다고 결론지을 수 있다.[5)]

그림 1의 C 플롯을 만들어낸 LOESS 모형을 찍으면 다음과 같은 출력이 나온다.

```
> EEE.1

  Call: loess(formula = NOx ~ E)
  Number of Observations: 22
  Equivalent Number of Parameters: 4.89
  Residual Standard Error: 0.3648
```

```
  plot(EEE.3a$fit[order] ~ E[order], type="l", ylab="", xlab="",
       ylim=c(0,6), xlim=c(0.6,1.3))
5) EEE.r <- loess(EEE.1$residuals ~ E, span=1)
  plot(EEE.1$residuals ~ E, ylim=c(-1,1), xlim=c(0.6,1.3),
       main ="Residuals")
  par(new=T)
  plot(EEE.r$fit[order] ~ E[order], type="l", ylab="", xlab="",
       ylim=c(-1,1), xlim=c(0.6,1.3))
```

Equivalent Number of Parameters는 이 모형이 실제 쓰고 있는 모수의 수를 가늠한 것이다. 그림 1의 B 플롯이 3개의 모수를 쓰는데 반하여 이 LOESS 모형은 4.89개의 모수를 쓰는 것으로 나타났다. 이는 모형이 그만큼 더 유연함을 말하는 것이다. 이에 대하여는 5절에서 다루기로 한다.

이상의 LOESS 적합에서는 "gaussian" 분포의 오차가 간주되었다. 이것을 대칭형 분포의 오차로 바꾸려면 loess() 함수 안에 family="symmetric"을 추가하면 된다. 이 절의 전체 R 스크립트는 loess_1.r에 들어 있다.

4. Sulfate Deposits 사례

LOESS는 설명변수의 수 p 가 2인 경우 회귀 관계의 탐색에도 많은 도움을 준다. 이 절의 사례에서 설명변수는 Longitude(= 경도)와 Latitude(= 위도)이고 반응변수는 그 위치에서 Sulfate Deposit (= 변수명 SO4)이다. 그림 6은 이 자료 셋을 그린 lattice 팩키지의 구름 플롯(cloud plot)인데 스크린의 기울임을 달리하여 만들어낸 다수의 플롯을 봄으로써 대체적인 반응 곡면을 알아낼 수 있다.[6)] Longitude의 작은 값과 Latitude의 큰 값이 겹치는 영역에서 SO4 반응값이 큰 경향이 있다.

이 자료의 LOESS 모형화를 위해 적용할 R 스크립트는 다음과 같다.

```
> Sulfate.loess <- loess(SO4 ~ Longitude + Latitude,
+     data=Sulfate, family="symmetric", normalize=F)
```

---

6)
```
Sulfate <- read.table("Sulfate.txt", header=T)
library(lattice)
cloud(SO4 ~ Longitude * Latitude, data=Sulfate, aspect=c(1,0.5),
     screen =list(z=30,x=-60))
x11()
cloud(SO4 ~ Longitude * Latitude, data=Sulfate, aspect=c(1,0.5),
     screen =list(z=30,x=-30))
```

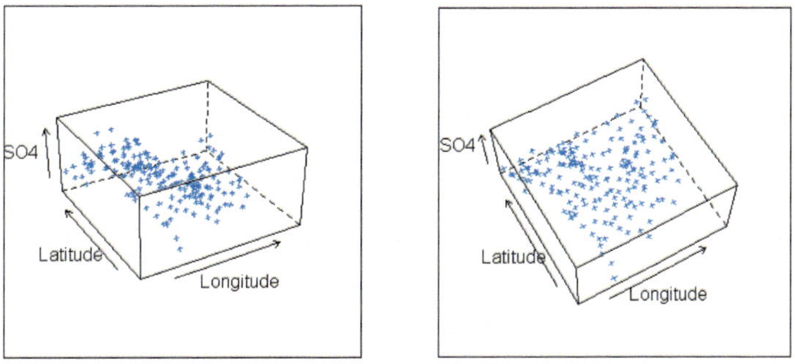

그림 6. Sulfate Deposits 자료의 구름 플롯

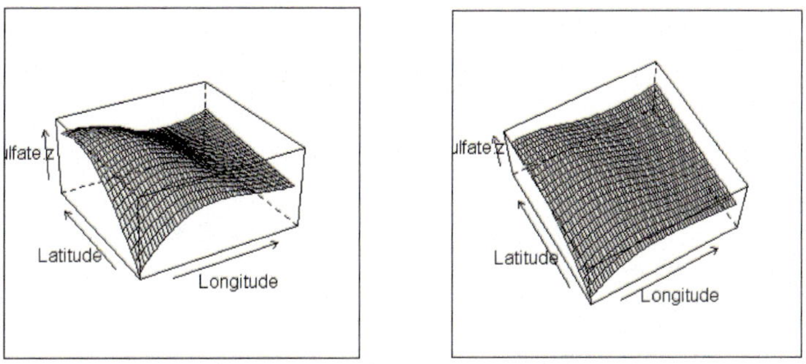

그림 7. LOESS 곡면의 철선 틀 플롯

여기서 `family="symmetric"`은 로버스트 적합을 위한 가중치의 사용을 뜻한다. 이것이 지정되지 않으면 `family="gaussian"`이 적용된다. `normalize=F`는 설명변수를 사전 표준화하지 못하도록 한다. 이 사례에서 설명변수는 경도와 위도로 지표면의 좌표를 결정하므로 통계적 의미의 표준화가 필요하지 않다.

LOESS 적합모형을 시각화하기 위해서 사용할 그래프는 `lattice` 팩키지의 철선 틀 플롯(wireframe plot)인데, 이 그래프는 2차원 설명변수 공간을 그리드 형태로 만들고 그 위에 적합값을 올려놓은 것이다. 이를 위해 R의 `expand.grid()` 함수와 `predict()` 함수를 활용할 필요가 있다:

```
> attach(Sulfate)
```

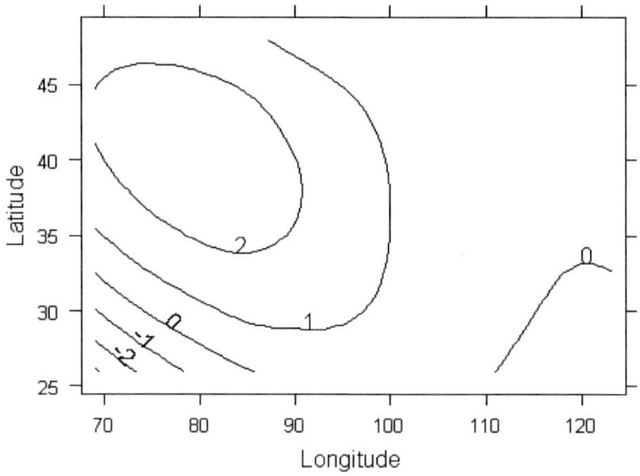

그림 8. 등고선 플롯

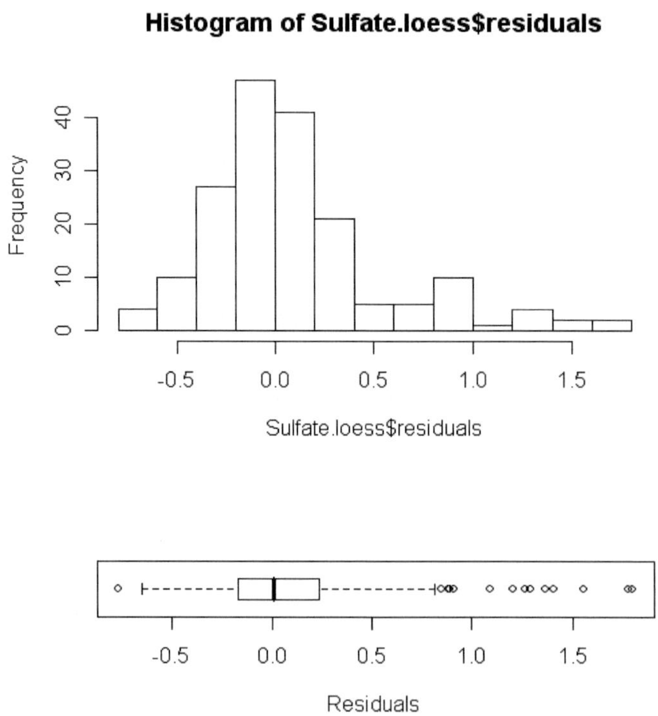

그림 9. 잔차에 대한 히스토그램과 상자그림

```
> grid.data <- expand.grid(Longitude = seq(68,124,1),
                    Latitude = seq(25,49,1))
> Sulfate.z <- predict(Sulfate.loess, newdata = grid.data)
```

그림 7은 최종 결과를 보여주는 철선 틀 플롯이다.[7] 그림 6에 비교하여 향상된 반응표면을 보여준다. 그림 8은 등고선 플롯으로 반응 표면을 시각화한 것이다.[8]

그림 9는 잔차의 히스토그램과 상자그림이다. 분포가 상당히 기울어져 있다.[9] 이는 반응변수에 대한 변환이 필요함을 말해준다 (질문: 어떤 변환이 필요한가?)

이 절의 전체 R 스크립트는 loess_2.r에 들어 있다.

5. 기술적 세부 사항

LOESS 적합값은 벡터와 행렬로 다음과 같은 표현식을 갖는다.

$$\hat{y} = Ly, \quad \text{여기서 } y : n\times 1, \quad L : n\times n.$$

이에 따라

$$\mathrm{Var}(\hat{y}) = L L^t \sigma^2, \quad \sum_{i=1}^{n} \mathrm{Var}(\hat{y}_i) = \mathrm{trace}(L^t L)\sigma^2$$

이 되므로, 선형회귀와의 유사성에 의하여 LOESS 모형의 자유도를 다음으로 정의한다.

$$\mathrm{trace}(L^t L) \text{ (= Equivalent number of parameters)}$$

---

7)
```
wireframe(Sulfate.z ~ Longitude*Latitude, data=grid.data,
        aspect=c(1,0.5), screen =list(z=30,x=-60))
x11(); wireframe(Sulfate.z ~ Longitude*Latitude, data=grid.data,
        aspect=c(1,0.5), screen =list(z=30,x=-30))
```

8)
```
contourplot(Sulfate.z ~ Longitude * Latitude, grid.data)
```

9)
```
hist(Sulfate.loess$residuals, nclass=16)
x11(); boxplot(Sulfate.loess$residuals, xlim=c(-1,2),
        horizontal=T, xlab="Residuals")
```

LOESS 잔차는

$$r = y - \hat{y} = (I - L)\, y$$

이고, 따라서

$$\mathrm{Var}(r) = (I-L)(I-L)^t \sigma^2 \ , \quad \sum_{i=1}^{n} \mathrm{Var}(r_i) = \mathrm{trace}((I-L)^t (I-L))\sigma^2$$

이 되므로 오차 분산 σ^2은

$$\widehat{\sigma^2} = \sum_{i=1}^{n} \mathrm{Var}(r_i) \ / \ \mathrm{trace}((I-L)^t (I-L))$$

로 추정된다.

다음 표는 앞의 Sulfate Deposits 자료를 여러 LOESS 모형으로 적합하는 경우 얻게 되는 모형 자유도와 잔차 표준편차의 추정값을 보여준다. 너비 α가 작을수록, 국소다항식의 차수가 클수록 모형의 자유도가 커짐을 볼 수 있다.

	span=1.0 degree=1	span=0.75 degree=1	span=1.0 degree=2	span=0.75 degree=2
Equivalent Number of Parameters	3.42	4.74	6.78	8.97
Residual Scale Estimate	0.6409	0.5472	0.4728	0.4673

탐구과제 1. airquality 자료는 1973년 뉴욕에서 측정된 것으로 6개 기상변수로 구성되어 있다. 종속변수 Ozone에 대한 loess 모형을 Solar.R, Wind, Temp로 구축하고 시각화하라.

참고문헌

Cleveland, W.S. (1979). "Robust locally-weighted regression and smoothing scatterplots," *Journal of American Statistical Association*, 74. 829-836.

Cleveland, W.S., and Grosse, E. (1991). "Computational methods for local regression," *Statistics and Computing*, 1. 47-62.

Cleveland, W.S., Grosse, E., and Shyu, W.M. (1993). "Local regression models" in *Statistical Models in S*. (edited by Chambers, J.M., and Hastie, T.J.). Chapman and Hall.

12장. 일반화 가법 모형 generalized additive model

일반화가법모형 GAM(generalized additive model)은 지수 분포족 (정규분포, 이항분포, 지수분포, 감마 분포, 포아송 분포 등)을 따르는 반응변수 Y에 대한 가법적 비선형 모형이다. $\mu = E(Y)$와 공변량 $\boldsymbol{X} = (X_1, \cdots, X_p)$를 잇는 연결함수(link function) $\eta = g(\mu)$의 형태로

$$\eta(\boldsymbol{x}) = s_0 + \sum_{j=1}^{p} s_j(x_j)$$

를 상정한다. 여기서 s_0은 실수이고 $s_1(x_1), \cdots, s_p(x_p)$는 각각 $x_1, \cdots, x_p$의 매끄러운 비선형 변환(smooth nonlinear transform)이며

$$E[s_j(X_j)] = 0, \quad j = 1, \cdots, p$$

가 가정된다. 이에 비교하여 일반화선형모형(GLM, generalized linear model)은

$$\eta(\boldsymbol{x}) = \beta_0 + \sum_{j=1}^{p} \beta_j x_j$$

를 상정한다. 따라서 GAM은 GLM을 포함한다. 이런 맥락에서 GAM은 일반화선형모형의 일반화이다.

이 장에서는 Hastie와 Tibshirani (1986, 1990)의 GAM 방법론을 설명하고 R mgcv 팩키지의 `gam()` 함수를 활용한 다수의 수치 예를 들어보기로 한다.

1. 기본 사례와 방법론

척추수술 후 관측되는 척추기형(변수명 Kypho, 변수값 0, 1) 사례 18명과 대조사례 65명에 대한 임상관측자료 kyphosis에 대하여, Kypho를 종속변수로 고려하고 나이(변수명 Age, 단위 月), 수술이 된 첫 척추 번호(StartVert)와 척추 수(NumVert)를 설명변수로 고려하여 통계적 모형을 만들어 보자.

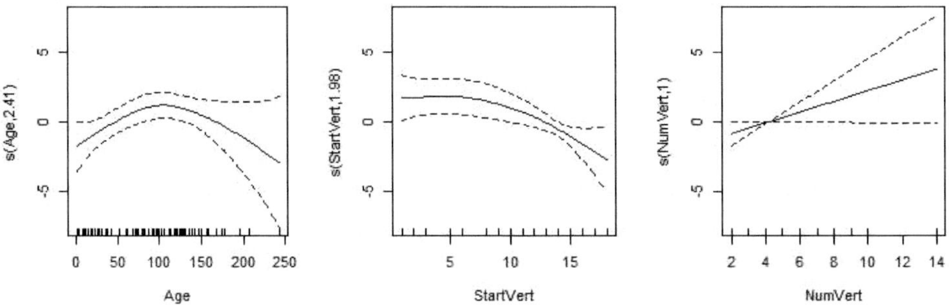

그림 1. GAM 모형의 적합결과

이 사례에서 GLM 모형(로지스틱 회귀)은 Kypho가 베르누이 확률변수로서

$$P\{\text{Kypho}=1|\text{Age},\cdots\}/P\{\text{Kypho}=0|\text{Age},\cdots\}$$
$$=\beta_0+\beta_1\ \text{Age}+\beta_2\ \text{StartVert}+\beta_3\ \text{NumVert}$$

임을 가정한다. 반면, GAM 모형은 Kypho가 베르누이 확률변수로서

$$P\{\text{Kypho}=1|\text{Age},\cdots\}/P\{\text{Kypho}=0|\text{Age},\cdots\}$$
$$=\beta_0+s_1(\text{Age})+s_2(\text{StartVert})+s_3(\text{NumVert})$$

임을 가정한다. 여기서 s_1(Age), s_2(StartVert), s_3(NumVert)는 각 변수의 매끄러운 변환이다. 그림 1에서 `gam( )`으로 적합된 smooth 변환을 보자. s_1(Age)은 120에서 봉우리를, s_2(StartVert)는 12를 경계로 급하향하는 모습을, s_3(NumVert)는 선형 증가하는 모습을 보여준다. 즉 Kypho 확률이 Age=120 근처에서, StartVert ≤ 12, 그리고 NumVert가 클수록 높아지는 것으로 나타난다. 일반화선형모형이 각 설명변수의 효과를 선형적으로만 파악하는데 비하며 일반화가법모형은 이와 같이 비선형적 효과가 있음을 탐지해낸다.

GAM은 어떻게 적합모형을 찾아내는가? GAM에는 Regression Spline 알고리즘, Backfitting 알고리즘, Local Scoring 알고리즘 등 3개의 엔진이 안에 있다.

- Regression Spline (또는 Spline Smoothing)이란 단순 회귀 Y vs X에서 연속인 1차 및 2차 도함수를 갖는 모든 가능한 회귀함수 $\eta(x)$ 중

$$\min \left\{ \sum_{i=1}^{n} (y_i - \eta(x_i))^2 + \lambda \int_a^b (\eta^{(2)}(t))^2 dt \right\}, \quad \lambda > 0, \ a < x_1 < \cdots < x_n < b$$

의 해, 즉 벌점화 최소제곱 해(penalized least squares solution)이다. 그 해는 $x_1, \cdots, x_n$에서 매듭(knot)을 갖는 natural cubic spline 함수이다.

Natural Cubic Spline: $(x_1, x_2), \cdots, (x_{n-1}, x_n)$의 각 구간에서 3차 다항식이고

- 각 매듭(knot) $x_1, \cdots, x_n$에서 연속, 1·2차 미분계수가 연속
- $(a, x_1), (x_n, b)$에서 선형

인 함수이다. 이 함수는 $n+2$개의 parameter로 표현가능하다.

- Backfitting 알고리즘은 X_j의 가법적 효과를 나타내는 $s_j(X_j)$를 추정해내는데, 그 아이디어는 Y에서 X_j를 제외한 모든 설명변수들의 모형 효과를 빼낸

$$Y - s_0 - \sum_{k=1}^{j-1} s_k^m(X_k) - \sum_{k=j+1}^{p} s_k^{m-1}(X_k)$$

를 X_j에 회귀시켜 $s_j(X_j)$를 얻어낸다는 것이다 $(j = 1, \cdots, p)$. 여기서 회귀의 방법으로 앞의 regression spline 알고리즘을 사용한다. 즉,

Backfitting Algorithm

1) Initialization: $s_0 = E(Y)$, $s_1^1 = 0, \cdots, s_p^1 = 0$, $m = 0$.

2) Iterate: $m := m + 1$

for j = 1 to p do:

$$R_j = Y - s_0 - \sum_{k=1}^{j-1} s_k^m(X_k) - \sum_{k=j+1}^{p} s_k^{m-1}(X_k)$$

$s_j^m = E(R_j \mid X_j)$ using suitable smoothers.

3) Until: $RSS = \text{Avg}(Y - s_0 - \sum_{j=1}^{p} s_j^m(X_j))^2$

fails to decrease, or satisfies the convergence criterion.

- Local Scoring 알고리즘은 일반화선형모형에서 IRLS(Iterative Reweighted Least Squares; 반복 재가중 최소제곱)으로 알려져 있기도 한데, 개체들 각각에 대해 가중치와 수정 반응값(adjusted response)을 산출하고 가중 최소제곱(Weighted LS) 방법을 적용하는 단계를 반복 수행한다.

Local Scoring Algorithm

1) Initialization: $s_0 = g(E(Y))$, $s_1^1 = 0, \cdots, s_p^1 = 0$, $m = 0$.

2) Iterate: for j = 1 to p do:

$$\eta_i^m = s_0 + \sum_{k=1}^{p} s_j^m(x_{ij})$$

$$\mu_i^m = g^{-1}(\eta_i^m)$$

$$w_i = (\partial\mu_i/\partial\eta_i)_m^2 \; V_{i,m}^{-1}$$

$$z_i = \eta_i^m + (y_i - \mu_i^m)\,(\partial\eta_i/\partial\mu_i)_m ,$$

where $V_{i,m}^{-1}$ is the variance of Y_i at μ_i^m .

Fit an additive model to Z using the backfitting algorithm with weights w to obtain $s_j^{m+1}()$.

$m := m + 1$

3) Until: The convergence criterion is satisfied or the deviance fails to decrease.

앞의 Kyphosis 사례에 들어가 보자. R의 `gam()` 함수는 `mgcv` 팩키지에 있다. kyphosis 자료에 `gam()` 함수를 다음과 같이 적용하면 된다.[1)]

1) 이 절의 전체 R 스크립트는 gam_1.r에 들어 있다.

```
kyphosis <- read.table("kyphosis.txt", header=T)
str(kyphosis)
attach(kyphosis)
library(mgcv)
kypho.m <- gam(Kypho ~ s(Age)+s(StartVert)+s(NumVert), family=binomial)
```

```
> kypho.m <- gam(Kypho ~ s(Age)+s(StartVert)+s(NumVert),
+                family = binomial)
```

여기서 `s()` 함수는 natural cubic spline을 만들어내는데 parameter 수를 `k`로 지정할 수 있다 (매듭의 수는 k-2개). R에서 `k`의 디폴트 값은 10이다. `family`는 반응변수의 분포를 지정하는데 그 종류로는

```
binomial(link = "logit")
gaussian(link = "identity")
Gamma(link = "inverse")
poisson(link = "log")
```

등이 있다. 적합모형 `kypho.m`은 다음과 같이 요약된다.[2]

```
Family: binomial
Link function: logit

Formula:
Kypho ~ s(Age) + s(StartVert) + s(NumVert)

Parametric coefficients:
            Estimate Std. Error z value Pr(>|z|)
(Intercept)  -2.1906     0.4811  -4.553 5.28e-06 ***
---
Signif. codes:  0 '***' 0.001 '**' 0.01 '*' 0.05 '.' 0.1 ' ' 1

Approximate significance of smooth terms:
               edf Ref.df Chi.sq p-value
s(Age)       2.411  3.040  7.414  0.0617 .
s(StartVert) 1.982  2.471  9.499  0.0152 *
s(NumVert)   1.000  1.000  3.762  0.0524 .
---
Signif. codes:  0 '***' 0.001 '**' 0.01 '*' 0.05 '.' 0.1 ' ' 1

R-sq.(adj) =  0.386   Deviance explained = 41.3%
UBRE score = -0.23224  Scale est. = 1         n = 83
```

2) summary(kypho.m)

2. 준모수적 회귀모형(semi-parametric regression model)

어떤 설명변수에 대하여는 모형효과를 모수적 형태(parametric form)로 두고, 어떤 설명변수에 대하여는 모형효과를 비모수적 형태(nonparametric form)로 둔 회귀모형을 준모수적 회귀모형(semi-parametric regression model)이라고 한다. 일반화가법모형을 준모수적 형태로 설정해 보자.

이 절의 사례에서 종속변수 removal은 수많은 부품으로 구성된 어떤 대규모 시스템에서 관리를 위해 교체된 부품 수이고 이에 설명변수로 고려되는 year와 month는 해당 년과 월이다. 따라서 removal은 포아송 확률변수로 보는 것이 좋겠고 이에 대하여 year가 선형적 추세를 갖는지, month가 계절효과를 나타내는지를 살펴볼 필요가 있다. 그림 4가 removal의 시도표인데 그래프에서는 명확한 패턴이 드러나지 않는다.[3)]

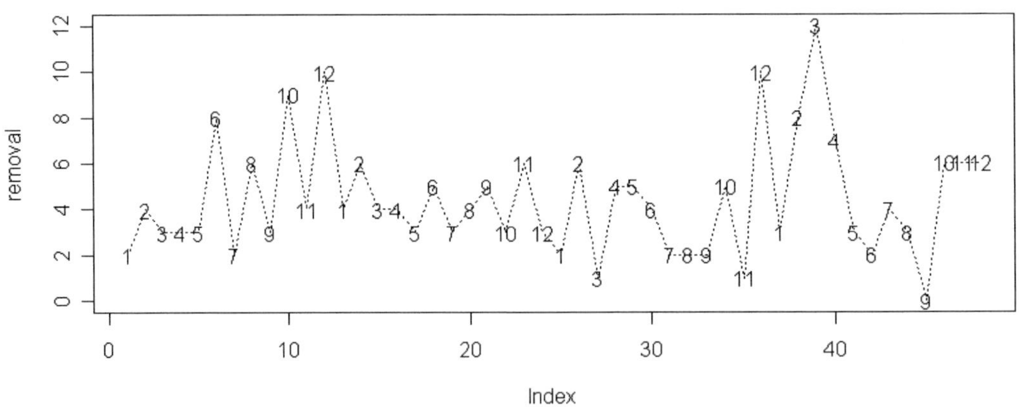

그림 4. removal의 시도표 (수치는 월을 나타냄)

---

3) 이 절의 전체 R 스크립트는 gam_2.r에 들어 있다.

```
equip <- read.table("equip.txt", header=T)
str(equip)
attach(equip)
plot(removal, type="l", lty="dotted")
text(x=1:48, y=removal, label=month)
```

removal의 시점 t 평균을 μ_t 로 표기하자. 그러면

$$removal_t \sim \text{Poisson}(\mu_t),\quad \log(\mu_t) = \beta_0 + \beta_1\ year_t + s\ (month_t)$$

로 모형화하자. 이것은 gam( ) 함수로

```
gam(removal ~ year+s(month,k=5),data=equip,family=poisson)
```

로 표현된다. 다음이 이것의 출력이다.4)

```
Family: poisson
Link function: log
Formula: removal ~ year + s(month, k = 5)

Parametric coefficients:
              Estimate  std. err.   t ratio    Pr(.|t|)
(Intercept)    -13.542      122.2   -0.1109    0.91173
       year  0.0075473    0.06143    0.1229    0.90222

Approximate significance of smooth terms:
                 edf        chi.sq     p-value
s(month)        3.263       11.712     0.019623

R-sq.(adj) =  0.107   Deviance explained = 16.3%
UBRE score = 0.34489  Scale est. = 1          n = 47
```

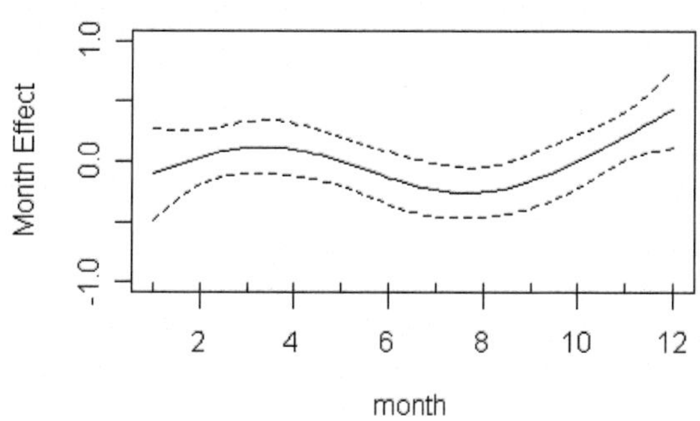

그림 5. 계절 효과

4) library(mgcv)
```
equip.m <- gam(removal ~ year+s(month,k=5),data=equip,family=poisson)
summary(equip.m)
```

year의 선형효과, 즉 연도추세는 전혀 유의하지 않음을 알 수 있다. 반면 month의 비선형 효과, 즉 계절효과는 어느 정도 유의한 것으로 나타났는데 그림 5는 그것을 그래프로 본 것이다.[5] 연초에 낮게 시작한 후 3월에 고점을, 8월에 저점을 찍은 뒤 연말까지 계속 상승하는 패턴을 보인다.

3. 모의자료 사례

이 절에서는 일반화가법모형이 잘 작동하는 모의자료 사례와 잘 작동하지 못하는 모의자료 사례를 제시하고자 한다.

첫 번째 사례에서 x는 (-2.5, 2.5)에서 0.1의 균등간격으로, y도 (-2.5, 2.5)에서 0.1의 균등간격으로 생성되었고

$$z \leftarrow \exp(-x^2) + \exp(-y^2) + e$$

로 만들어졌다. 여기서 오차 e는 $N(0, \sigma)$로 놓았고 분명한 설명을 위하여 오차의 표준편차 σ를 작게 잡았다 (=0.01). 이것을 철선 틀 플롯(wireframe plot)으로 그린 것이 그림 6의 왼쪽 그림이다. 한편, 그림 6의 오른쪽 그림은 이 자료에 일반화가법모형을 적용하여 예측표면을 그린 것이다.[6]

그림 6에서 두 그림이 거의 동일하게 나온 것을 볼 수 있을 것이다. 이와 같이

---

5) plot(equip.m, ylim=c(-1,1), ylab="Month Effect")

6) 이 절의 전체 R 스크립트는 gam_3.r에 들어 있다.

```
sigma <- 0.01
grid <- expand.grid(x=seq(-2.5,2.5,0.1),y=seq(-2.5,2.5,0.1))
grid$z <- exp(-grid$x^2) + exp(-grid$y^2) + rnorm(51^2,0,sigma)
library(lattice)
wireframe(z ~ x * y, data=grid, aspect=c(1,0.5), main="Simulated
      Data", drape=T, screen=list(z=30,x=-60))
library(mgcv)
gam.sim <- gam(z ~ s(x)+s(y), data=grid)
gam.z <- predict(gam.sim, newdata=grid)
x11(); wireframe(gam.z ~ x * y, data=grid, aspect=c(1,0.5),
      main="GAM Surface", drape=T, screen=list(z=30,x=-60))
```

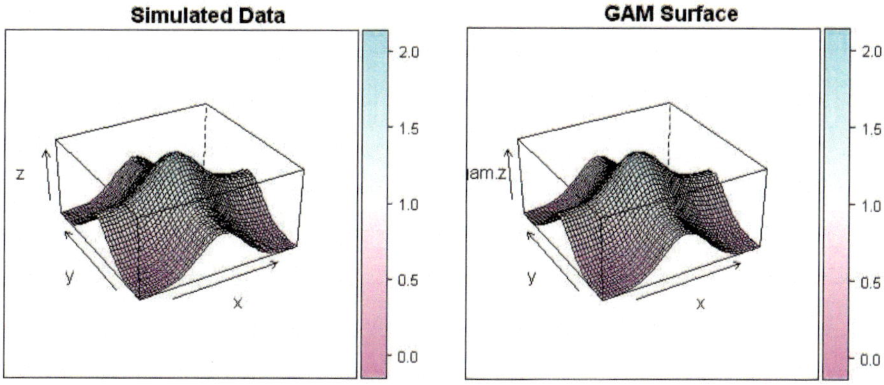

그림 6. 모의자료 사례 1: 가법적 경우

된 이유는 Z의 조건부 기댓값이 x 만의 함수와 y 만의 함수의 가법적 결합으로 표현되기 때문이다. 즉,

$$E[Z \mid x, y] = s_1(x) + s_2(y);$$
$$s_1(x) = \exp(-x^2),\ s_2(y) = \exp(-y^2).$$

두 번째 사례에서도 x와 y는 같은 방식으로 생성되었으나

$$z \leftarrow \exp(-x^2) \cdot \exp(-y^2) + e$$

로 만들어졌다 (여기서 $e \sim N(0, \sigma)$, $\sigma = 0.01$). 그림 7의 왼쪽 그림은 이 때 생성된 모의자료를 철선 틀 플롯으로 그린 것이고 오른쪽 그림은 이 자료에 일반화가법모형을 적용하여 예측표면을 그린 것이다.[7] 두 그림에 무시할 수 없는 차이가 있음을 볼 수 있다. 이 경우엔 두 함수 $s_1(x)$와 $s_2(y)$를 어떻게 잡더라도 $E[Z \mid x, y]$를 $s_1(x) + s_2(y)$의 형태로 표현할 수 없기 때문이다.

---

7)
```
grid$z <- exp(-grid$x^2)*exp(-grid$y^2) + rnorm(51^2,0,sigma)
wireframe(z ~ x * y, data=grid, aspect=c(1,0.5),
    main="Simulated Data", drape=T, screen=list(z=30,x=-60))
gam.sim <- gam(z ~ s(x)+s(y), data=grid)
gam.z <- predict(gam.sim, newdata=grid)
x11()
wireframe(gam.z ~ x * y, data=grid, aspect=c(1,0.5),
    main="GAM Surface", drape=T, screen=list(z=30,x=-60))
```

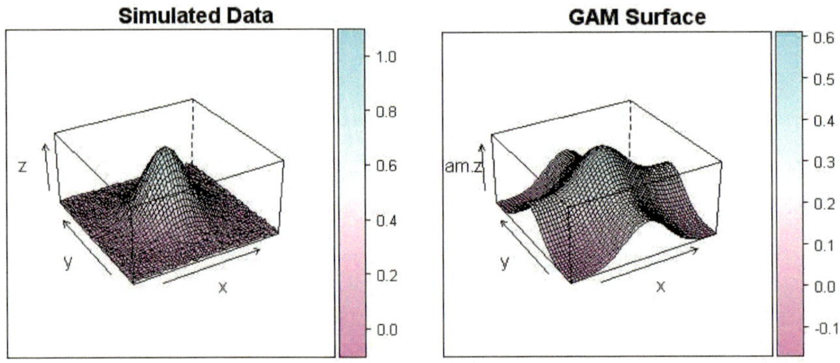

그림 7. 모의자료 사례 2: 승법적 경우

요약하자면, 일반화가법모형(GAM)은 설명변수들의 총 효과가 개별 변수 효과의 합으로 표현 가능한 경우 매우 유용한 모형화 방법이다. 종속변수에 대하여는 정규분포, 이항분포, 포아송 분포, 감마 분포 등 다양한 분포를 적용할 수 있다.

그러면 11장에서 다룬 LOESS 모형을 적용하면 어떨까? 그림 8이 그 결과인데 왼쪽 그래프는 span=0.75으로 둔 것이고 오른쪽 그래프는 span=0.50으로 조정한 결과이다.[8)]

두 그래프 모두 그림 7의 왼쪽 그래프와 비교하여 형태적으로는 큰 차이가 없고 특히 그림 8의 오른쪽 그래프는 매우 유사함을 볼 수 있다. 이것은 GAM 모형에 비교하여 LOESS 모형이 더 일반적인 회귀곡면을 만들어낼 수 있음을 말해준다.

LOESS가 GAM보다 항상 강력한 것은 아니다. GAM 모형에서는 종속변수를 다양

8)
```
loess.sim <- loess(z ~ x + y, data=grid)
loess.z <- predict(loess.sim, newdata=grid)
x11(); wireframe(loess.z ~ x * y, data=grid, aspect=c(1,0.5),
    main="LOESS Surface", drape=T, screen=list(z=30,x=-60))
loess.sim <- loess(z ~ x + y, span=0.5, data=grid)
loess.z <- predict(loess.sim, newdata=grid)
x11(); wireframe(loess.z ~ x * y, data=grid, aspect=c(1,0.5),
    main="LOESS Surface", drape=T, screen=list(z=30,x=-60))
```

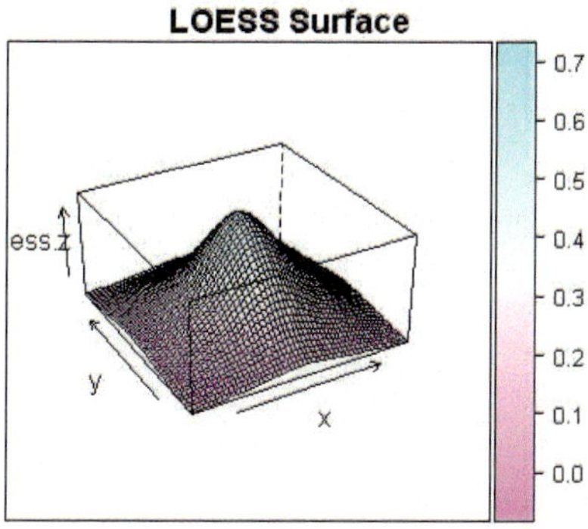

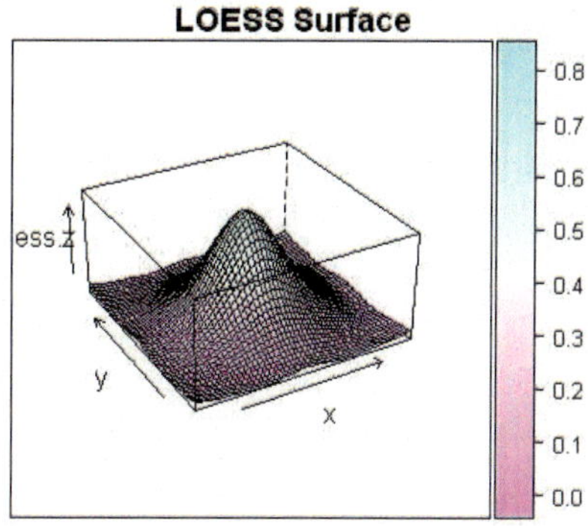

그림 8. 모의자료 사례 3: LOESS 모형 (왼쪽: span=0.75, 오른쪽: span=0.50)

한 분포에 올려놓을 수 있지만 LOESS 모형에서는 그렇지 못하다. 또한 LOESS는 다차원의 저주(curse of dimensionality)에 취약하지만 GAM은 그렇지 않다.

탐구과제 1. 다음과 같은 모의자료를 생각하자. x는 (0, 5)에서 0.2의 균등간격으로, y도 (0, 5)에서 0.2의 균등간격으로 생성되고

$$z \leftarrow x \cdot y + e$$

로 만들어졌다. 여기서 오차 e 는 $N(0, \sigma)$로부터 나오고 σ 는 1이다.

1) 이 자료에 종속변수 z에 대해 x와 y에 의한 일반화가법모형을 적합하고 시각화하라.

2) 이 자료에 종속변수 z에 대해 x+y와 x-y에 의한 일반화가법모형을 적합하고 시각화하라.

참고문헌

Hastie, T.J, and Tibshirani, R.J. (1986). "Generalized additive models" (with discussion). *Statistical Science*, 1. 297-318.

Hastie, T.J, and Tibshirani, R.J. (1990). *Generalized Additive Models*. New York: Chapman and Hall.

13장. R 컬러와 산점도 r colors and scatterplot

1. R의 컬러

R 컬러는 (R, G, B)의 세 변량으로 표현되는데, R은 'red'이고 G는 'green', B는 'blue'이다. R, G, B는 각각 16진법의 두 자리 수(00부터 FF까지)를 취한다. 따라서 R 컬러의 총 수는 $256^3 (= 16{,}777{,}216)$가지이다 $(256 = 16^2)$. 예를 들어, R에서 컬러 "red"의 hexa 코드는 "**#FF0000**"이고[1] 컬러 "green"의 hexa 코드는 "**#00FF00**"이며 컬러 "blue"의 hexa 코드는 "**#0000FF**"이다. 빛의 원리에 의하여, R, G, B가 완전히 차 있는 "**#FFFFFF**"은 컬러 "white"이고 R, G, B가 완전히 비어 있는 "**#000000**"은 컬러 "black"이다. 그림 1은 R의 다섯 컬러 黑・赤・綠・靑・白 ("black", "red", "green", "blue", "white")을 넣은 파이 챠트이다.[2] 이 절의 각주에 제시된 R 스크립트는 colors_basics.r에 있다.

R의 컬러 수가 1천 6백만 개가 되다 보니 이를 분별하여 쓰는 것은 어렵다. 그러므로 이름이 붙은 컬러만 쓰는 것으로 충분하다. 그 리스트가 'Chart of R Colors'인데 웹 http://research.stowers-institute.org/efg/R/Color/Chart에서 pdf 버전을 내려 받을 수 있다. 그림 2는 리스트 파일의 처음 일곱 항목과 마지막 일곱 항목이다. R 컬러 "yellow"는 hexa 코드로 "**#FFFF00**"임을 확인할 수 있다. 리스트는 1번 "white"만 제외하면 색 이름의 알파벳 순서로 정렬되어 있다. 연습으로 R 컬러 "forestgreen"의 hexa 코드를 찾아보라.

---

1) "#" 기호는 컬러를 나타내고 "#" 기호 다음의 두 자리 hexa 수 FF는 R이 꽉 차 있음을 나타내고 다음 두 자리 hexa 수 "00"는 G가 완전히 비어 있음을, 그리고 마지막 두 자리 hexa 수 "00"도 B가 완전히 비어 있음을 나타낸다. 그러므로 "#FF0000"는 R에서 "red" 컬러이다.

2)
```
color <- c("#000000","#FF0000","#00FF00","#0000FF","#FFFFFF")
pie(rep(1,5),col=color,labels=color)
par(new=T)
pie(rep(1,1),col="white",radius=0.5,labels="")
```

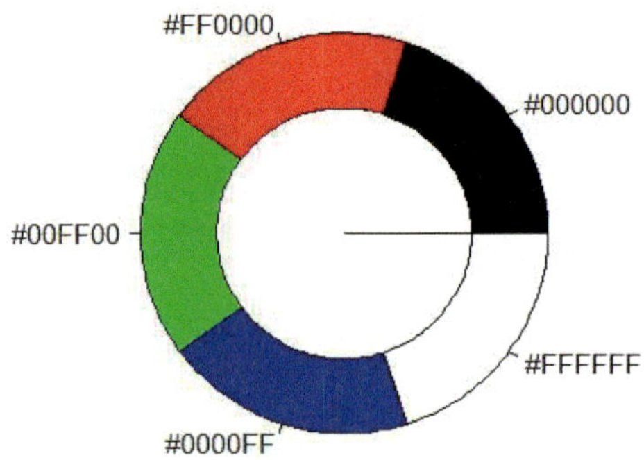

그림 1. R 컬러 “black”, “red”, “green”, “blue”, “white”

1	white	#FFFFFF	255	255	255
2	aliceblue	#F0F8FF	240	248	255
3	antiquewhite	#FAEBD7	250	235	215
4	antiquewhite1	#FFEFDB	255	239	219
5	antiquewhite2	#EEDFCC	238	223	204
6	antiquewhite3	#CDC0B0	205	192	176
7	antiquewhite4	#8B8378	139	131	120

⋮

651	whitesmoke	#F5F5F5	245	245	245
652	yellow	#FFFF00	255	255	0
653	yellow1	#FFFF00	255	255	0
654	yellow2	#EEEE00	238	238	0
655	yellow3	#CDCD00	205	205	0
656	yellow4	#8B8B00	139	139	0
657	yellowgreen	#9ACD32	154	205	50

그림 2. R 컬러 리스트와 hexa 코드, 그리고 decimal 코드

R에 자동 설치되는 grDevices 패키지는 컬러와 관련된 몇 개의 함수를 제공 한다: `rainbow()`, `heat.colors()`, `terrain.colors()`, `topo.colors()`, `cm.colors()` 등. 그림 3에서 이들 함수들이 제공하는 컬러를 보라.[3)]

물론 이들 컬러들도 RGB hexa 코드로 표현가능하다. 예컨대

```
> rainbow(10,alpha=1)
 [1] "#FF0000FF" "#FF9900FF" "#CCFF00FF" "#33FF00FF" "#00FF66FF"
 [6] "#00FFFFFF" "#0066FFFF" "#3300FFFF" "#CC00FFFF" "#FF0099FF"
```

이다. 여기서 **alpha**는 불투명도를 나타내는 지표이며 0과 1 사이의 값을 갖는다. R, G, B는 각각 두 자리의 hexa 코드로 표현된다. 여기에 alpha 값이 두 자리의 hexa 코드로 붙어 각 컬러는 총 여덟 자리의 hexa 코드로 표현된다. alpha 코드가 생략되어 있으면 불투명도가 최대값 1로 간주된다 (hexa 코드 **FF**).

R 패키지 RColorBrewer는 품위 있는 일련의 컬러 계열을 제공한다. 그림 4는 Brewer의 컬러 중 통계적 응용성이 큰 순차적(sequential) 컬러 계열을 보여준다.[4)] 그림 5는 그 중에서 "Reds" 계열과 "Greens" 계열의 활용 예이다.[5)] 각 순차적 계열에서는 9개 컬러만 구분이 된다. RColorBrewer는 순차적 컬러 계열 외에 확산형(diverging) 컬러 계열과 질적(qualitative) 컬러 계열이 있다.[6)]

---

3)
```
windows(height=2.5, width=8); n <- 10
barplot(rep(1,n),col=rainbow(n,alpha=1),axes=F,main="rainbow colors")
barplot(rep(1,n),col=heat.colors(n,alpha=1),axes=F,main="heat colors")
barplot(rep(1,n),col=terrain.colors(n,alpha=1),axes=F,main="terrain colors")
barplot(rep(1,n),col=topo.colors(n,alpha=1),axes=F,main="topo colors")
barplot(rep(1,n),col=cm.colors(n,alpha=1),axes=F,main="cyan-magenta colors")
```

4)
```
library(RColorBrewer)
display.brewer.all(type="seq")
```

5)
```
windows(height=2.5, width=8)
barplot(rep(1,9),col=brewer.pal(9,"Reds"),axes=F,main="Brewer Reds")
barplot(rep(1,9),col=brewer.pal(9,"Greens"),axes=F,main="Brewer Greens")
```

6) 다음 R 코드를 실행하면 확산형 계열의 컬러와 질적 계열의 컬러를 볼 수 있다.
```
library(RColorBrewer)
display.brewer.all(type="div")
x11(); display.brewer.all(type="qual")
```

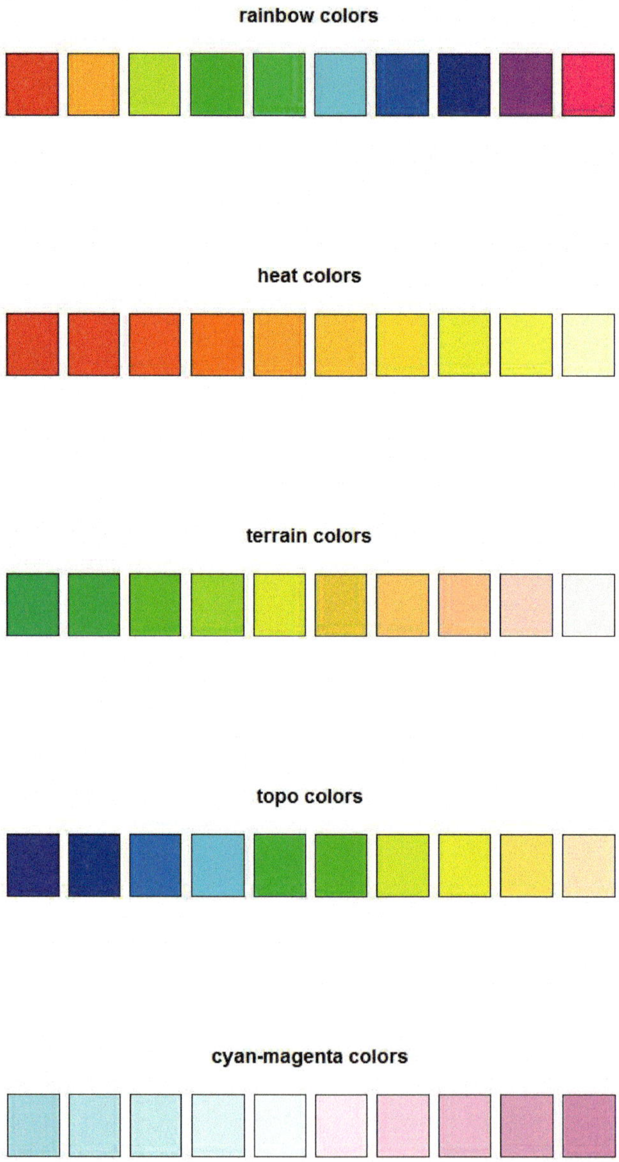

그림 3. grDevices 패키지가 제공하는 각종 컬러

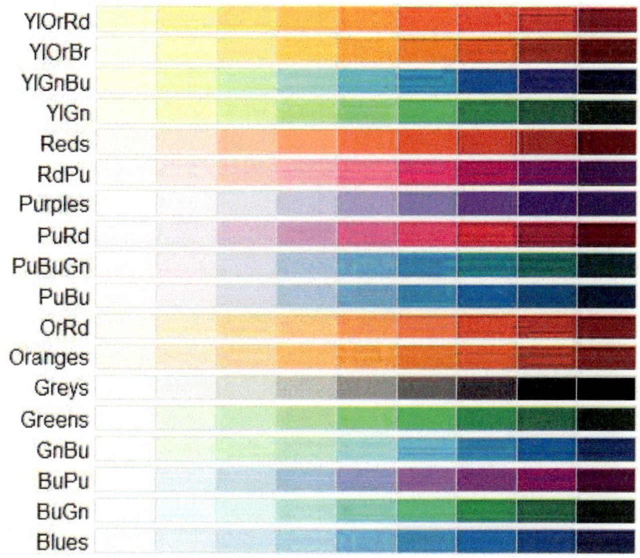

그림 4. RColorBrewer의 순차적 컬러

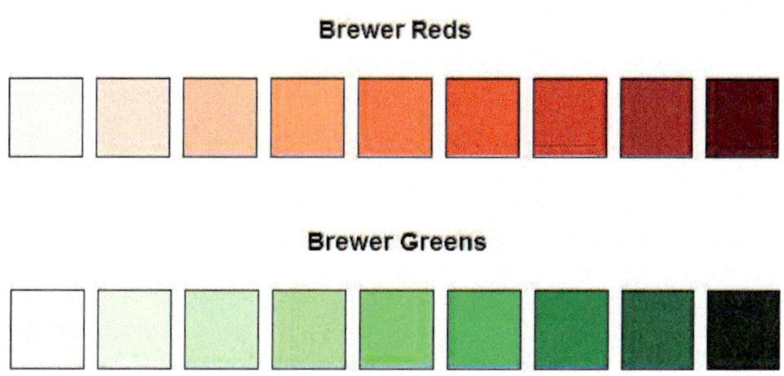

그림 5. RColorBrewer의 "Reds"와 "Greens"

2. 산점도 응용: 제3의 변수

산점도(scatterplot)는 연속형인 두 변수 간 관계를 나타내는 그래프이다. 그런데 어떤 사례에서는 제3의 변수를 두 변수 간 관계에 투입해 분석할 필요가 있다.

한 예로서 quakes 자료를 보자. 이 자료는 남반구의 피지(Fiji) 섬에서의 1,000개 지진에 대한 기록인데 지진 발생 지점의 경도(longitude)와 위도(latitude), 지표면으로부터의 깊이(depth), 그리고 지진의 강도(magnitude) 등으로 되어 있다. 그림 6은 지진의 경도와 위도에 좌표를 잡고 그곳에 깊이의 9개 등급을 Brewer "Blues" 컬러로 점을 찍은 산점도이다.[7] 중앙에서는 지진이 깊은 곳에서 발생하고, 반면 외곽에서는 지진이 깊이가 낮은 곳에서 발생함을 알 수 있다.

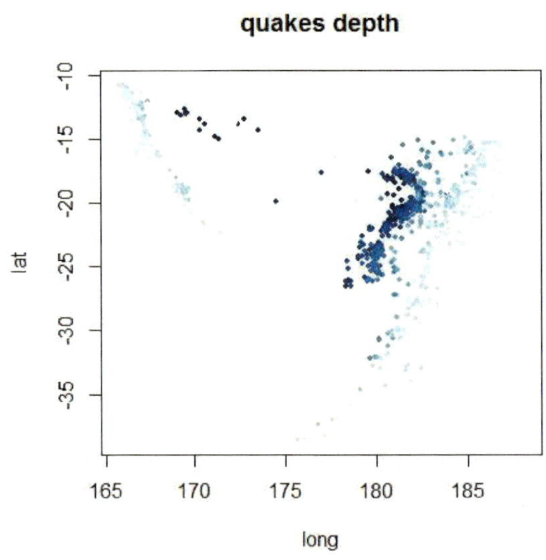

그림 6. quakes(지진)의 경도 · 위도와 깊이

7) R 스크립트 colors_quakes.r:

```
data(quakes); str(quakes); attach(quakes)
depth.grp <- floor(depth/(max(depth)+1)*9)+1
library(RColorBrewer)
plot(lat~long,col=brewer.pal(9,"Blues")[depth.grp],pch=
        main="quakes depth",cex=0.8)
```

3. 산점도 응용: $n \geqq 10{,}000$

관측 수 n이 1,000 이하인 경우 산점도(scatterplot)는 두 변수 간 관계를 시각적으로 보여준다. 그러나 n이 10,000 이상으로 커지면 관측점들이 같은 곳에 중복 타점되는 'over-plotting' 현상과 제한된 그래프 지면을 모두 채우는 'filling' 현상이 나타날 수 있다. 그렇게 되면 n이 커짐으로써 시각적 정보가 오히려 손상되는 역설적 결과가 초래된다.

한 사례를 보자. UCI Machine Learning Repository의 Skin Segmentation 자료는 인간 얼굴의 50,859개 피부 관측과 194,198개의 비(非)피부 관측으로 구성되어 있고 측정은 (R, G, B)의 10진법 수로 되어 있다. 따라서 각 변량은 0에서 255까지의 값을 취한다. 피부와 비(非)피부는 class 변수(=1,2)로 구분되어 있다.

그림 7의 두 그림은 R과 G 간 산점도이다.[8] class=1은 "red3" 컬러의 채워진 점(filled circle)으로, class=2는 "green3" 컬러의 채워진 점으로 타점되어 있다. 왼쪽 그림은 타점 순서가 첫 관측부터 마지막 관측까지이고, 오른쪽 그림에서 타점 순서는 마지막 관측부터 첫 관측까지이다. 따라서 두 산점도는 원래 같아야 한다. 그러나 두 그림이 달라진 이유는 한 관측에 의하여 이미 타점된 곳에 다른 관측이 타점되는 경우 앞의 점이 없어지는 결과가 되기 때문이다.

이런 문제를 피하는 쉬운 방법은 전체 관측 중 1,000개 정도를 추출하여 플롯하는 subsampling 방법이다. 그림 8을 보라. 총 관측자료에서 $n_1 = 3{,}200$개를 추출하여 만든 산점도이다.[9] 두 컬러 영역이 어떻게 다른가를 볼 수 있다.

---

8) R 스크립트 colors_skin.r:

```
skin <- read.table("Skin_NonSkin.txt")
colnames(skin) <- c("R","G","B","class")
str(skin); n <- nrow(skin); attach(skin)
windows(height=5.5, width=10); par(mfrow=c(1,2))
plot(R, G, col=c("red3","green3")[class],pch=20, main="Skin vs NonSkin")
plot(R[n:1],G[n:1],col=c("red3","green3")[class[n:1]],p                vs NonSkin")
```

9) 로그척도에서 10,000과 1,000 사이의 중간점은 3,200이다.

```
sub <- sample(1:n, 3200, replace=F); x11()
plot(R[sub],G[sub],col=c("red3","green3")[class[sub]],p                vs Nonskin")
```

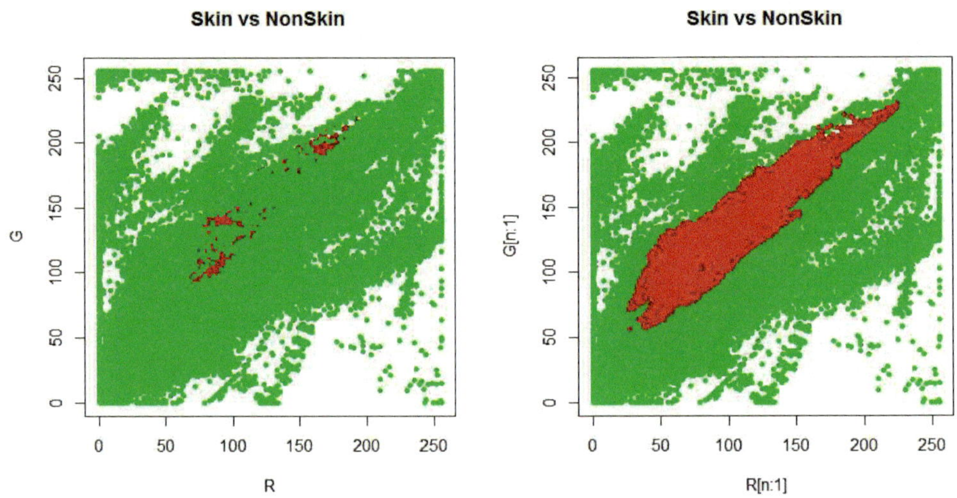

그림 7. Skin Segmentation 자료의 R(red)과 G(green)

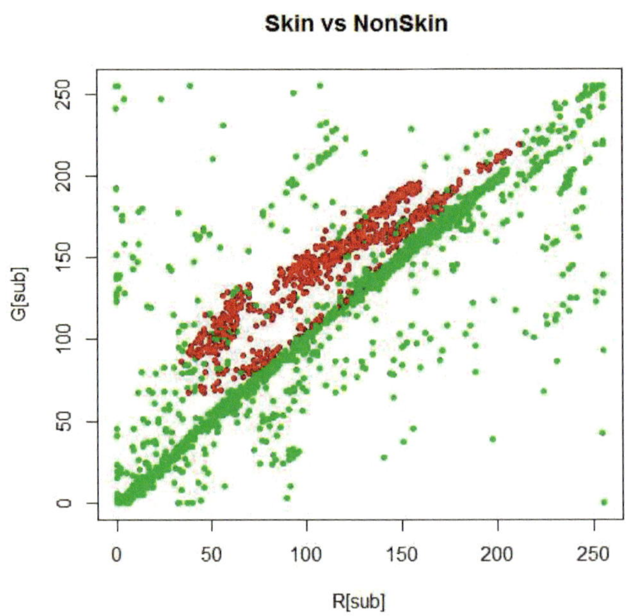

그림 8. R(red)과 G(green)의 산점도: 일부 추출

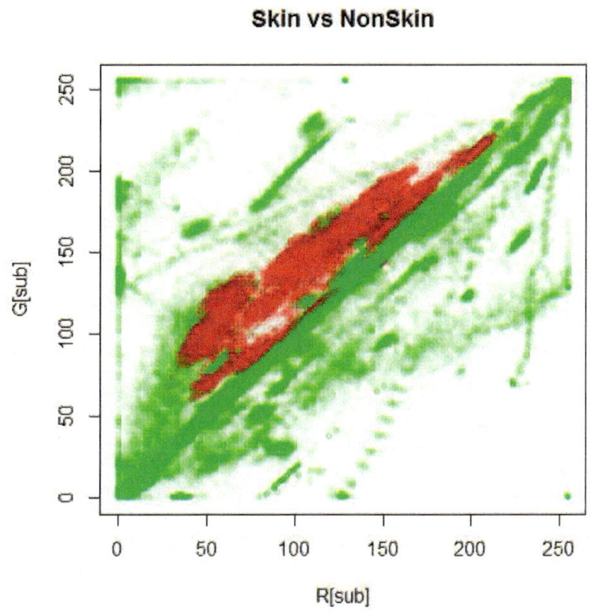

그림 9. R(red)과 G(green)의 산점도: 알파 처리

관측 수 n이 10,000 이상인 자료를 한 산점도에 넣는 방법이 있을까? 한 방법은 컬러의 알파(alpha), 즉 불투명도를 1보다 작게 조정하는 것이다. 이것은 일종의 수채화 기법이다. 수채화에서 붓으로 한 번 칠하면 색이 옅게 입혀진다. 그 위에 거듭 칠을 하면 할수록 색이 진해진다 (濃淡). 그림 9의 산점도에서는 Skin Segmentation 자료의 (R, G)에 이런 알파 기법을 적용하고 또한 관측개체들의 순서를 임의화 함으로써 특정 특성의 개체들이 체계적으로 가려지는 것을 막았다[10]. 그림 10은 (R, B)의 산점도이고 그림 11은 (G, B)의 산점도이다.[11]

10)
```
library(scales)
color <- c(alpha("red3", 0.05),alpha("green3", 0.05))
sub <- sample(1:n); x11()
plot(R[sub], G[sub], col=color[class[sub]],pch=20, main="SKin vs NonSKin")
```
컬러의 알파를 full color의 $\frac{1}{20}$로 하였는데 이를 위하여 scales 팩키지의 `alpha( )` 함수를 썼다.

11)
```
plot(R[sub], B[sub], col=color[class[sub]],pch=20, main="SKin vs NonSKin")
plot(G[sub], B[sub], col=color[class[sub]],pch=20, main="SKin vs NonSKin")
```

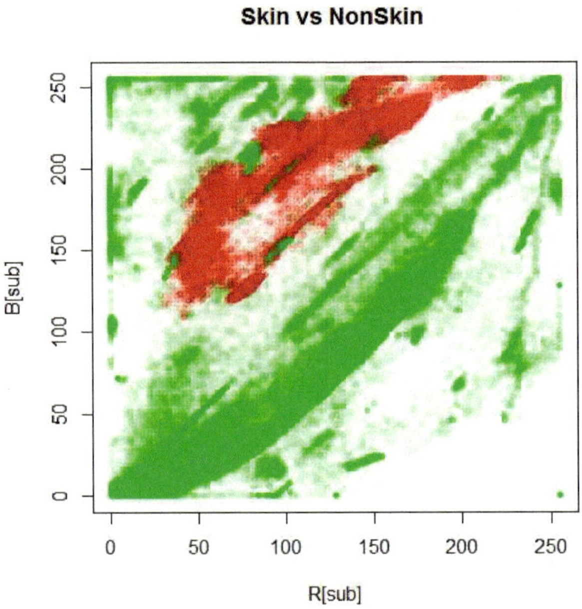

그림 10. R(red)과 B(blue)의 산점도: 알파 처리

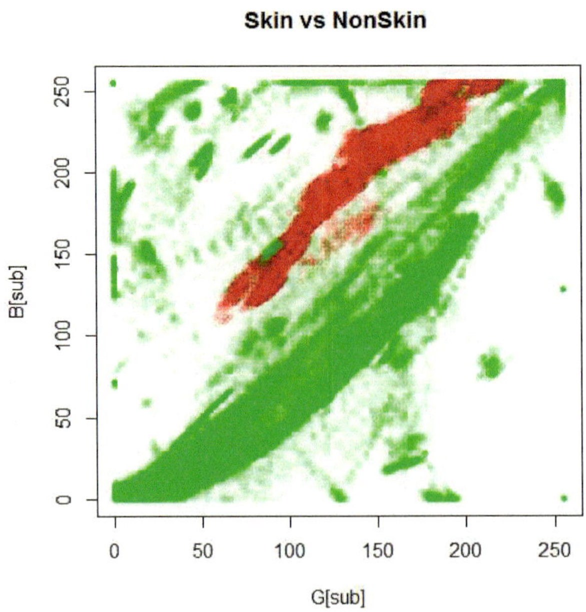

그림 11. G(green)와 B(blue)의 산점도: 알파 처리

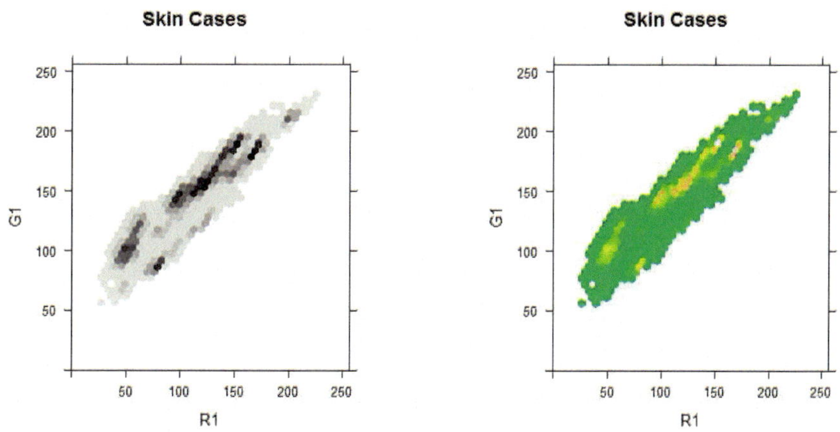

그림 12. R과 G의 산점도: Skin 케이스들의 hexagonal binning

관측 수 n이 10,000 이상인 자료를 산점도에 넣는 또 하나의 방법은 hexagonal binning (육각형 칸 나누기)이다. 이 방법은 산점도 영역을 육각형의 칸으로 분할하여 각 칸에 들어간 개체 수를 흑백 또는 컬러로 표현한다. 그림 12를 보라.[12)]

4. 산점도 응용: lowess 평활

산점도의 lowess 평활은 국소적 회귀 기법 loess의 2차원 버전이다 (11장 '국소적 회귀' 참조). 즉, lowess 평활은 종속변수 Y를 설명변수 X에 비모수적 곡선을 적합시킨다. 여기서는 lowess의 붓스트랩 기법을 적용하여 적합곡선에 어느

12) R 스크립트 colors_hexbin.r:

```
library(hexbin)
hexbinplot(R ~ G)
R1 <- R[class==1]; G1 <- G[class==1]
R2 <- R[class==2]; G2 <- G[class==2]
hexbinplot(G1 ~ R1,xlim=c(0,256),ylim=c(0,256),colorKey=F,main="Skin Cases")
x11()
hexbinplot(G1 ~ R1,xlim=c(0,256),ylim=c(0,256),colorKey=F,main="Skin Cases",
          colramp = function(n) terrain.colors(n))
```

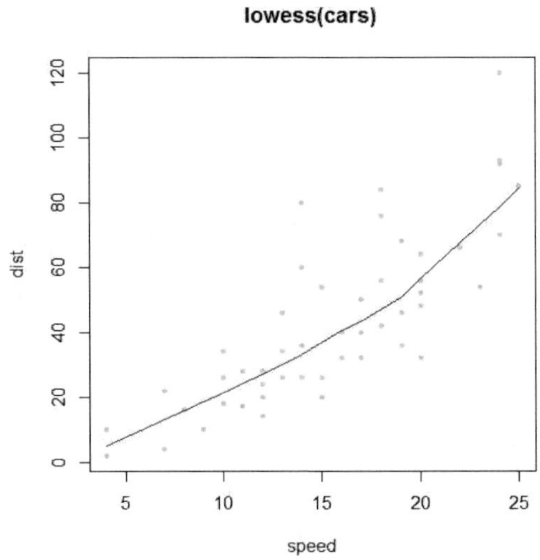

그림 13. cars 자료의 산점도와 lowess 평활 결과

정도 흔들림이 있는가를 살펴볼 것이다. 수치 예로서 cars 자료 (datasets 패키지)에서 speed ($= X$, 주행속도)와 dist ($= Y$, 제동거리) 간 관계를 lowess 평활로 살펴보자. 그림 13이 cars 자료의 산점도와 평활 결과이다.[13] 볼록하게 증가하는 곡선이 도출된 것을 볼 수 있다. 이것은 주행속도가 큰 경우에는 제동거리가 주행속도의 선형적 비례 값 이상으로 길다는 것을 의미한다. 그러나 이 자료는 불과 50개의 관측으로 구성되어 있다. 그러므로 lowess 적합선은 표본자료에 따라 상당히 달라질 수 있다. 적합선의 변동이 어느 정도일까? 그것을 붓스트랩 방법으로 알아보자 (8장 '붓스트랩 방법' 참조).

그림 14는 cars 자료의 lowess 평활에 대한 10,000개의 붓스트랩 결과인데 각

13) R 스크립트 colors_lowess.r:

```
require(graphics)
data(cars); str(cars)
windows(height=8,width=7.5)
plot(cars, main = "lowess(cars)",col="gray", pch=20)
lines(lowess(cars), col ="blue", lwd=1)
```

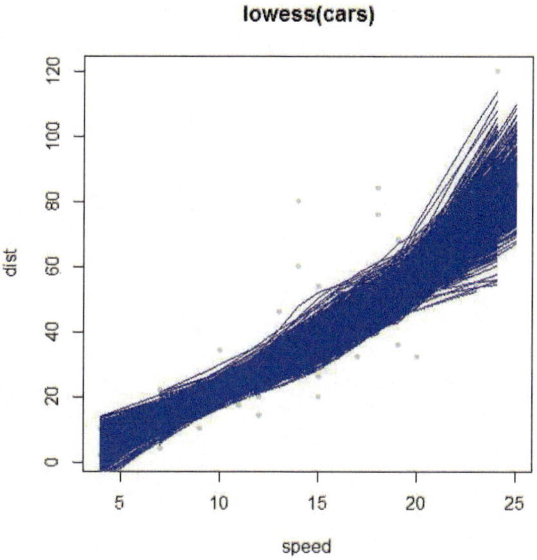

그림 14. cars 자료의 lowess 평활에 대한 붓스트랩 결과

선은 "blue" 컬러로 나타나 있다.[14] 짙은 한 묶음의 곡선들을 볼 수 있다. 이에 반해, 그림 15에서는 각 붓스트랩 lowess 적합곡선이 $\frac{1}{20}$ 알파의 "blue" 컬러로 칠해졌다.[15] 그 결과로 한 묶음의 실타래에서 집중도의 크고 작음이 컬러의 농담으로 나타나 있다.

---

14) `for (k in 1:1000) lines(lowess(cars[sample(1:50,replace=T),]), col = "blue")`

15)
```
windows(height=8,width=7.5)
plot(cars, main = "lowess(cars)",col="gray", pch=20)
lines(lowess(cars), col ="blue", lwd=1)
library(scales)
for (k in 1:1000) lines(lowess(cars[sample(1:50,replace=T),]),
                  col = alpha("blue",0.05), lwd=1)
```

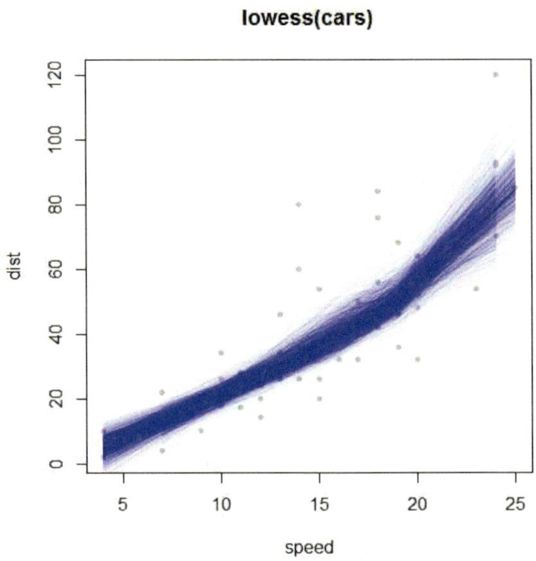

그림 15. cars 자료의 lowess 평활에 대한 붓스트랩 결과: 알파 처리

연습문제 1. 다음과 같이 모의 생성된 2개 그룹의 이변량 자료를 1개 그래프에 나타내라.

```
X.1 <- cbind(rnorm(10000,-1,1),rnorm(10000,-1,1))
X.2 <- cbind(rnorm(10000,0.5,0.5),rnorm(10000,0.5,0.5))
```

연습문제 2. 다음과 같이 이변량 개체 30,000개가 모의 생성되었다.

```
X.1 <- cbind(runif(10000,0,1),runif(10000,-1,1))
X.2 <- cbind(runif(10000,1,2),runif(10000,-1,1))
X.3 <- cbind(runif(10000,2,3),runif(10000,-1,1))
X <- rbind(X.1,X.2,X.3)
```

`X.1` 개체는 "red" 점으로, `X.2` 개체는 "red" 점 또는 "blue" 점으로 (확률 0.5 씩), `X.3` 개체는 "blue" 점으로 한 그래프에 찍어 보여라.

14장. 통계 그래프 1 statistical graph

이 장에서는 나무 지도(tree map), 모자이크 플롯(mosaic plot), 열 지도(heat map) 등의 통계 그래프를 소개하고 보기를 제시한다.

1. 나무 지도

나무 지도(tree map)는 계층적으로 타일(tile)을 배열하여 붙인 통계 그림이다. 타일은 계층적 속성을 가지며 컬러로 표현된다.

GNI2010 사례는 208개 국가의 국민 1인당 총소득(gross national income) 자료의 시각화이다. 국가는 대륙(continent)으로 대별되고 표준기호(iso3)로 지칭된다. 국가정보는 population(인구)과 GNI이다. 그림 1이 이 자료의 나무 그림이다.

그림 1의 전체 사각형은 대륙(Asia, Europe, North America, South America, Africa 등)으로 크게 나뉘고 각 대륙은 총 인구에 비례하는 크기의 직사각형 타일로 표현된다. 대륙이라는 큰 직사각형 타일 내에서 각 국가는 다양한 크기의 직사각형 타일로 나눠는데 이때 타일의 크기는 인구에 비례하고 컬러는 GNI 수준을 나타낸다. 범례에 의하면 GNI가 클수록 녹색이 진해진다. Asia에서는 JPN(일본)의 색이 진한 것을 볼 수 있다. 색이 더 진한 나라가 있을 수 있지만 인구가 작으면 잘 드러나지 않게 되어 있다.

R에서 나무 그림은 treemap 패키지의 `treemap( )` 함수를 써서 만들 수 있다. 다음은 그림 1의 작성을 위한 R 스크립트이다 (treemap.r).

```
> library(treemap)
> data(GNI2010)
> str(GNI2010)
> treemap(GNI2010,index=c("continent", "iso3"),
+        vSize="population",vColor="GNI",type="value",bg.l
```

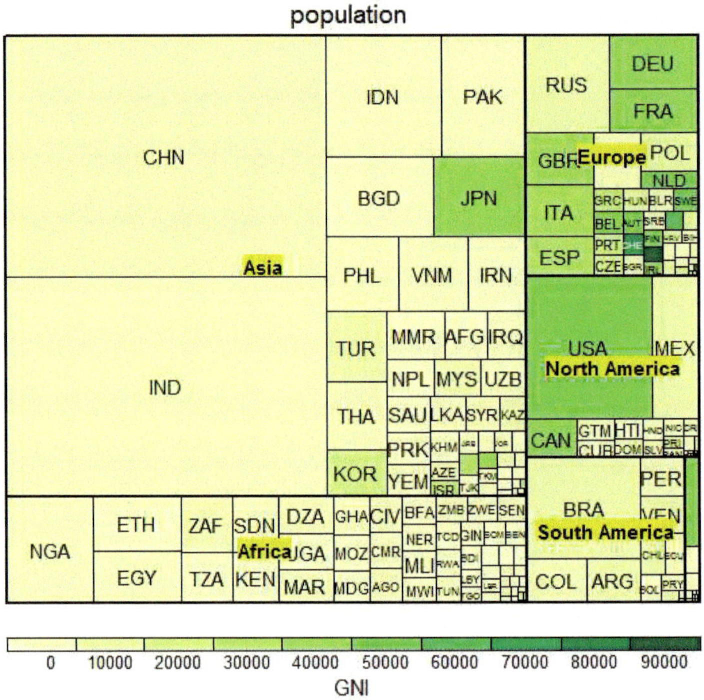

그림 1. GNI2010 자료의 나무 그림: 국가 정보의 표현

`treemap( )` 함수에서 index에는 개체의 단위를 지정하는데 계층적 구조를 갖는 경우 상위 층을 먼저 넣는다. vSize에는 타일의 크기, vColor에는 타일의 컬러로 표현될 변수를 넣는다.

tree map의 알고리즘은, 1) 각 계층과 개체가 가급적 정사각형에 가깝게 되도록, 2) 크기가 큰 계층과 개체가 가급적 왼쪽 위에 나타나도록, 타일들을 배열한다.

상위 계층의 평균적 속성을 나타내는 tree map을 위해서는 `treemap( )` 함수의 사용에 앞서 계층 자료를 별도로 만들 필요가 있다. GNI2010 사례에서 그것을 위해서는 대륙별 평균 GNI가 계산되어야 하는데, 그것은 국가별로 총 GNI가 GNI와 population의 곱으로 산출되어야 하고 대륙별로 GNI의 합을 population의 합으로 나눔으로써 비로소 얻어진다. 그림 2를 보라.[1)]

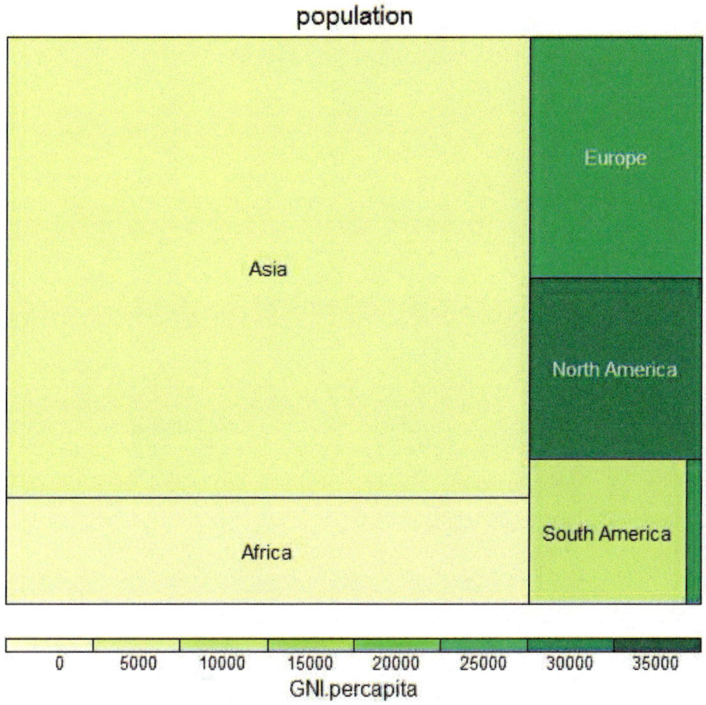

그림 2. GNI2010 자료의 나무 그림: 대륙 정보의 표현

또 하나의 예인 **dow.jan.2005 사례**는 포트폴리오 분석에서 tree map의 활용을 보여준다. portfolio 팩키지에 제공된 dow.jan.2005 자료는 30개 기업의 DJIA (Dow Jones Industrial Average) 정보로서 주식가격(price)과 월수익률(month. ret) 등을 포함한다. 기업들은 Communications, Energy, Technology 등 10개 섹터로 구분되어 있다. 그림 3의 나무 그림을 보라.[2)]

---

1)
```
GNI2010$GNI.total <- GNI2010$population*GNI2010$GNI
GNI2010.a <- aggregate(GNI2010[ ,4:6],by=list(GNI2010$continent),sum)
GNI2010.a$GNI.percapita <- GNI2010.a$GNI.total/GNI2010.a$population
treemap(GNI2010.a,index=c("Group.1"),vSize="population",
        vColor="GNI.percapita",type="value",bg.labels="yellow")
```
2)
```
library(portfolio); data(dow.jan.2005); str(dow.jan.2005)
summary(dow.jan.2005$month.ret)
treemap(dow.jan.2005,index=c("sector","symbol"),vSize="price",vColor="month.ret",
     type="value",palette="RdYlGn",range=c(-0.13,0.05))
```

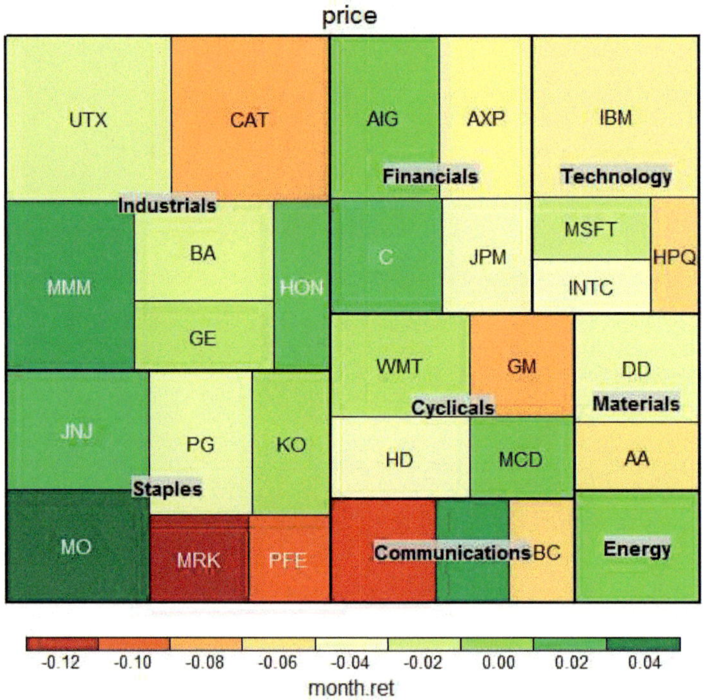

그림 3. **dow.jan.2005** 자료의 나무 그림

그림 3에서 자산 포트폴리오의 구성을 볼 수 있고 투자수익이 좋은 주식과 그렇지 않은 주식을 일목요연하게 볼 수 있다. 그림 4는 섹터들의 구성비율과 섹터별 월 수익률을 보여주는 나무 그림이다.[3] 투자 수익이 대체로 좋은 섹터와 그렇지 않은 섹터를 구분할 수 있다. 그림 3과 그림 4에서 타일들의 크기는 주식가격(투자 금액)이고 타일들의 컬러는 월 수익률을 나타낸다.

---

3)
```
dow.jan.2005$profit <- dow.jan.2005$price* dow.jan.2005$month.ret
str(dow.jan.2005)
dow.jan.2005.a <-
     aggregate(dow.jan.2005[ ,c(3,7)],by=list(dow.jan.2005$sector),sum)
str(dow.jan.2005.a)
dow.jan.2005.a$month.ret <- dow.jan.2005.a$profit/dow.jan.2005.a$price
summary(dow.jan.2005.a$month.ret)
treemap(dow.jan.2005.a,index=c("Group.1"),vSize="price",vColor="month.ret",
      type="value",palette="RdYlGn",range=c(-0.06,0.04))
```

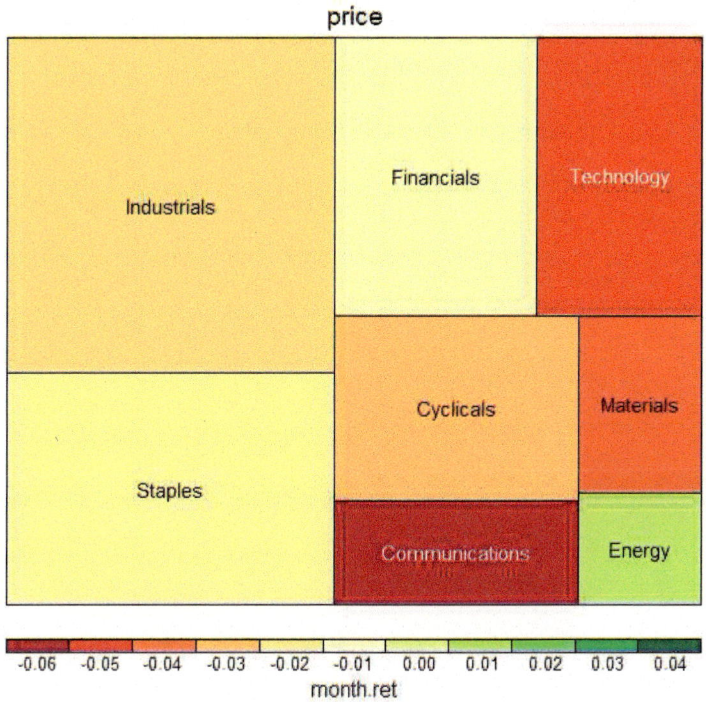

그림 4. **dow.jan.2005** 자료의 나무 그림: 섹터 정보의 표현

2. 모자이크 플롯

모자이크 플롯(mosaic plot)은 2원・3원 교차표의 시각화이다. 전체 정사각 도형을 교차표의 행 빈도에 비례하는 직사각 도형으로 나누고 다시 각 도형을 행 내 열의 빈도에 해당하는 직사각 도형으로 나눈다. 이런 과정은 계속될 수 있다.

버클리 입학 사례. 이 자료는 1973년 UC Berkeley의 대학원 지망생들의 합격여부 기록이다. 가용변수는 성별, 합격여부와 지원학과 등이다. 이 자료로부터 대학원 입학에서의 남녀 차별 문제가 제기되었는데, 이유는 남자 지원자의 합격률이 여자 지원자의 합격률보다 14.1%P 높았기 때문이다. 표 1을 보라 (여자 합격률 30.4%, 남자 합격률 44.5%).

표 1. UC Berkeley 입학 자료: 남녀의 합격여부 비교

	Admit		
Gender	Admitted	Rejected	Sum
Male	1198	1493	2691
Female	557	1278	1835
Sum	1755	2771	4526

그림 5는 표 1에 대한 모자이크 플롯이다. graphics 팩키지의 `mosaicplot()` 함수로 만든 것이다 (R 스크립트 mosaic.r).4) 전체 정사각형이 Gender의 'Male

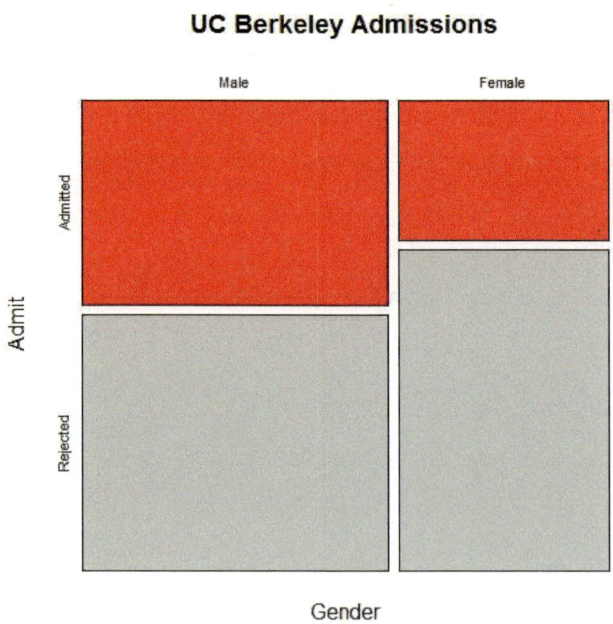

그림 5. UC Berkeley 입학 자료의 모자이크 플롯: 남녀의 합격률 비교

---

4)
```
data(UCBAdmissions)
str(UCBAdmissions)
addmargins(apply(UCBAdmissions, c(2,1), sum))
require(graphics)
mosaicplot(apply(UCBAdmissions, c(2,1), sum), color=c("red","gray"),
          main="UCBerkeley Admissions")
```

대 Female'의 비(比)에 따라 나뉘고 나서 Male 막대와 Female 막대가 각각 'Admitted : Rejected'의 비에 따라 나뉘어져 있다. 남자 지원자의 합격률이 확연히 높음을 볼 수 있다. 그러나 지망학과 별 남녀의 합격률을 비교해보면 남자 지원자의 합격률이 여자 지원자의 합격률에 비해 꼭 높은 것은 아니다 (심프슨의 역설; Simpson's paradox). 그림 6의 모자이크 플롯을 보라.[5] 예컨대 학과 A의 경우 남자 합격률에 비해 여자 합격률이 월등하게 높다. 학과 B에서도 약간 그렇다. 나머지 학과들에서는 두드러진 차이가 나타나지 않는다. 이와 같은 모순적 현상이 발생하는 이유는 남자 지원자들은 학과 A와 B에 지원이 많은데 이들 학과에서는 대체로 합격률이 높기 때문이다.

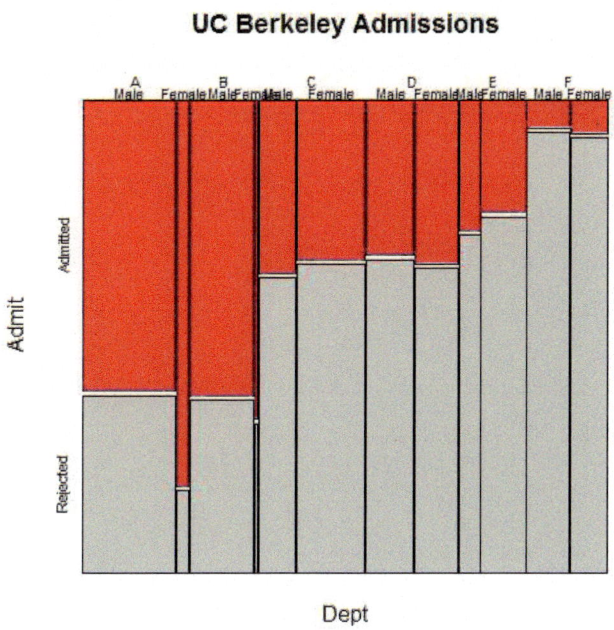

그림 6. UC Berkeley 입학 자료의 모자이크 플롯: 학과별 남녀의 합격률 비교

---

5) `mosaicplot(~Dept+Gender+Admit, data=UCBAdmissions, color=c("red","gray"), dir=c("v","v","h"), off=1, main = "UC Berkeley Admissions")`

off 옵션은 직사각형 사이의 간격을 지정한다 (offset). 여기서는 off=1로 간격을 좁혔다. dir 옵션은 변수별로 범주 사각형들의 방향을 지정한다 ("v"=수직, "h"=수평). 디폴트는 "v"와 "h"의 교대적 반복이다.

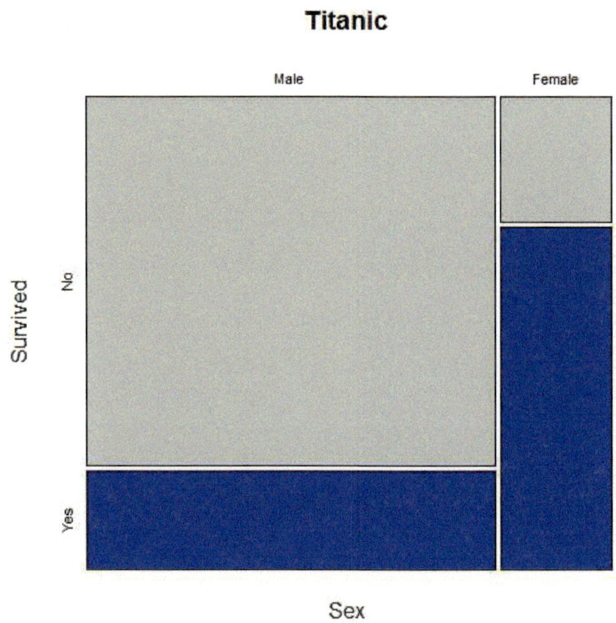

그림 7. 타이타닉 호의 생존자들: 남녀의 비교

타이타닉 사례. 침몰한 타이타닉 호의 생존기록으로 4개 변수로 구성되어 있다:

```
Class   : "1st", "2nd", "3rd", "Crew"
Sex     : "Male", "Female"
Age     : "Child", "Adult"
Survived: "No", "Yes"
```

이 사례에서 관심은 남녀 생존률의 비교이다. 여자의 생존율이 남자의 생존율보다 높다면 남자들이 여자들에 구조될 기회를 양보하였다는 이야기가 될 것이다. 그림 7은 남녀의 생존율 비교이다.[6] 모자이크 플롯으로부터 남자의 생존율이 여자의 생존율에 비해 현저하게 낮다. 그러나 아직 결론을 맺기엔 이르다. 생존율에 영향을 줄 수 있는 다른 변수들인 Age와 Class를 고려할 필요가 있다.

6) require(stats); data(Titanic); str(Titanic)
```
mosaicplot(~ Sex+Survived, data=Titanic, color=c("gray","blue"),
           dir=c("v","h"), off=1)
```

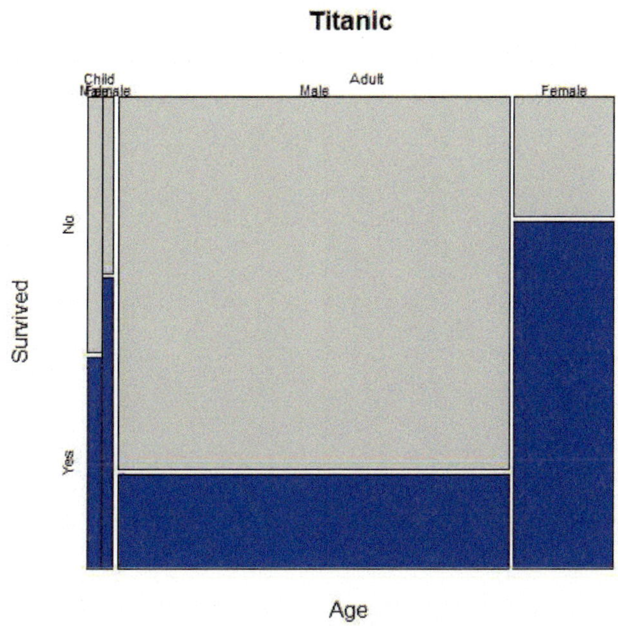

그림 8. 타이타닉 호의 생존자들: 연령대별 남녀 비교

그림 8은 연령대별 남녀의 생존율 비교를 보여주는 모자이크 플롯이다.[7] Child의 경우 Male의 생존율에 비해 Female의 생존율이 다소 높다. Adult의 경우에는 Male의 생존율에 비해 Female의 생존율이 확연하게 높다.

그림 9는 클래스별 남녀의 생존율 비교를 보여주는 모자이크 플롯이다.[8] First & Second Class에서 Male의 생존율에 비해 Female의 생존율이 확연하게 높다. Crew에서도 그렇다. Third Class에서도 Male의 생존율에 비해 Female의 생존율이 다소 높다. 그러므로 침몰 Titanic 호에서 남자들의 일반적인 양보가 있었음이 확실하다고 결론지을 수 있다.

---

7) ```x11(); mosaicplot(~ Age+Sex+Survived, data=Titanic, color=c("gray","blue"), dir=c("v","v","h"), off=1)```

8) ```x11(); mosaicplot(~ Class+Sex+Survived, data=Titanic, color=c("gray","blue"), dir=c("v","v","h"), off=1)```

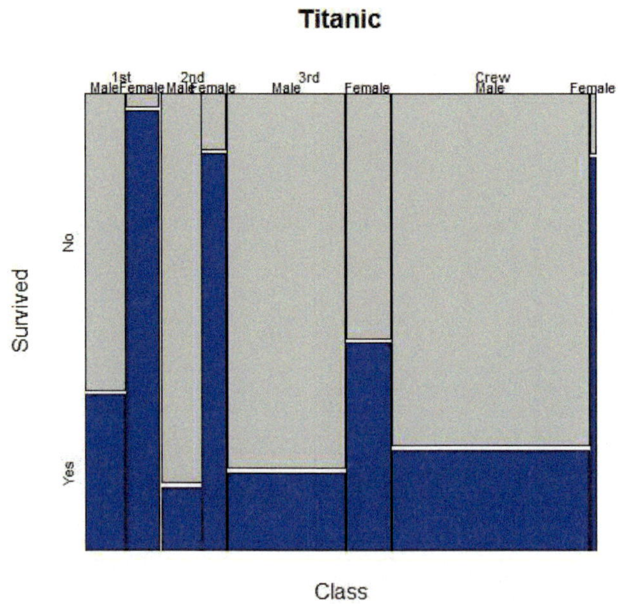

그림 9. 타이타닉 호의 생존자들: 클래스별 남녀 비교

3. 열(熱) 지도

열 지도(heat map)는 $n \times p$ 행렬의 이미지를 일련의 컬러를 써서 보여주는 그래프이다.[9] 즉 열 지도는 나무 지도와 같이 셀(cell)의 값을 컬러로 변환하여 표현한다. 예를 들어 표 2의 12×8 자료를 시각화하여 보자. 그림 10은 이것을 R의 `heatmap( )` 함수를 써서 만든 그래프이다. 이 그림은 자료 값 0과 1을 컬러로 표현한데 불과하여 특별한 패턴이 있어 보이지 않는다.

관측(observation)이 행이고 변수(variable)가 열인 대다수의 정형화된 자료세트에서는, 편의적으로 행과 열이 배열되어 있을 뿐이다. 따라서 최종 그림에서 알기 쉬운 패턴이 드러나도록 행과 열을 재배열할 필요가 있다.

---

9) 이 절은 저자의 <통계계산> (자유아카데미, 2013)의 제7장에서 많은 부분을 따왔다.

표 2. 12*8 이항형 자료

row\column	1	2	3	4	5	6	7	8
1	0	0	0	1	0	1	0	0
2	1	0	0	0	1	0	0	0
3	0	1	0	0	0	0	1	0
4	1	0	0	0	1	0	0	0
5	0	0	1	0	0	0	0	1
6	0	0	0	1	0	1	0	0
7	0	0	1	0	0	0	0	1
8	0	1	0	0	0	0	1	0
9	0	1	0	0	0	0	1	0
10	0	0	0	1	0	1	0	0
11	0	1	0	0	0	0	1	0
12	1	0	0	0	1	0	0	0

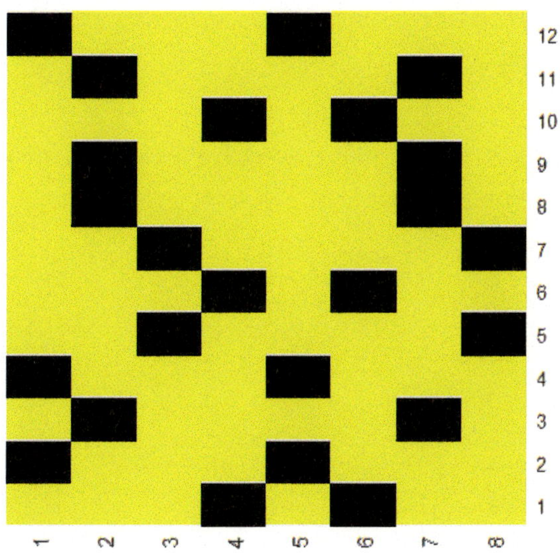

그림 10. 12*8 자료의 열 지도

행과 열을 재배열하는 한 방법으로 열 지도 작성에 다음과 같이 endlink 알고리즘이 적용될 수 있다.

[1] 열 간 유사도 또는 열 간 거리를 산출하고 이를 Hurley(2006)의 끝 잇기(endlink) 알고리즘에 넣어 열들을 재배열한다. 끝 잇기 알고리즘은 총 유사도가 최대가 되도록 또는 거리 합이 최소가 되도록 개체들(p개 열)을 한 줄로 잇는다.[10] 재배열 자료를 X^*로 표기하자.

[2] 행렬 X^*에서 j번째 위치에 들어선 변수에 스코어 c_j를 부여한다. 여기서

$$c_j = j - (p+1)/2, \quad j = 1, 2, \cdots, p-1, p.$$

[3] 행렬 X^*의 행 i를 $r_i = \sum_{j=1}^{p} x^*_{ij} c_j$로 수량화한다.

[4] 그 순서로 행렬 X^*의 행들을 재배열한다. 이렇게 해서 얻은 최종 자료행렬을 X^{**}로 표기하고 이에 대한 열 지도를 만든다.

다음은 예제 자료에 앞의 알고리즘을 적용하고 그 결과를 열 지도로 만드는 R 스크립트이다. 열의 끝 잇기를 위해 R gclus 팩키지의 `order.endlink( )` 함수를 활용하였다 (heatmap.r).

```
test.data <- read.table("test_matrix_1.txt",header=F)
F <- as.matrix(test.data)
n <- nrow(F)
p <- ncol(F)
rownames(F) <- 1:n
colnames(F) <- 1:p
par(oma = c(2,2,2,2))

heatmap(F, Rowv=NA, Colv=NA, col = c("yellow","black"),
+       scale="none", xlab = "", ylab= "")

library(gclus)
```

10) 세부적 설명은 ≪R을 활용한 탐색적 자료분석≫(허명회, 2012)의 201-202쪽 참조.

```
(c.seq <- order.endlink(-dist(t(F))))
(r.seq <- order(F[,c.seq] %*% (1:p-(1+p)/2)))
x11()
par(oma = c(2,2,2,2))
heatmap(F[r.seq,c.seq], Rowv=NA, Colv=NA,
+      col = c("yellow","black"), scale="none",
+      xlab = "", ylab= "")
```

앞의 예제 자료에 위의 R 스크립트를 적용한 결과, 행은 2-4-12-5-7-1-6-10-3-8-9-11로 순서화되었고 열은 1-5-3-8-4-6-2-7로 순서화되었다.

그림 11은 재배열 자료에 대한 열 지도인데 그림 10에서는 볼 수 없었던 패턴이 드러나 있다. 예컨대 앞의 자료가 12명의 학생이 8개 문항의 정오(正誤)형 문제의 시험을 치른 결과라고 하자. 그림 11은 학생들과 문항들이 상호대응하는 4개의 그룹으로 명확히 분화되어 있음을 알려준다. 이처럼 열 지도는 분석자에게 쉬운 패턴의 그래프를 제공한다.

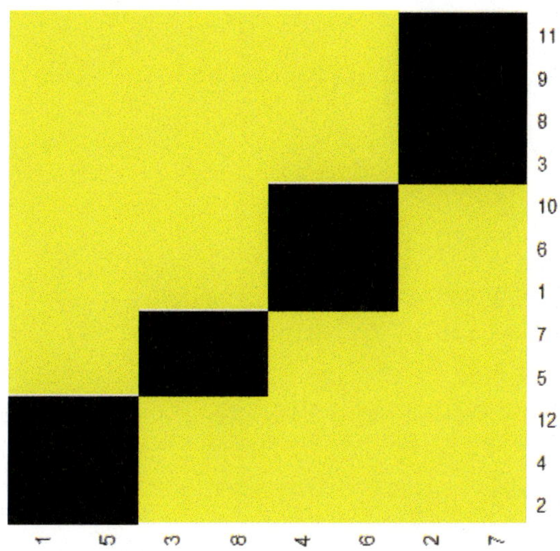

그림 11. 재배열 12*8 자료의 열 지도

실제로 열 지도는 주로 연속형 자료에 적용된다. 예를 보자. 표 3의 자료는 유럽 25개 나라의 단백질 섭취(protein uptake) 정보이다. 그 특색을 살펴보기 위해서 열 별 표준화 변환 값에 일련의 컬러를 부여하기로 한다.

그림 12의 열 지도가 그 결과이다. 여기서는 Reds 계열의 Brewer 컬러가 적용되었다. 이 그림에서는 어떤 패턴도 찾기 어려운데 그 이유는 행의 순서와 열의 순서에 실질적 의미가 없기 때문이다.

이번에는 행의 25개 국가와 열의 8개 특성을 각각 끝 잇기 알고리즘에 따라 한 줄로 순서화하기로 한다. 그림 13이 그 결과로 얻은 열 지도이다.

새로 얻어진 열 지도에서는 S자형 커브가 발견된다. Finland, Norway, Sweden 등 북 유럽 3개국이 행의 첫 위치에 있고 Spain과 Portugal 등 서남 유럽의 2개국의 행의 마지막 위치에 있다. 열에서도 우리의 상식과 부합하는 결과가 표출되어 있다. 소에서 나오는 Milk와 Beef, 닭에서 나오는 Egg와 Chicken, 밭에서 나오는 Bean과 Cereal이 붙어 있다. 음식에서 최저라는 United Kingdom과 최고라는 France가 아주 가까이에 있음은 분석자의 해석이 필요한 부분이다.

다음은 단백질 섭취 자료의 열 지도를 만들기 위한 R 스크립트이다. 행과 열에 모두 끝 잇기 알고리즘이 적용되었다. 컬러는 RColorBrewer 팩키지의 Reds 계열로 하였다 (heatmap protein.r).

```
  library(RColorBrewer)
  protein <- read.table("protein.txt",header=T)
  par(oma=c(2,2,2,2))
  heatmap(as.matrix(protein), Rowv=NA, Colv=NA,
+           col = brewer.pal(10,"Reds"),
+           scale="column", margins=c(5,8),
+           xlab = "", ylab= "Countries",
+           main = "Protein Uptake")

  library(gclus)
```

표 3. 유럽 25개국의 단백질 섭취(protein uptake) 자료

	Beef	Chicken	Egg	Milk	Fish	Cereal	Potato	Bean	Fruit
Albania	10.1	1.4	0.5	8.9	0.2	42.3	0.6	5.5	1.7
Austria	8.9	14.0	4.3	19.9	2.1	28.0	3.6	1.3	4.3
Bel-Luxem	13.5	9.3	4.1	17.5	4.5	26.6	5.7	2.1	4.0
Bulgaria	7.8	6.0	1.6	8.3	1.2	56.7	1.1	3.7	4.2
Czecho	9.7	11.4	2.8	12.5	2.0	34.3	5.0	1.1	4.0
Denmark	10.6	10.8	3.7	25.0	9.9	21.9	4.8	0.7	2.4
E-Germany	8.4	11.6	3.7	11.1	5.4	24.6	6.5	0.8	3.6
Finland	9.5	4.9	2.7	33.7	5.8	26.3	5.1	1.0	1.4
France	18.0	9.9	3.3	19.5	5.7	28.1	4.8	2.4	6.5
Greece	10.2	3.0	2.8	17.6	5.9	41.7	2.2	7.8	6.5
Hungary	5.3	12.4	2.9	9.7	0.3	40.1	4.0	5.4	4.2
Ireland	13.9	10.0	4.7	25.8	2.2	24.0	6.2	1.6	2.9
Italy	9.0	5.1	2.9	13.7	3.4	36.8	2.1	4.3	6.7
Netherland	9.5	13.6	3.6	23.4	2.5	22.4	4.2	1.8	3.7
Norway	9.4	4.7	2.7	23.3	9.7	23.0	4.6	1.6	2.7
Poland	6.9	10.2	2.7	19.3	3.0	36.1	5.9	2.0	6.6
Portugal	6.2	3.7	1.1	4.9	14.2	27.0	5.9	4.7	7.9
Rumania	6.2	6.3	1.5	11.1	1.0	49.6	3.1	5.3	2.8
Spain	7.1	3.4	3.1	8.6	7.0	29.2	5.7	5.9	7.2
Sweden	9.9	7.8	3.5	24.7	7.5	19.5	3.7	1.4	2.0
Swiss	13.1	10.1	3.1	23.8	2.3	25.6	2.8	2.4	4.9
U-Kingdom	17.4	5.7	4.7	20.6	4.3	24.3	4.7	3.4	3.3
USSR	9.3	4.6	2.1	16.6	3.0	43.6	6.4	3.4	2.9
W-Germany	11.4	12.5	4.1	18.8	3.4	18.6	5.2	1.5	3.8
Yugoslavia	4.4	5.0	1.2	9.5	0.6	55.9	3.0	5.7	3.2

```
(c.seq <- order.endlink(cor(protein)))
(r.seq <- order.endlink(-dist(protein)))
x11(); par(oma=c(2,2,2,2))
F <- scale(as.matrix(protein))
heatmap(F[r.seq,c.seq], Rowv=NA, Colv=NA,
+          col = brewer.pal(10,"Reds"), scale="none",
+          margins=c(5,8), xlab = "", ylab= "Countries",
+          main = "Protein Uptake (Endlink)")
```

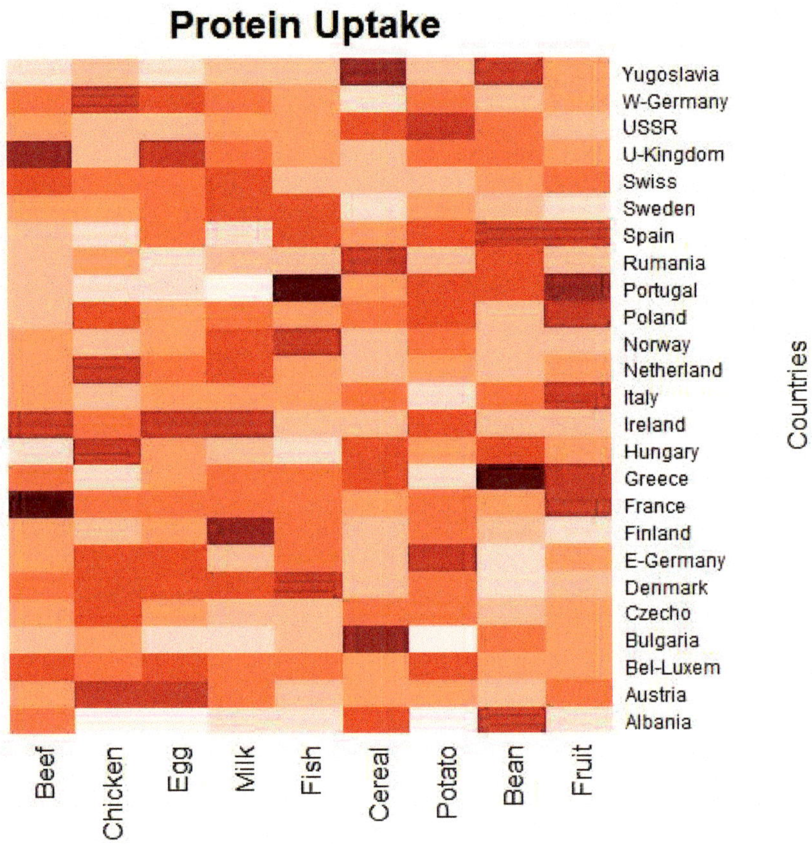

그림 12. 단백질 섭취 자료의 열 지도

연습문제 1. 적당한 자료를 취하여 나무 지도를 작성하고 해석하라.

연습문제 2. 적당한 자료를 취하여 모자이크 플롯을 작성하고 해석하라.

연습문제 3. 적당한 자료를 취하여 열 지도를 작성하고 해석하라.

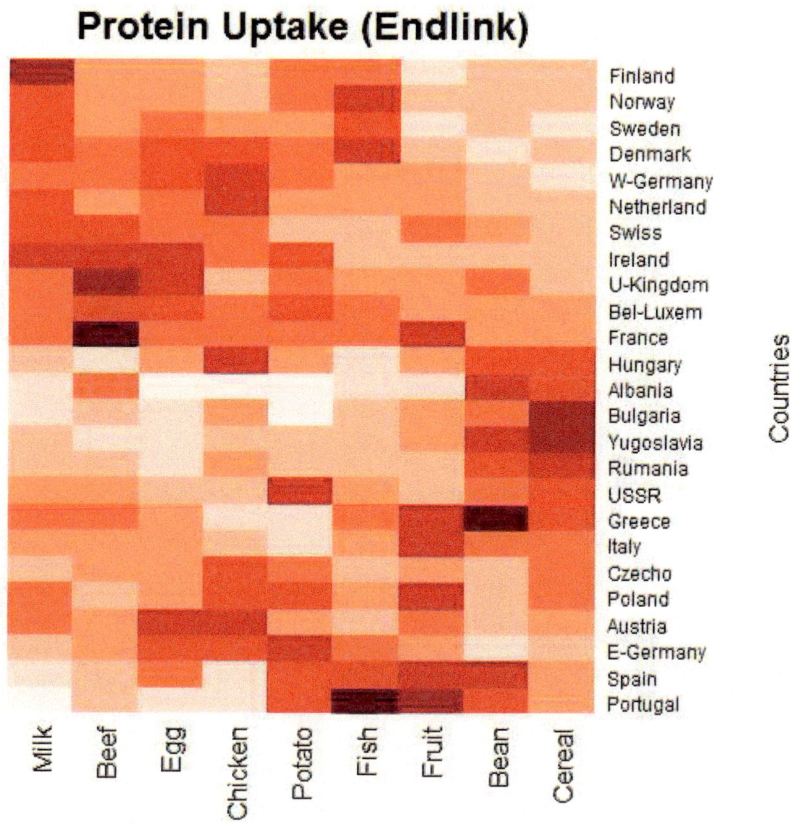

그림 13. 단백집 섭취 자료의 열 지도: 행과 열의 끝 잇기 재배열

15장. 통계 그래프 2 statistical graph

이 장에서는 2변량 자료의 밀도, 3변량 자료의 시각화, 다변량 자료의 시각화 등의 통계 그래프를 소개하고 보기를 제시한다.

1. 2변량 자료의 밀도

2개 변수가 모두 연속형인 경우 산점도(scatter plot)로 자료 분포를 볼 수 있다. 이 절에서는 산점도의 각종 변형을 다룬다.

일변량 자료의 경우 히스토그램으로 자료밀도를 보았듯이, 이변량 자료 (X, Y)에 대하여 $k_1 \times k_2$ 개의 네모 칸에 들어가는 개체 수를 나타내는 '2D 히스토그램'을 생각할 수 있다 (k_1은 X 변수의 분할 수이고 k_2는 Y 변수의 분할 수).

geyser 자료는 미국 옐로우스톤 국립공원 간헐천의 분출을 관측한 자료로 2개 변수 waiting $(= x)$과 duration $(= y)$으로 구성되어 있다. 원래 이 자료의 개체 수 n은 299이지만 여기서는 실제 관측 자료를 복원추출로 크기를 10,000로 증대한 다음 임의적 섭동으로 생성된 가상적인 이변량 자료 (x^*, y^*)를 시각화하기로 한다.

$$x^* = x + \epsilon_1, \quad \epsilon_1 \sim N(0,1); \quad y^* = y + \epsilon_2, \quad \epsilon_2 \sim N(0, 0.1).$$

그림 1은 산점도이고 그림 2는 2D 히스토그램이다. 같은 자료이지만 다소 다른 느낌을 준다. 개체 수 n이 커짐에 따라 산점도는 보기 나쁘게 되지만 2D 히스토그램에는 그런 문제가 없다. 단, 2D 히스토그램의 작성시 가로방향 칸의 수 k_1과 세로방향 칸의 수 k_2는 n에 따라 적절하게 조절할 필요가 있다.

그림 3은 hexagonal binning 그래프인데 이것도 넓은 의미에서는 2D 히스토그램의 일종이다.

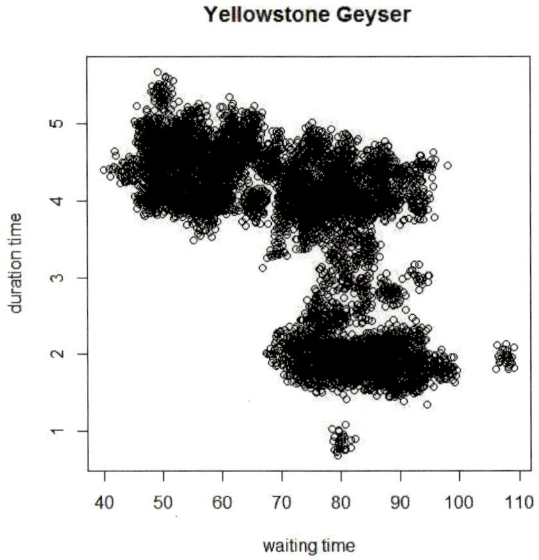

그림 1. 간헐천의 대기시간과 지속시간: 산점도

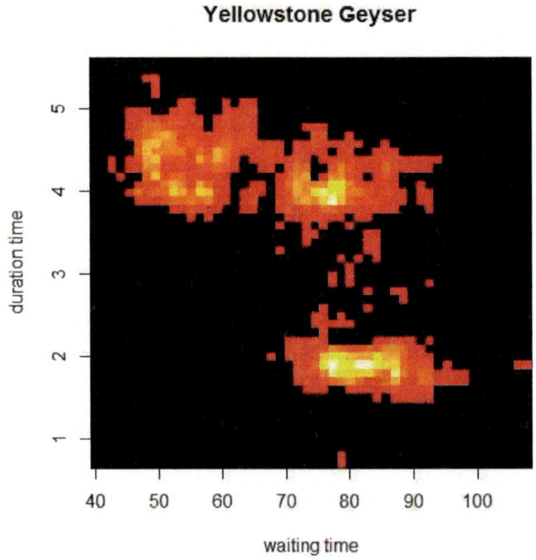

그림 2. 간헐천의 대기시간과 지속시간: 2D 히스토그램

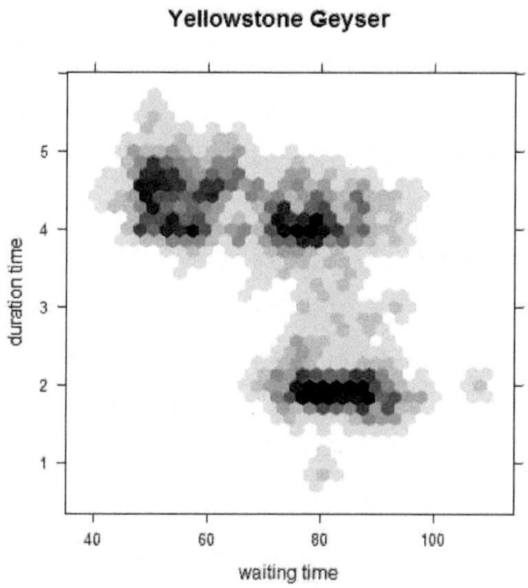

그림 3. 간헐천의 대기시간과 지속시간: hexagonal binning

다음은 그림 1, 2, 3의 작성에 쓰인 R 스크립트이다 (two-dim density.r).

```
data(geyser, package="MASS")
str(geyser)
y <- geyser$duration
x <- geyser$waiting
index <- sample(1:299, 10000, replace=T)
y <- geyser$duration[index]+rnorm(n,0,0.1)
x <- geyser$waiting[index]+rnorm(n,0,1)
windows(height=7.5, width=7)
plot(x, y, xlab="waiting time",ylab="duration time", main="Yellowstone Geyser")
library(gplots)
hist2d(x,y,nbins=50,xlab="waiting time",ylab="duration time",
      main="Yellowstone Geyser")
library(hexbin)
hexbinplot(y~x, colorkey=F, aspect=1, xlab="waiting time",ylab="duration time",
      main="Yellowstone Geyser")
```

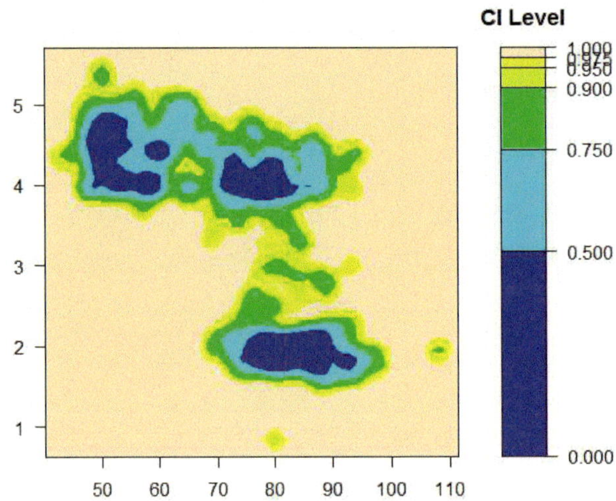

그림 4. 간헐천의 대기시간과 지속시간: 커널 밀도

2변량 자료의 모(母)분포를 추정하는 커널 밀도(kernel density) 방법을 쓰면 더욱 매끄러운 형태의 그래프를 만들 수 있다. 그림 4가 그 결과이다. gplots 팩키지의 `ci2d()` 함수를 써서 만들었다.

```
library(gplots); ci2d(x,y, xlab="duration", ylab="waiting")
```

* 커널 밀도 방법은 (x,y)에서의 이변량 모분포의 확률밀도 $f(x,y)$를

$$\hat{f}(x,y) = \frac{1}{n}\sum_{i=1}^{n}\frac{1}{b_1 b_2}K\left(\frac{x-x_i}{b_1}, \frac{y-y_i}{b_2}\right)$$

로 추정한다. 여기서 '커널' 함수 K는 총적분이 1인 비음의 이변량 함수이고 b_1과 b_2는 평활의 정도를 조절하는 '너비(bandwidth)'이다. `ci2d()` 함수에서는 커널 함수 K로 이변량 가우스 함수를 쓴다. 즉,

$$K(x,y) = \frac{1}{2\pi}\exp\left(-\frac{x^2+y^2}{2}\right), \quad -\infty < x, y < \infty.$$

더 자세한 사항은 KernSmooth 팩키지의 매뉴얼을 참조하라.

2. 3변량 자료의 시각화

3개 변수가 모두 연속형인 경우 3차원 산점도(scatter plot)로 자료 분포를 볼 수 있다. 이 절에서는 3변량 자료의 시각화 방법을 다룬다.

한 예로서 mclust 팩키지의 **diabetes 자료**를 보자. 이 자료는 glucose, insulin, sspg 등 3개 연속형 변수와 class라는 진단 병명(3개 범주)으로 구성되어 있다.

첫 번째 접근 방법은 산점도 행렬이다. 산점도 행렬(scatterplot matrix)은 총 6개의 이변량 산점도를 3×3 행렬 형태로 늘어놓은 통계 그래프이다. 개별 산점도에서 2개 변량의 자료 분포를 살펴볼 수 있다. 그림 5를 보라.

두 번째 접근 방법은 3차원 공간에 n개의 점을 찍어 넣은 3차원 산점도이다. R에서는 scatterplot3d 팩키지의 `scatterplot3d()` 함수로 이런 그래프를 만들 수 있다. 그림 6을 보라.

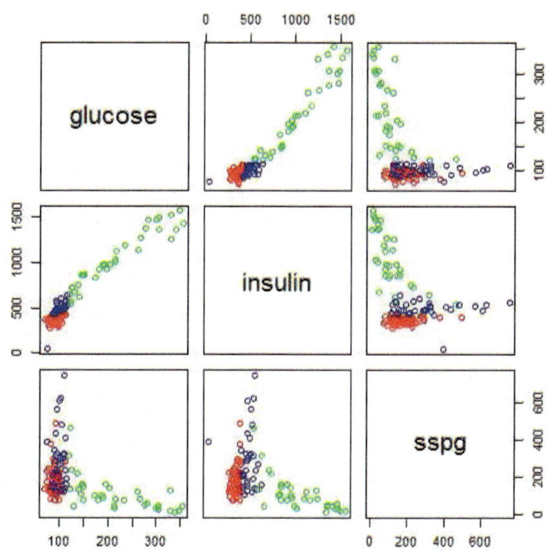

그림 5. diabetes 자료의 산점도 행렬 (색은 병명)

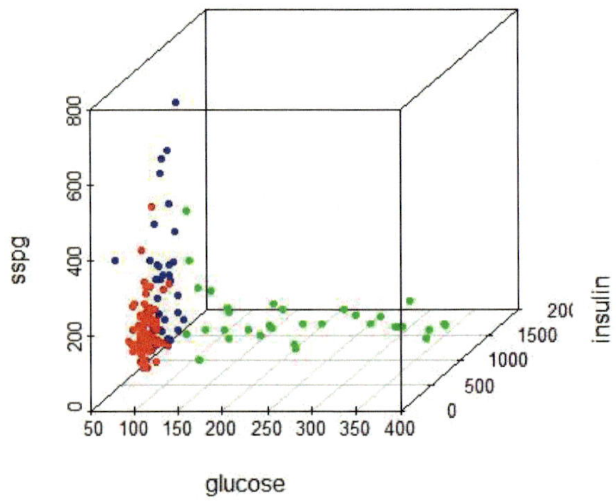

그림 6. diabetes 자료의 3d 산점도 (색은 병명)

3d 산점도는 3차원 체의 2차원 투영이므로 1개 그래프만으로는 각 자료점의 정확한 위치를 파악하기 어렵다. 3차원 산점도 회전(rotation)은 마우스 컨트롤로써 그림 6과 같은 3차원 산점도를 움직이게 한다. 이것은 rgl 팩키지의 `plot3d()` 함수로 가능하다. 그림 7을 보라.

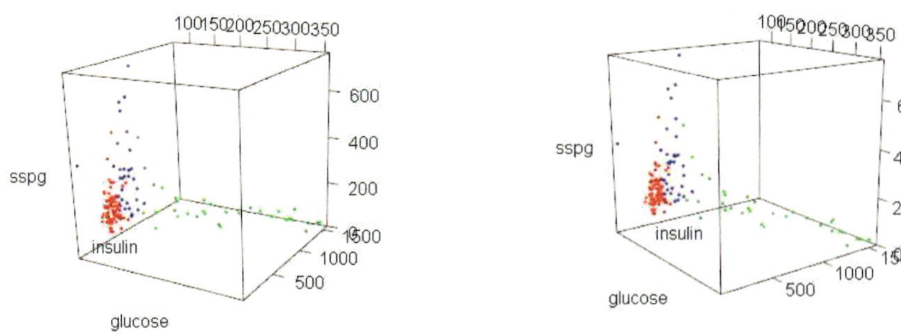

그림 7. diabetes 자료의 3d 산점도 회전

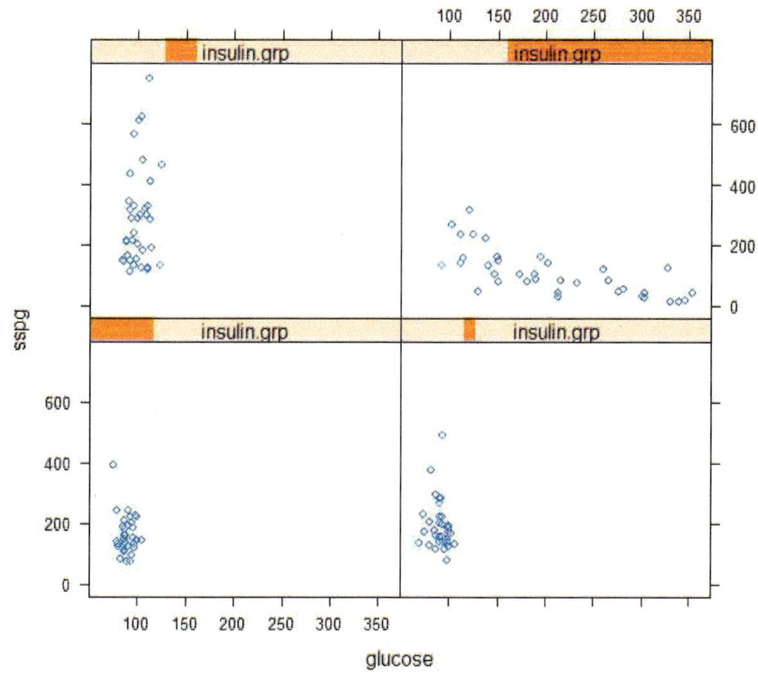

그림 8. diabetes 자료의 조건부 플롯: sspg vs glucose given insulin

마지막 접근 방법은 조건부 플롯이다. (x, y, z)의 조건부 플롯은 z의 k개 그룹에 조건화된 (x, y)의 산점도 배열이다. 그림 8은 diabetes 자료에서 insulin의 4개 그룹에 조건화된 sspg 대 glucose의 산점도를 보여준다. insulin은 4개 그룹으로 나뉘어졌는데, glucose가 insuline의 제1, 제2, 제3 그룹에서는 작다가 제4 그룹에서는 큰 값으로 퍼지는 양상을 보여준다. 또한 insulin의 제3 그룹에서 sspg는 큰 변이를 보이는 것을 볼 수 있다. 조건부 플롯은 lattice 팩키지의 `xyplot()`으로 만들 수 있다.

다음은 이제까지의 R 작업에 쓰인 스크립트이다 (three-dim visualization.r).

```
library(mclust); data(diabetes); str(diabetes); attach(diabetes)
pairs(diabetes[,2:4], col=c("blue","red","green3")[unclass(class)], size=3)
```

```
library(scatterplot3d)
scatterplot3d(glucose, insulin, sspg, angle=30,
        color=c("blue","red","green3")[unclass(class)], pch=20)
library(rgl)
plot3d(glucose, insulin, sspg,
        col=c("blue","red","green3")[unclass(class)], size=3)
library(lattice)
insulin.grp <- equal.count(insulin, number=4, overlap=0)
xyplot(sspg ~ glucose | insulin.grp)
```

3. 다변량 자료의 시각화

변수가 4개 이상이 되면 유클리드 공간의 시각화는 대략 난감해진다. 근본적 이유는 우리 인간이 살고 있는 공간이 3차원이기 때문일 것이다. 이런 한계를 극복하기 위한 방안이 전혀 없는 것은 아니지만 어떤 제안도 썩 만족스럽지는 않다.

이 절에서 소개할 첫 방법은 다이아몬드 플롯이다. 이 플롯은 n개의 꼭짓점을 가진 정다각형의 꼭짓점과 원점을 잇는 선(線) 위에 p개의 변수 값을 타점함으로써 $n \times p$ 다변량 자료를 시각화한다. 이 플롯은 plotrix 팩키지의 `diamondplot()` 함수가 제공한다.

그림 9는 mtcars 자료의 시각화 예이다. 이 자료는 32종의 승용차에 대한 마케팅 정보인데 여기서 분석 변수는 mpg, displacement, horse power, weight 등 5개이다. 이 플롯을 보면 각 승용차 별로 5개 변수 값을 알 수 있다.

그러나 문제가 있다. 개체들이 입력 데이터 순서로 나와 있어 거의 임의적이라고 할 수 있다. 그것보다는 유사한 개체들이 이웃에 위치함으로써 다각형이 덜 들쭉날쭉해야 시각적 인지가 쉬어진다. 또한 다각형의 선 굵기가 너무 가늘어 잘 보이지 않는다. 이를 개선한 것이 그림 10이다.

그림 10에서는 다각형의 선을 굵게 하였고 또한 개체들의 순서를 TSP(traveling salesman problem)로 최적화하였다. 이에 따라 다각형 모양이 단순화되었다.

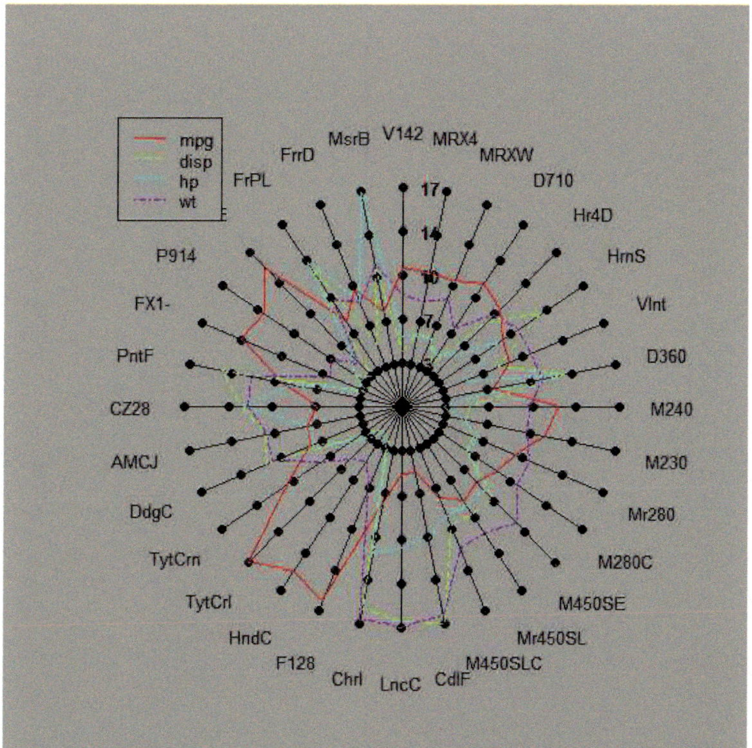

그림 9. mtcars 자료의 다이아몬드 플롯

다음은 그림 9 작성에 쓰인 R 스크립트이다 (multivariate vis.r).

```
library(plotrix)
data(mtcars)
str(mtcars)
dimnames(mtcars)[[1]] <- abbreviate(dimnames(mtcars)[[1]])
diamondplot(mtcars[,c(1,3,4,6)])
```

다음은 그림 10 작성에 쓰인 R 스크립트이다. `diamondplot()` 함수를 수정한 `diamondplot.1()` 함수가 쓰였다 (별첨 파일 diamondplot.r). TSP 순서의 계산은 TSP 패키지의 `solve.TSP()` 함수를 사용하였다.

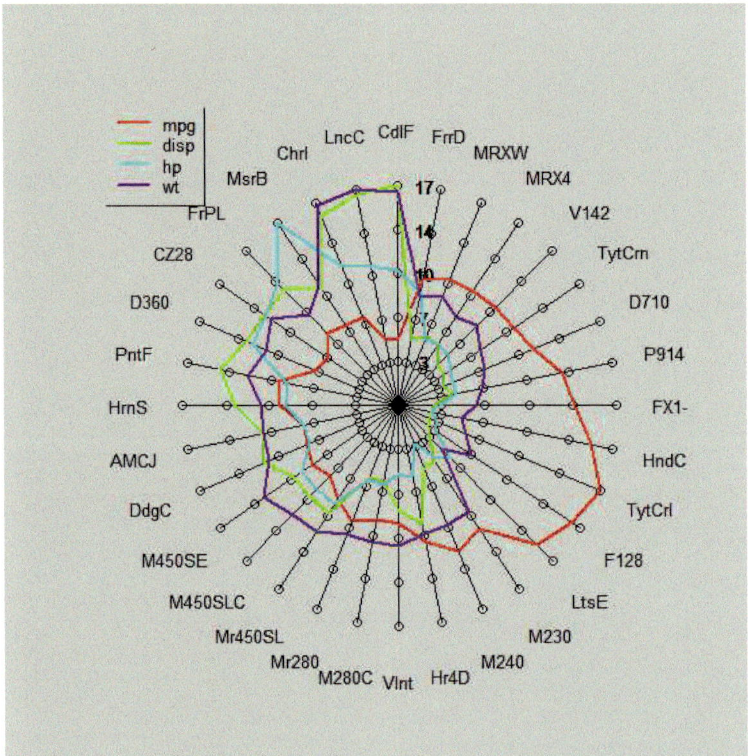

그림 10. mtcars 자료의 다이아몬드 플롯: 유사성 정렬

```
library(TSP)
D <- dist(scale(mtcars[,c(1,3,4,6)]))
D.tsp <- TSP(D, labels=rownames(mtcars))
tsp.mtcars <- solve_TSP(D.tsp, method="repetitive_nn")
labels(tsp.mtcars)
mtcars.1 <- mtcars[tsp.mtcars[1:32],]
# insert "diamontplot.r" here
diamondplot.1(mtcars.1[,c(1,3,4,6)],bg="grey80")
```

앞의 다이아몬드 플롯에서는 개체들을 원 둘레에 배열하였는데 그럼으로써 순환성을 가정하는 셈이 된다. 대안으로는 개체들을 선(線) 위에 배열하는 방식을 고려할 수 있겠다. 즉 개체들을 일렬로 배열한 다음 각 개체 위치에 눈금자를 세우고 그 눈금자에 p개 변수 값을 마킹하고 변수별로 마킹 포인트를 연결하는 것이다. 우리는 그 플롯을 선 배열 플롯(line arranged plot)이라고 할 것이다. 이런 명명에 따르면 개체들을 원 둘레에 배열하는 다이아몬드 플롯은 원 배열 플롯(circle arranged plot)이라고 해도 되겠다.

그림 10의 [좌]·[우]는 43명($=n$) 판사의 12개($=p$) 특성을 평가하여 얻은 USJudgeRatings 자료(datasets 패키지)에 대한 선 배열 플롯이다. 각 변수는 평균 0, 표준편차 1이 되도록 척도화되었다. 그림 10 [좌]는 개체(판사)들을 데이터 입력 순서로 나오게 플롯한 것인데, 이것보다는 개체들을 유사성을 기준으로 한 줄로 배열함으로써 그래프의 혼잡도를 줄일 수 있을 것이다. 이를 위하여 끝 잇기 알고리즘(endlink algorithm)을 활용한다.[1)]

그림 10 [우]는 끝 잇기 알고리즘으로 개체(판사)들을 순서화해서 만든 선 배열 플롯이다. 12개 변수 중에서 유독 cont (=판사가 변호사를 접촉한 횟수)가 다른 변수들과 다르게 움직이는 것이 보인다. 나머지 변수들은 대략 유사한 패턴을 보인다. 실제 확인해보면 cont와 나머지 변수 간 상관계수는 -0.15 ~ 0.15 정도이고 나머지 변수들 간 상관계수는 0.8 이상으로 나타난다.

다음은 이상의 R 작업을 위한 스크립트이다 (parallel plot_2.r).[2)]

```
data(USJudgeRatings)
str(USJudgeRatings)
parcoord.2 <- function (x, col=1, lty=1, var.label=FALSE, ...)
{
    rx <- apply(x, 2L, range, na.rm=TRUE)
```

1) 끝 잇기 알고리즘은 이웃 오브젝트(개체·변수) 간 거리의 합이 최소화되도록 오브젝트들을 일렬로 늘어놓는다. 이 알고리즘은 R gclus 패키지의 `order.endlink()` 함수에 구현되어 있다. 허명회 (2012)의 《R을 활용한 탐색적 자료분석》 참조.

2) R 함수 `parcoord.2()`는 MASS 패키지의 `parcoord()`를 변형하여 만들어졌다.

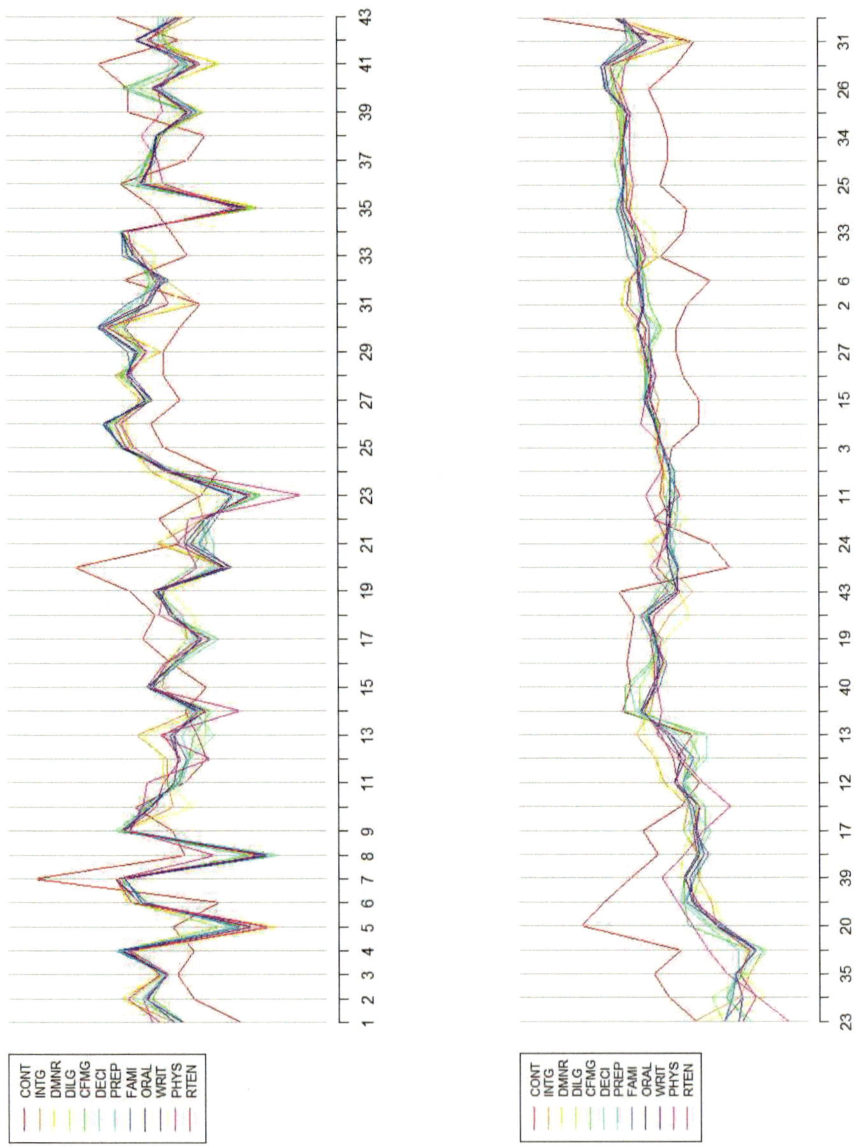

그림 10. USJudgeRatings 자료의 평행좌표 플롯:

[좌] 입력 순서에 따름, [우] 끝 잇기 순서에 따름

```
    matplot(1L:ncol(x), t(x), type = "l", col = col, lty = lty, lwd=1.5,
        xlab = "", ylab = "", axes = FALSE, ylim=c(-4,4),
        xlim=c(-4,ncol(x)), ...)
    axis(1, at = 1L:ncol(x), labels = colnames(x), cex=0.5)
    legend(-4, 4, horiz=F, legend = rownames(x), lty=1,
        col=rainbow(nrow(x)), cex = 0.8, lwd=1.5)
    for (i in 1L:ncol(x)) lines(c(i,i), c(-4,4), col="grey70")
    invisible()
}

X <- scale(USJudgeRatings)
rownames(X) <- 1:nrow(X)
windows(height=5, width=12)
parcoord.2(t(X),col=rainbow(ncol(X)))

library(gclus)
order <- order.single(-dist(X))
rownames(X) <- 1:nrow(X)
windows(height=5, width=12)
parcoord.2(t(X[order,]),col=rainbow(ncol(X)))
cor(USJudgeRatings)
```

선 배열 플롯의 결과로 개체와 변수의 동시 군집화(simultaneous clustering)를 기대할 수 있다.

연습문제 1. MASS 팩키지의 crabs 자료에 이 장에서 다룬 그래픽 기법을 십분 활용해보라 .

16장. 행렬도와 대응분석 biplot and correspondence analysis

이 장에서는 다변량 자료의 행과 열을 시각화하는 행렬도(biplot)와 2원 교차표의 행과 열을 시각화하는 대응분석(correspondence analysis)을 소개한다.

1. 행렬도

행렬도(biplot)는 n개 행(개체)과 p개 열(변수)을 가진 다변량 자료에서 행과 열의 연관성을 보여주는 시각화 방법이다. 이 절에서는 행렬도의 한 버전인 주성분 행렬도(principal component biplot)를 설명할 것이다. $p \geq 3$임을 전제한다.

$n \times p$ 다변량 자료 행렬을 X로 표기하자. 통상적으로 p개 열(변수)은 중심화되어 있음을, 즉 평균이 0임을 가정한다. 추가적으로 표준편차가 1이 되도록 각 열을 척도화함으로써 자료 행렬 내의 모든 원소들이 단위무관(unit free)의 수치를 갖게 하는 것이 보통이다.[1] 이렇게 전(前)처리된 행렬을 Z로 표기하자. Z는 n개의 길이 p 벡터들 $z_1, \cdots, z_n$으로 구성된다고 볼 수 있다. p차원 공간 내 n개 개체를 2차원 평면에서 볼 수 있는 한 방법은 $p \times 1$ 정규직교 벡터 v_1과 v_2에 사영(射影)하는 방법이다. 여기서 $\| v_1 \| = 1$, $\| v_2 \| = 1$이고 $v_1^t v_2 = 0$이다.

$z_1, \cdots, z_n$을 v_1에 사영하면 그림자(이미지)는 $z_1^t v_1, \cdots, z_n^t v_1$에 위치한다. 마찬가지로 $z_1, \cdots, z_n$을 v_2에 사영하면 그림자는 $z_1^t v_2, \cdots, z_n^t v_2$에 생긴다. v_1과 v_2가 직교하므로 n개 개체를 v_1과 v_2에 걸치는 평면 $\mathcal{L}(v_1, v_2)$에 사영하면 그림자의 2차원 좌표는 각각

$$(z_1^t v_1, z_1^t v_2), \cdots, (z_n^t v_1, z_n^t v_2) \tag{1}$$

가 된다. 문제는 v_1과 v_2를 어떻게 잡아야 하는가에 있다. 이것은 빛을 어느 받침에 비추어야[2] 그림자가 원(原)형상을 잘 유지할 것인가를 묻는 것과 같다.

---

1) p개 열이 같은 단위의 측정값들로 구성된 경우에는 척도화가 꼭 요구되는 것은 아니다.
2) 빛 방향은 받침과 직교함을 전제한다.

이에 대한 답은 행렬대수에 의해 다음과 같다: $p \times p$ 대칭 행렬 $Z^t Z$를 스펙트럼 분해하여 고유벡터 $\dot{v}_1$, $\dot{v}_2$, $\cdots$ 과 상응하는 고유값으로 $\dot{\lambda}_1 > \dot{\lambda}_2 > \cdots (\geq 0)$를 얻었다고 하자. 최적의 v_1, v_2는 $\dot{v}_1$, $\dot{v}_2$이다.

z_*를 임의 개체라고 하자 $(p \times 1)$. (1)에 의하여 $\mathcal{L}(\dot{v}_1, \dot{v}_2)$ 평면에 내린 z_*의 사영은 $(z_*^t \dot{v}_1, z_*^t \dot{v}_2)$임을 알 수 있다. 이를 추가개체(supplementary units)의 사영이라 한다. 같은 방식을 $z_* = e_j$ (여기서 $e_j^t = (0, \cdots, 0, 1, 0, \cdots, 0)$, j번째 요소가 1인 단위벡터)에 적용하면, $\mathcal{L}(\dot{v}_1, \dot{v}_2)$ 평면에서 j번째 변수의 방향 좌표가

$$(e_j^t \dot{v}_1, e_j^t \dot{v}_2), \quad 즉 \quad (\dot{v}_{j1}, \dot{v}_{j2}) \qquad (2)$$

임을 알 수 있다 $(j = 1, \cdots, p)$. 여기서 $\dot{v}_{j1}$는 $\dot{v}_1$의 j번째 요소, $\dot{v}_{j2}$는 $\dot{v}_2$의 j번째 요소이다.

(1)과 (2)의 플롯을 행렬도(行列圖, biplot)라고 한다. 더 정확한 용어는 주성분 행렬도(principal component biplot)이다.

그림자가 원 형상을 그대로 표현해낼 수는 없다. 정보의 손실이 따르기 마련이다. 2차원 행렬도의 근사도(goodness of approximation)는 다음과 같다.

$$GOA_2 := \frac{\dot{\lambda}_1 + \dot{\lambda}_2}{\sum_{j=1}^{p} \dot{\lambda}_j}.$$

이상의 2차원 사영과 적용은 $s (\geq 3)$차원으로 그대로 확장될 수 있다. $s (\geq 3)$차원 행렬도의 근사도는 2차원 행렬도의 근사도보다 크다. 그러나 차원이 높아진 만큼 복잡도가 커지므로 유용성은 떨어진다.

4장에서 다룬 바 있는 프로테인 자료 $(n = 25, \ p = 9)$에 대한 2차원 행렬도를 그려보자. 프로테인 자료는 25개 유럽 나라 국민의 9개 단백질별 평균 섭취량이 기록된 25×9 행렬이다. 그림 1이 표준화(=중심화+척도화) 자료에 대한 2차원 행렬도이다. 근사도는 62.7%이다.

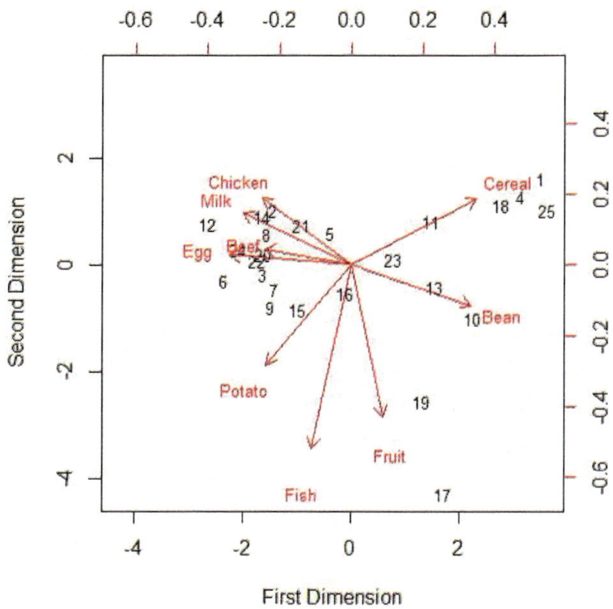

그림 1. 프로테인 자료의 주성분 행렬도(biplot)

다음은 그림 1의 행렬도 작성에 쓰인 R 스크립트이다 (파일 명: biplot_1.r).

```
X.1 <- read.table("protein.txt",header=T)
str(X.1)
X <- X.1[,2:10]
n <- nrow(X)
pca.X <- princomp(X, cor=T)
pca.X$scores <- pca.X$scores*sqrt((n-1)/n)
biplot(pca.X,scale=0,cex=0.8,xlab="First Dimension",ylab="Second Dimension")
```

여기에 쓰인 `princomp(X, cor=T)` 함수는 자료행렬 X를 척도화하고 이에 대한 주성분분석을 해낸다. `biplot(pca.X,scale=0, ...)` 함수, 즉 `biplot.princomp( )` 함수는 주성분 행렬도를 그려낸다. `pca.X$scores`에 $\sqrt{n/(n-1)}$을 곱한 이유는 각 차원의 주성분점수의 표준편차(sd)를 1로 만들기 위해서이다.

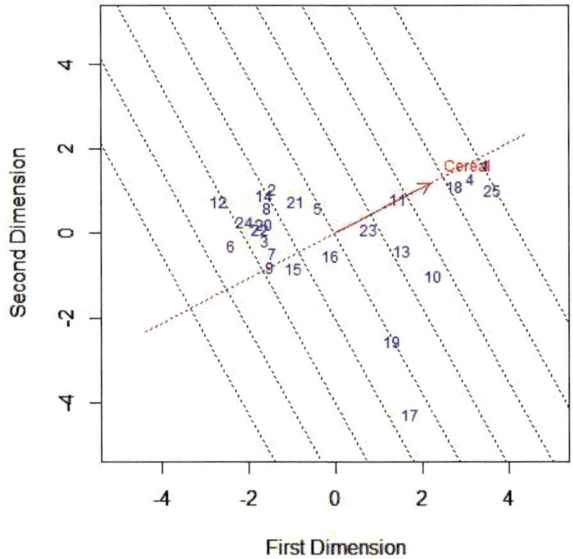

그림 2. 주성분 행렬도에서 변수 'Cereal'의 방향

그림 1에서 1부터 n까지의 숫자로 식별되는 개체 점의 좌표는 2차원 주성분 점수이다. 한편, 화살은 변수의 방향을 나타낸다. 그림 2는 변수 'Cereal'의 방향을 잡은 것이다. 개별 개체의 'Cereal' 값은 화살에 직교하는 방향의 광선이 화살에 내린 그림자의 좌표로 근사된다. 즉, 개체 1, 4, 18, 25의 'Cereal' 값이 크다는 것을 알 수 있다. 다른 변수들의 화살 방향도 같은 방식으로 해석할 수 있다.

그림 1에서 개체번호와 국가이름의 연결은 다음과 같다.

```
> X.1$Country
  [1] Albania    Austria    Bel-Luxem  Bulgaria   Czecho
  [6] Denmark    E-Germany  Finland    France     Greece
 [11] Hungary    Ireland    Italy      Netherland Norway
 [16] Poland     Portugal   Rumania    Spain      Sweden
 [21] Swiss      U-Kingdom  USSR       W-Germany  Yugoslavia
```

다음은 주성분분석의 요약이다. 제1 주성분의 표준편차가 2.0, 제2 주성분의 표준편차가 1.28이다. 이를 제곱하면 분산(variance)이다. 분산의 비율은 제1 주성분이 44.5%, 제2 주성분이 18.2% 등이고 행렬도의 근사도는 이들의 누적 합이다.

```
> summary(pca.X,loadings=T)

  Importance of components:
                            Comp.1    Comp.2    Comp.3    Comp.4   ...
  Standard deviation     2.0016087 1.2786710 1.0620355 0.9770691  ...
  Proportion of Variance 0.4451597 0.1816666 0.1253244 0.1060738  ...
  Cumulative Proportion  0.4451597 0.6268263 0.7521507 0.8582245  ...

  Loadings:
          Comp.1 Comp.2 Comp.3 Comp.4 Comp.5 Comp.6 Comp.7 Comp.8 Comp.9
  Beef    -0.303         0.298  0.646 -0.322 -0.460  0.150        -0.246
  Chicken -0.311  0.237 -0.624         0.300 -0.121               -0.592
  Egg     -0.427        -0.182  0.313         0.361 -0.443 -0.491  0.333
  Milk    -0.378  0.185  0.386         0.200  0.618  0.462        -0.178
  Fish    -0.136 -0.647  0.321 -0.216  0.290 -0.137 -0.106 -0.449 -0.313
  Cereal   0.438  0.233               -0.238         0.405 -0.703 -0.152
  Potato  -0.297 -0.353 -0.243 -0.337 -0.736  0.148  0.153  0.115 -0.122
  Bean     0.420 -0.143         0.330 -0.151  0.447 -0.407  0.184 -0.518
  Fruit    0.110 -0.536 -0.408  0.462  0.234  0.119  0.450         0.203
```

주성분분석의 요약에서 Loadings(부하패턴)는 변수의 방향을 나타낸다. 2차원 행렬도에서 예컨대 변수 'Cereal'의 방향은 원점에서 $(0.438, 0.233)$으로의 화살로 나타내진다.

앞의 출력에서 Loadings의 일부 칸이 비어 있는데 해당 부하값이 절대값 기준으로 일정수준(0.2) 이하이기 때문이다. `summary.princomp( )`에 `cutoff=0`을 넣으면 모든 값이 출력된다. 다음을 시도해 보라.

```
> summary(pca.X, loadings=T, cutoff=0)
```

2. 대응분석

대응분석(correspondence analysis)은 2원 교차표(two-way crosstab) F에 적용되어 행과 열의 관계를 탐지해내는 일종의 행렬도이다. F가 m개 행과 q개 열로 되어 있다고 하자 ($m \times q$ 행렬). 다음 표기를 쓰기로 한다.

$$F = (f_{ij}), \quad f_{+j} = \sum_{i=1}^{m} f_{ij}, \quad f_{i+} = \sum_{j=1}^{q} f_{ij}, \quad n = \sum_{i=1}^{m} \sum_{j=1}^{q} f_{ij}.$$

즉, f_{ij}는 F의 (i, j) 빈도(frequency), f_{i+}는 행 i의 빈도 합이고 f_{+j}는 열 j의 빈도 합이다 ($i = 1, \cdots, m;\ j = 1, \cdots, q$).

대응분석은 F의 행 프로파일들 $\boldsymbol{a}_1, \cdots, \boldsymbol{a}_m$에 대한 기하적 해석이다. 여기서

$$\boldsymbol{a}_i = \frac{1}{f_{i+}} (f_{i1}, \cdots, f_{iq})^t$$

은 행 i 프로파일(row profile)로서 요소의 합은 1이다 (즉 100%). 행 프로파일들은 $q-1$차원 심플렉스 평면 S_q에 놓인다.[3] 행 프로파일들 $\boldsymbol{a}_1, \cdots, \boldsymbol{a}_m$에 각각 $r_1, \cdots, r_m$을 가중치로 부여한다 (여기서 $r_i = f_{i+}/n,\ i = 1, \cdots, m$).

심플렉스 평면 S_q에서 2개 점 $\boldsymbol{a}$와 $\boldsymbol{a}'$ 사이의 거리는 카이제곱 거리(chi-square distance)로 측정된다. 즉,

$$d^2(\boldsymbol{a}, \boldsymbol{a}') = (\boldsymbol{a} - \boldsymbol{a}')^t D_c^{-1} (\boldsymbol{a} - \boldsymbol{a}'),$$

여기서 $\boldsymbol{c} = \frac{1}{n}(f_{+1}, \cdots, f_{+q})^t$, 즉 중심 프로파일(centroid)이다. $\boldsymbol{c} \in S_q$이다.

이와 같은 세팅 하에서 대응분석은 중심화된 행 프로파일들 $\boldsymbol{a}_1 - \boldsymbol{c}, \cdots, \boldsymbol{a}_m - \boldsymbol{c}$를 $q \times 1$ 벡터 $\boldsymbol{v}_1$과 $\boldsymbol{v}_2$에 사영(射影)하는 방법이다. 여기서 $\boldsymbol{v}_1$과 $\boldsymbol{v}_2$는 S_q에서 단위 길이를 갖고 서로 직교하도록 제약된다. 즉,

$$\boldsymbol{v}_1^t D_c^{-1} \boldsymbol{v}_1 = 1, \quad \boldsymbol{v}_2^t D_c^{-1} \boldsymbol{v}_2 = 1, \quad \boldsymbol{v}_1^t D_c^{-1} \boldsymbol{v}_2 = 0$$

---

3) $q-1$차원 심플렉스 평면 S_q는 합이 1인 비음의 요소를 성분으로 하는 길이 q의 벡터들로 구성된다. 즉, $S_q = \{ (v_1, \cdots, v_q) \mid v_1 \geq 0, \cdots, v_q \geq 0 ;\ v_1 + \cdots + v_q = 1 \}$.

이다. v_1과 v_2의 모든 선형결합으로 심플렉스 공간 S_q 내에 2차원 평면이 형성되는데 그것을 $\mathcal{L}_S(v_1, v_2)$로 표기하자. 문제는 v_1과 v_2를 어떻게 잡아야 하는가에 있다. 이것은 빛을 어떤 바닥에 비추어야[4] 중심화된 행 프로파일들 $a_1 - c, \cdots, a_m - c$의 그림자가 원(原)형상을 잘 유지할 것인가를 묻는 것과 같다.

이에 대한 답은 $q \times q$ 대칭행렬 $D_c^{-1/2} F^t D_r^{-1} F D_c^{-1/2}$의 스펙트럼 분해에서 나온다. 여기에서는 기술적 · 세부적 사항을 다루지 않겠다.[5]

a_*를 임의의 행 프로파일이라고 하자. $\mathcal{L}_S(v_1, v_2)$ 평면에 내린 $a_* - c$의 사영은

$$((a_* - c)^t D_c^{-1} v_1, (a_* - c)^t D_c^{-1} v_2) \tag{3}$$

이다. 이 식을 $a_* = a_1, \cdots, a_m$에 대하여 적용함으로써 교차표 F의 m개 행들을 시각화할 수 있다. 또한 이를 $a_* = e_j$ (여기서 $e_j^t = (0, \cdots, 0, 1, 0, \cdots, 0)$, j번째 요소가 1인 단위벡터)에 대하여 적용하면 $\mathcal{L}_S(v_1, v_2)$ 평면에서 범주 j의 코너를 알 수 있다. 그런 이유로, $\mathcal{L}_S(v_1, v_2)$ 평면에서 j번째 범주의 코너는

$$((e_j - c)^t D_c^{-1} v_1, (e_j - c)^t D_c^{-1} v_2) \tag{4}$$

이다. 실제로 $c^t D_c^{-1} v_j = 0$이기 때문에 식 (3)과 (4)는 더 간단히 축약가능하다.

(1)과 (2)의 플롯을 대응분석(correspondence analysis) 그래프라고 한다. 2차원 대응분석 그래프의 근사도(goodness of approximation)는 다음과 같다.

$$GOA_2 := \frac{\lambda_1 + \lambda_2}{\sum_{j=1}^{q-1} \lambda_j}.$$

여기서 $\lambda_1, \lambda_2, \cdots$는 $D_c^{-1/2} F^t D_r^{-1} F D_c^{-1/2}$의 고유값이다. 이상의 2차원 사영과 적용은 s차원으로 확장될 수 있다 $(3 \leqq s < q)$.

---

4) 빛의 방향은 '바닥'에 직교함을 전제한다. 여기서 바닥은 $\mathcal{L}_S(v_1, v_2)$를 지칭한다.

5) 정확히는 $D_c^{-1/2} F^t D_r^{-1} F D_c^{-1/2}$의 2개 주(principal) 고유벡터를 v_1과 v_2를 구하고 $v_1 = D_c^{-1/2} \dot{v}_1$와 $v_2 = D_c^{-1/2} \dot{v}_2$를 얻는다. 실제로 가장 큰 고유값은 무의미하므로 제2의 고유값과 제3의 고유값에 상응하는 고유벡터가 주 고유벡터가 된다. 허명회 (2012) <탐색적 다변량자료 분석>의 3장 참조.

수치적 사례로서, 2007년 대통령 선거 예측조사 자료(KBS, 미디어리서치)에 대응분석을 적용해보기로 한다.[6] 다음 표는 1,522명의 응답자를 7개 권역과 6명의 후보로 교차분류한 결과이다.[7]

	dw	mb	hc	kh	etc	dk	Sum
SL	42	170	35	22	8	51	328
PK	21	108	33	15	11	53	241
TK	13	94	30	6	3	21	167
KG	57	182	49	34	25	64	411
KJ	72	18	6	19	12	34	161
DC	19	53	31	11	8	31	153
KJeju	7	17	8	3	4	22	61
Sum	231	642	192	110	71	276	1522

행 프로파일로 표현해보면 다음과 같다. 권역별 후보 지지율(%)을 볼 수 있다.

	dw	mb	hc	kh	etc	dk	Sum
SL	13	52	11	7	2	16	100
PK	9	45	14	6	5	22	100
TK	8	56	18	4	2	13	100
KG	14	44	12	8	6	16	100
KJ	45	11	4	12	7	21	100
DC	12	35	20	7	5	20	100
KJeju	11	28	13	5	7	36	100
Sum	15	42	13	7	5	18	100

대응분석은 행 프로파일을 차원 축소하여 보여주는 일종의 행렬도이다. 행에 주변빈도가 가중치로 부여되고 행 간 거리를 카이제곱으로 한다.

6) 허명회(2012) <탐색적 다변량자료 분석> 자유아카데미의 3장 참조.

7) 행 범주 SL은 서울, PK는 부산경남, TK는 대구경북, KG는 경기, KJ는 광주전라, DC는 대전충청, KJeju는 강원제주를 지칭한다. 열 범주 'dw'는 정동영, 'mb'는 이명박, 'hc'는 이회창, 'kh'는 김국현, 'etc'는 기타 군소후보, 'dk'는 "모르겠다"(don't know)의 약칭이다.

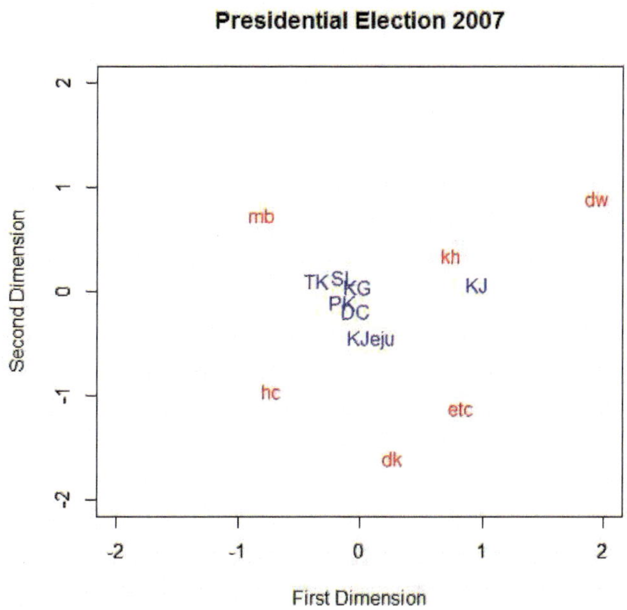

그림 3. 2007년 대통령 선거예측 자료의 대응분석

그림 3이 2차원 평면에 펼쳐진 대응분석 그래프를 보여준다. 열 범주(대통령 후보, "red" 점)들이 기하적으로는 심플렉스의 꼭지점들이므로 외곽에 포진된다. 행 범주(권역, "blue" 점)들은 열 특성의 혼합이므로 내부에 자리가 잡힌다.

그림 3에서 5개 권역 SL, TK, KG, PK, DC가 최대 군락을 형성하고 있음을 볼 수 있다. KJeju(강원제주)는 최대 군락의 주변에 있으나 KJ(광주전라)는 최대 군락으로부터 상당히 떨어져 있다. KJ의 그런 성향은 열 특성 dw(정동영)과 kh(김국현)와 관련 있다.

그림 3이 통상적인 대응분석 그래프인데, 아쉬운 점은 행 범주와 열 범주의 크기가 반영되어 있지 않다는 점이다. 앞에서 기술한 바, 행 주변빈도는 가중치로서, 열 주변빈도의 카이제곱 거리를 통하여 대응분석에 반영된다. 그림 4는 행 범주와 열 범주의 크기를 범주 레이블의 크기로 나타낸 대응분석 그래프이다.

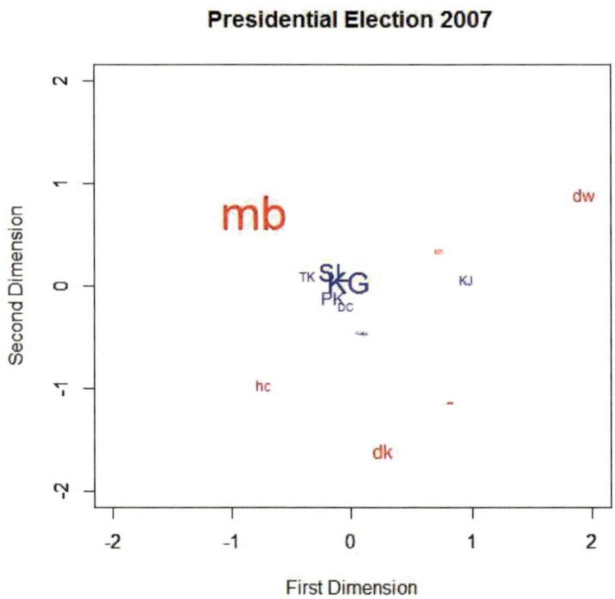

그림 4. 같은 자료의 대응분석: 행 범주와 열 범주의 크기 표현

다음은 그림 3과 그림 4의 그래프 작성에 쓰인 R 스크립트이다 (corresp_1.r). 대응분석을 위해 MASS 팩키지의 `corresp( )` 함수를 썼다.

```
F0 <- read.table("Election.txt", header=T)
F <- as.matrix(F0[ ,-1] )
rownames(F) <- F0[ ,1]
addmargins(F)
r.margin <- addmargins(F)[ ,7]
c.margin <- addmargins(F)[ 8,]

library(MASS)
corresp.F <- corresp(F,nf=2)
attach(corresp.F)
ROW <- rscore%*%diag(cor)
COL <- cscore
```

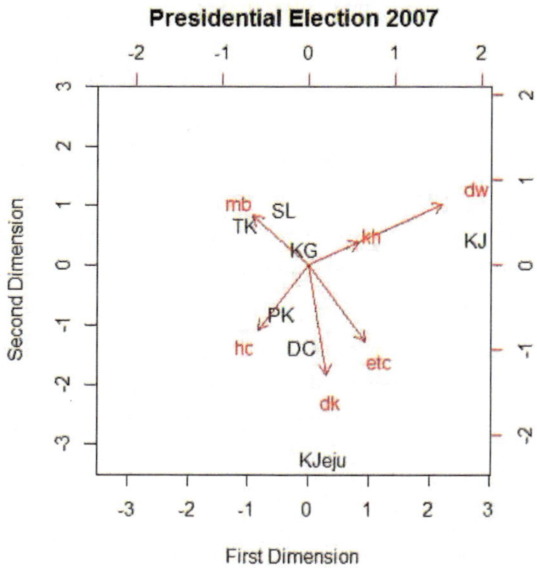

그림 5. 2007년 대통령 선거예측 자료의 대칭적 대응분석

```
plot(ROW[ ,2]~ROW[ ,1],type="n",xlim=c(-2,2),ylim=c(-2,2),
        xlab="First Dimension",ylab="Second Dimension",
        main="Presidential Election 2007")
text(ROW[ ,1],ROW[ ,2],labels=rownames(ROW),cex=1,col="blue")
par(new=T)
plot(COL[ ,2]~COL[ ,1],type="n",xlim=c(-2,2),ylim=c(-2,2),xlab="",ylab="")
text(COL[ ,1],COL[ ,2],labels=rownames(COL),cex=1,col="red")

plot(ROW[ ,2]~ROW[ ,1],type="n",xlim=c(-2,2),ylim=c(-2,2),
        xlab="First Dimension",ylab="Second Dimension",
        main="Presidential Election 2007")
text(ROW[ ,1],ROW[ ,2],labels=rownames(ROW),cex=r.margin/sum(r.margin)*12,
       col="blue")
par(new=T)
plot(COL[ ,2]~COL[ ,1],type="n",xlim=c(-2,2),ylim=c(-2,2),xlab="",ylab="")
text(COL[ ,1],COL[ ,2],labels=rownames(COL),cex=c.margin/sum(c.margin)*12,
        col="red")
```

이상의 대응분석에서 열은 '특성'이고 행은 '부표본'(subsample)이라는 점에서 행과 열이 대칭적이지 않다. 따라서 교차표를 만들 때 부표본 변수를 행에 넣고 특성 변수를 열에 넣어 만들어야 한다.

행과 열이 대칭적인 경우, 행 변수와 열 변수 간 상관의 최대화에 분석의 목표를 두게 된다. 그 결과로 행 범주와 열 범주에 다차원 수치가 부여되는데, 이런 기법을 대칭형 대응분석(symmetric correspondence analysis)이라고 한다.

대칭형 대응분석도 MASS 팩키지의 `corresp( )` 함수로 얻을 수 있다. 그림 5는 다음 R 스크립트의 산출물이다.

```
> biplot(rscore,cscore,cex=1,xlab="First Dimension",
             ylab="Second Dimension",main="Presidential Election 2007")
```

그림 5의 대칭형 대응분석 그래프에서 ① 'dw' 지지와 KJ(광주전라)의 대응, ② 'mb' 지지와 SL(서울) · TK(대구경북)의 대응, ③ 'dk' 특성과 KJeju(강원제주)의 대응 등이 관찰된다.

연습문제 1. FactoMineR 팩키지에서 자료를 취하여 행렬도로 시각화하라.

연습문제 2. FactoMineR 팩키지에서 자료를 취하여 대응분석으로 시각화하라.

3. 다중대응분석

다중대응분석(multiple correspondence analysis, MCA)은 n명의 응답자가 p개의 택일형 질문에 반응한 조사 자료를 분석하고 시각화한다. 그러므로 MCA는 대응분석의 확장이라기보다는 범주형 자료에 대한 주성분분석이다.

MCA는 질문 $1, \cdots, p$ (응답항 수 $m_1, \cdots, m_p$)에 대한 응답 자료로부터 만들어진 $n \times m$ 지표(indicator) 행렬 G를 분해하여 결과를 낸다 ($m = m_1 + \cdots + m_p$). 방법론은 다음과 같다.

행렬 G의 행 i를 $\boldsymbol{g}_i$로 표기하자. 예를 들어, 문항 수가 2개, 2개, 3개인 3개 질문에 대하여($p=3$, $m=7$) 응답자 i가 응답항 1, 1, 2를 선택하였다면

$$\boldsymbol{g}_i = (1,0,1,0,0,1,0)^t$$

이다. 행 벡터의 원소 합은 어느 행이나 p이다 (각 질문이 택일형임을 전제하였으므로). 그런 이유로 각 행을 행 프로파일이라고 부른다.

n개 행 프로파일들의 평균을 구하여 $\boldsymbol{c}$로 놓자. 즉, $\boldsymbol{c} = \frac{1}{n}\sum_{i=1}^{n}\boldsymbol{g}_i$이다 ($m \times 1$).

MCA에서도 행 간 거리에 차원에 대한 가중치가 $\boldsymbol{c}$의 역수인 카이제곱 측도를 적용한다. 이에 따라 2개 행 프로파일 $\boldsymbol{g}$와 $\boldsymbol{g}'$ 사이의 거리가

$$d^2(\boldsymbol{g},\boldsymbol{g}') = (\boldsymbol{g}-\boldsymbol{g}')^t D_c^{-1}(\boldsymbol{g}-\boldsymbol{g}')$$

으로 계산된다. 즉, n개 행 프로파일 $\boldsymbol{g}_1, \cdots, \boldsymbol{g}_n$을 가중 유클리드 공간 E_c의 벡터 점으로 간주하는 것이다 (E_c의 각 차원에는 가중치 $1/c_1, \cdots, 1/c_m$이 붙는다).

MCA는 m차원 공간 E_c의 $\boldsymbol{g}_1, \cdots, \boldsymbol{g}_n$을 상호 직교하는 단위벡터 $\boldsymbol{v}_1$과 $\boldsymbol{v}_2$에 사영하여 2차원 축소를 얻어 낸다 ($\boldsymbol{v}_1^t D_c^{-1}\boldsymbol{v}_1 = 1$, $\boldsymbol{v}_2^t D_c^{-1}\boldsymbol{v}_2 = 1$, $\boldsymbol{v}_1^t D_c^{-1}\boldsymbol{v}_2 = 0$). 이때, 최대 크기의 사영을 얻어내는 $\boldsymbol{v}_1$과 $\boldsymbol{v}_2$는 $n \times m$ 행렬 $GD_c^{-1/2}$의 특이값 분해(singular value decomposition, SVD)에서 나온다.[8)]

이에 따라, 행 프로파일들은 2차원 사영평면에서

$$(\boldsymbol{g}_i^t D_c^{-1} \boldsymbol{v}_1, \boldsymbol{g}_i^t D_c^{-1} \boldsymbol{v}_2), \quad i = 1, \cdots, n \tag{1}$$

에 타점 된다. 한편, 열 범주들은 각각 $(1, 0, \cdots, 0)$, $\cdots$, $(0, 0, \cdots, 1)$로 코딩되므로 2차원 사영 평면에서 열 범주들의 위치는

$$(\boldsymbol{e}_j^t D_c^{-1} \boldsymbol{v}_1, \boldsymbol{e}_j^t D_c^{-1} \boldsymbol{v}_2), \quad j = 1, \cdots, m \tag{2}$$

이다. 여기서 $\boldsymbol{e}_j = (0, \cdots, 1, \cdots, 0)^t$이다 ($j$번째 요소만 1인 영 벡터). 행 플롯 (1)과 열 플롯 (2)를 겹쳐서 보면 응답자 간 유사성 또는 비유사성, 응답항 간 유사성 또는 비유사성, 응답자와 응답항 간의 연관성이 나타난다.

행 프로파일 플롯과 열 범주 플롯의 설명력은 $m \times m$ 행렬 $D_c^{-1/2} G^t G D_c^{-1/2}$의 고유값으로 측정된다. 이것의 제곱근인 $n \times m$ 행렬 $G D_c^{-1/2}$의 특이값(singular value)은 사영 평면의 축 별로 응답자 반응이 나타난 칸의 행 좌표 값과 열 좌표 값 간 상관계수의 의미를 갖는다.

이제 한 예를 보자. FactoMineR 팩키지의 tea 자료는 차(tea)에 대하여 300명의 소비자를 조사한 자료이다. 여기서는 다음 6개 질문에 대한 응답 자료를 분석하고 시각화하여 보자 ($n = 300$, $p = 6$, $m = 17$).

v1. Tea	1) black, 2) gray, 3) green
v2. How	1) alone, 2) lemon, 3) milk, 4) other
v3. Sugar	1) no.sugar, 2) sugar
v4. how	1) tea.bag, 2) tea.bag+unpacked, 3) unpacked
v5. Where	1) chain.store, 2) chain.store+tea.shop, 3) tea.shop
v6. Always	1) always, 2) not.always

R에서 다중대응분석 기능이 있는 팩키지로 대표적인 것은 MASS와 FactoMineR인데, 여기서는 MASS 팩키지의 mca( ) 함수를 쓰기로 한다 (mca_1.r).

---

8) 더 정확히는, $D_c^{-1/2} G^t G D_c^{-1/2}$의 2개 주(principal) 고유벡터를 $\dot{v}_1$과 $\dot{v}_2$를 구하고 나서 $v_1 = D_c^{-1/2} \dot{v}_1$와 $v_2 = D_c^{-1/2} \dot{v}_2$를 얻는다.

```
library(FactoMineR)
data(tea); str(tea)
tea.1 <- tea[ ,c("Tea","How","sugar","how","where","always")]
library(MASS)
mca.tea.1 <- mca(tea.1, nf=2, abbrev=T)
mca.tea.1
windows(heigh=8,width=7)
plot(mca.tea.1,cex=0.8,xlim=c(-0.05,0.05),ylim=c(-0.05,0.05),
     col=c("gray","red"),main="Tea Data")
```

이 스크립트를 실행하면 다음 출력이 나온다.

```
> mca.tea.1

 Multiple correspondence analysis of 300 cases of 6 factors
 Correlations 0.529 0.508  cumulative % explained 10.58 20.73
```

제1축 행・열 좌표값 사이 상관이 0.529이고 제2축에서는 상관이 0.508이다. 그리고 2차원 사영평면의 설명력은 20.7%이다.

그림 6은 mca( )의 출력 그래프이다. 행 점은 “gray” 컬러로 처리되었고 열 범주들이 “red” 컬러로 찍혔다. 이와 같이 행과 열이 같이 표출된 그래프는 일목요연하기는 하지만 복잡해 보이는 단점이 있다.

복잡도를 피하기 위해서 행 플롯과 열 플롯을 따로 그려 볼 수 있다. 그림 7과 그림 8이 그 결과이다. 이를 위해 쓴 R 코드는 다음과 같다.

```
windows(heigh=8,width=7)
plot(mca.tea.1$rs,type="n",xlab="dim.1",ylab="dim.2",
    xlim=c(-0.02,0.02),ylim=c(-0.02,0.02),main="Respondents")
text(mca.tea.1$rs+matrix(rnorm(600,0,0.0005),300,2),
    label=1:300,cex=0.7,col="gray")
```

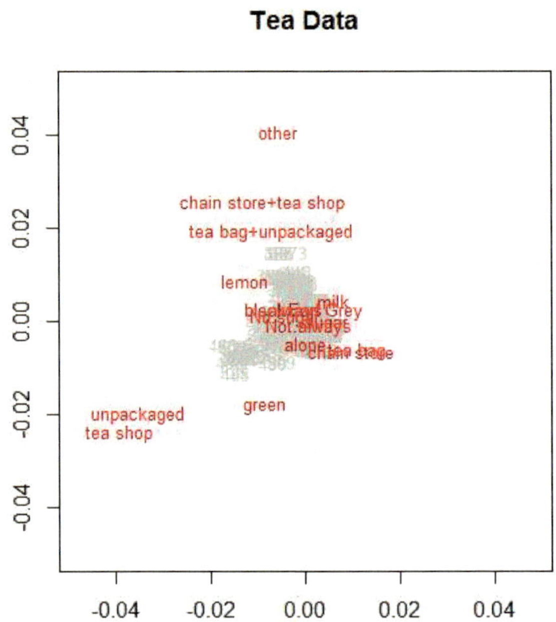

그림 6. tea 자료의 MCA 그래프

```
windows(heigh=8,width=7)
plot(mca.tea.1$cs,pch=20,xlab="dim.1",ylab="dim.2",
    xlim=c(-0.05,0.05),ylim=c(-0.05,0.05),main="Answer Categories")
text(mca.tea.1$cs+0.0025,rownames(mca.tea.1$cs),cex=0.8,col="red")
```

* 행 플롯에서 원래 위치 대신 인위적 오차 `matrix(rnorm(600,0,0.0005),300,2)`를 넣은 이유는 분석 자료가 범주형이므로 그렇게 하지 않으면 같이 위치에 여러 개체에 중복 타점되어 자료 점의 밀도가 제대로 표출되지 않기 때문이다.

그림 7에서 개체 점들이 집중되어 있는 곳은 (0.005,-0.002)와 (-0.003, 0.007) 근처이다. 이들에 반응하는 범주를 그림 8에서 찾아보면 chain.store와 tea.bag이다. 그림 8에서 두드러지게 근접하는 2개 범주는 Where의 tea.shop과 How의 unpacked인데 그림 7에서 이런 특성을 가진 응답자를 찾을 수 있다.

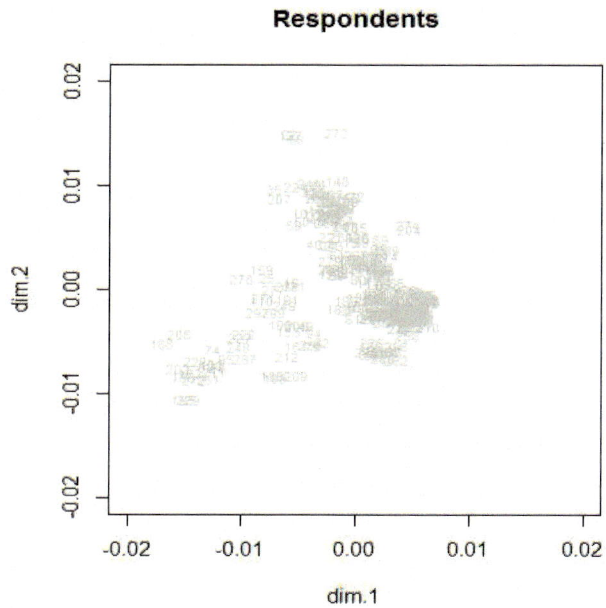

그림 7. tea 자료의 MCA 행 프로파일 플롯

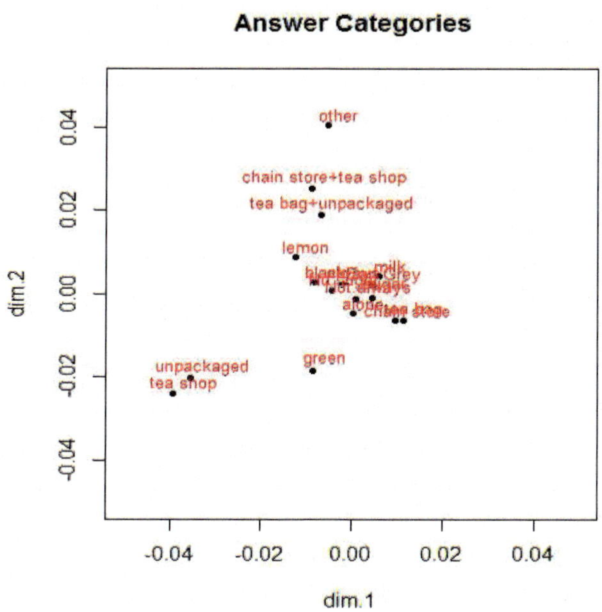

그림 8. tea 자료의 MCA 열 범주 플롯

연습문제 3. tea 자료에는 응답자의 sex(=female, male)과 age 정보가 있다. 이를 활용하여 sex · age 그룹의 중심점으로 단순화된 행 플롯을 만들어 열 범주와의 대응성을 살펴보라.

17장. SVM (Support Vector Machine)

이 장은 대표적 지도학습기계인 SVM, 즉 support vector machine을 다룬다. SVM은 '받침 점'(support point)의 역할을 하는 소수의 관측 개체들로 분류 및 회귀 모형을 구축하는데 이 방법은 설명변수가 많은 경우에도 잘 작동한다. R의 e1071 패키지의 `svm()` 함수를 써서 SVM 분류 및 회귀 모형을 만들어 본다.

1. 선형 SVM 분류

시작에 앞서 이 장부터 다루려하는 기계학습(machine learning)에 대하여 간략히 설명하고자 한다. 기계학습에서 '기계'는 컴퓨터를 지칭하고 '학습'은 경험적 지식 정도로 볼 수 있다. 이 분야가 공학에서 유래한다는 점을 빼고는 실제로 통계적 방법론과 다르지 않다. 그러나 데이터마이닝이 뜨면서 기계학습이 이 분야를 대표하는 자리에 올라섰다.

기계학습(machine learning)은 지도 학습(supervised learning)과 비지도 학습(unsupervised learning)으로 구분된다. 지도 학습은 외적 기준이 되는 변수가 포함되어 있는 데이터(=경험)에서 나오는 경험적 지식이고 비(非)지도 학습은 외적 정보가 없는 데이터(=경험)에서 만들어지는 경험적 지식이다. 여기서 외적 기준 또는 정보라고 함은 통계학적 용어로는 종속변수 Y와 같은 것이다. 따라서 회귀모형이나 분류모형은 지도학습에 속한다. 반면, 군집화나 패턴기술(pattern description) 같은 것은 비지도학습이다.

SVM 분류는 분류규칙을 산출해내는 지도학습 방법이다. n개의 개체들에서 p개의 속성(attribute) $X_1, \cdots, X_p$가 측정되었고 외적 정보로 Y가 -1 또는 +1로 얻어졌다고 하자. 따라서 $Y=-1$인 개체들과 $Y=+1$인 개체들이 뒤섞인 자료로부터, 어떤 속성의 개체들의 Y가 -1이 되고 어떤 속성의 개체들의 Y가 +1이 되는지 분류규칙을 세워보자는 것이 취지이다.

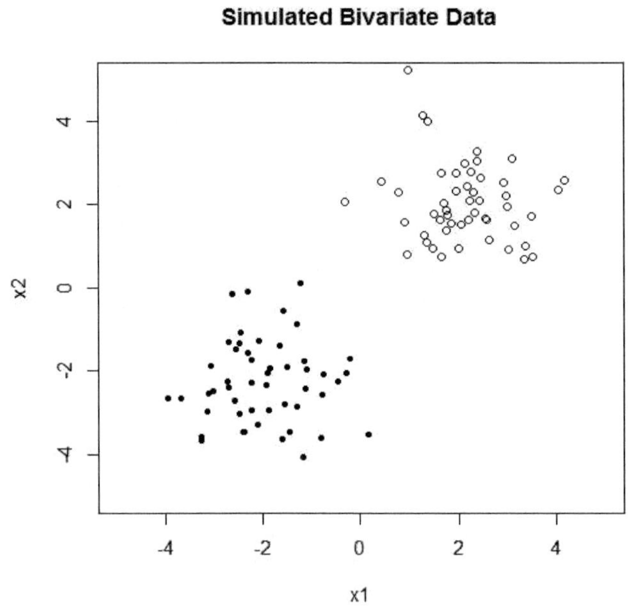

그림 1. 이변량 모의생성자료

선형 SVM 분류란 무엇인가? 단순한 예에서 시작하자. 그림 1의 데이터는 모의생성된 2변량 자료인데 50개의 까만 점과 50개의 하얀 점이 혼합되어 있다. 흑백을 나누는 경계는 무엇인가? 연필과 자로 누구든 그런 선을 그을 수 있을 것이다.

선형 SVM은 그런 경계선 중에서 가장 폭이 넓은 것을 찾아낸다. 그림 2를 보라. 중앙 경계선이 그어졌고 양 쪽 주변으로 경계선과 평행하게 울타리가 세워졌다. 울타리에 받침 점이 된 관측개체는 3개뿐이다.

SVM은 어떻게 이런 경계를 찾는가? 자료를 $(\boldsymbol{x}_i^t, y_i)$로 표기하자 $(i = 1, \cdots, n)$. 여기서 $\boldsymbol{x}_i$는 $p \times 1$ 설명 벡터이고 y_i는 -1 또는 +1이다. 그림 1과 같이 총 개체군이 선형적으로 분리 가능한 경우, SVM 방법은 다음과 같이 구성된다.

- 찾고자 하는 선형 분류함수를 $f(x) = \boldsymbol{w}^t \boldsymbol{x} + b$로 표기하자: $f(x) > 0$이면 y를 +1로 예측하고 $f(x) < 0$이면 y를 -1로 예측한다.

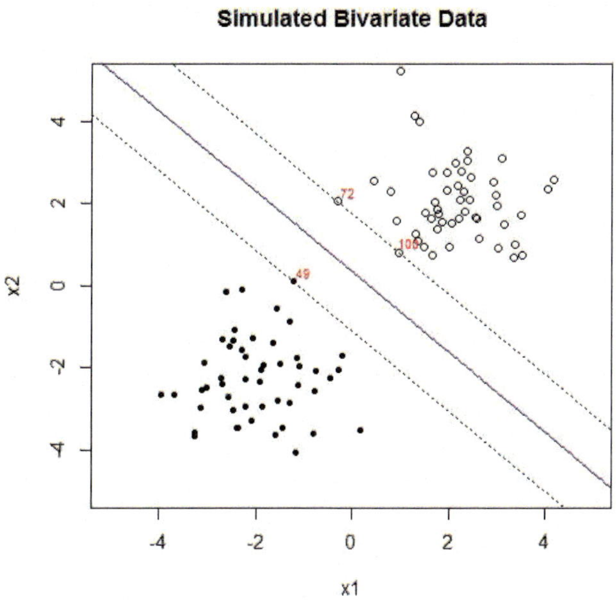

그림 2. SVM 받침 점(support vector)과 분류선

- 제약조건이 따른다: $i=1, \cdots, n$에 대하여

  1) $\boldsymbol{w}^t \boldsymbol{x}_i + b \geq 1$, if $y_i = 1$,

  2) $\boldsymbol{w}^t \boldsymbol{x}_i + b \leq -1$, if $y_i = -1$.

  이것은 선형적으로 분리되는 상황임을 수학적으로 표현한 것이다. 위의 2개 영역 간 폭은 $\|\boldsymbol{w}\|$의 역에 비례한다. 따라서 $\|\boldsymbol{w}\|$의 최소화가 목표이다.

- 따라서 SVM은 다음과 같이 수학적으로 정식화된다.

  minimize $\frac{1}{2}\|\boldsymbol{w}\|^2$ with respect to $\boldsymbol{w}$

  subject to 1) $\boldsymbol{w}^t \boldsymbol{x}_i + b \geq 1$, if $y_i = 1$,

  2) $\boldsymbol{w}^t \boldsymbol{x}_i + b \leq -1$, if $y_i = -1$.

- 라그라지 승수와 quadratic programming으로 다음과 같은 해를 얻는다.

$$w = \sum_{i=1}^{n} \lambda_i y_i x_i, \quad \lambda_1, \cdots, \lambda_n \geq 0.$$

- $\lambda_i > 0$ 인 개체 i 의 설명 벡터 x_i 를 받침 벡터(support vector)라고 한다. 받침 벡터(점)들은 $w^t x + b = \pm 1$ 의 경계에 놓인다.

- 그림 1의 모의생성 자료에서는 받침 점 3개(=개체 49, 72, 100)가 탐지되었다. 그림 2를 보라.

많은 상황에서는 데이터가 2개 그룹으로 선형적으로 명확히 나뉘지 않는다. 그림 3을 보라. 연필과 자로는 어떤 선을 긋더라도 흑점과 백점을 분리할 수 없다.

일반적으로 SVM은 어떻게 정식화되는가? 일부 개체들에 대하여 제약조건을 완화하지 않으면 안 된다. 그러나 조건완화에 페널티를 부과하여 해를 구한다.

- SVM 분류의 일반적 정식화:

$$\text{minimize} \quad \frac{1}{2} \| w \|^2 + C \sum_{i=1}^{n} \xi_i \quad \text{w.r.t. } w \text{ and } \xi_1 \geq 0, \cdots, \xi_n \geq 0$$

$$\text{subject to} \quad 1)\ w^t x_i + b \geq 1 - \xi_i, \quad \text{if } y_i = 1,$$

$$2)\ w^t x_i + b \leq -1 + \xi_i, \quad \text{if } y_i = -1.$$

여기서 $\xi_1 \geq 0, \cdots, \xi_n \geq 0$ 은 조건완화를 위한 여분(slack)이고 $C > 0$ 는 이 부분에 부과되는 단위비용(unit cost)이다.

그림 4는 그림 3 자료의 SVM 분류 결과이다 ($C = 100$). 네모 표시가 된 점들이 받침 벡터들이다. 이들 점들은 분류 울타리의 경계와 내부에 위치한다. 그림에서 SVM 분류선은 실선으로 나타나 있다.

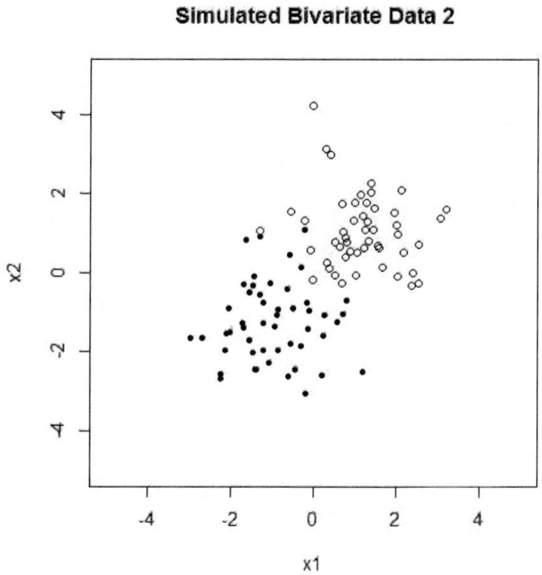

그림 3. 선형적으로 분리가능하지 않은 이변량 자료

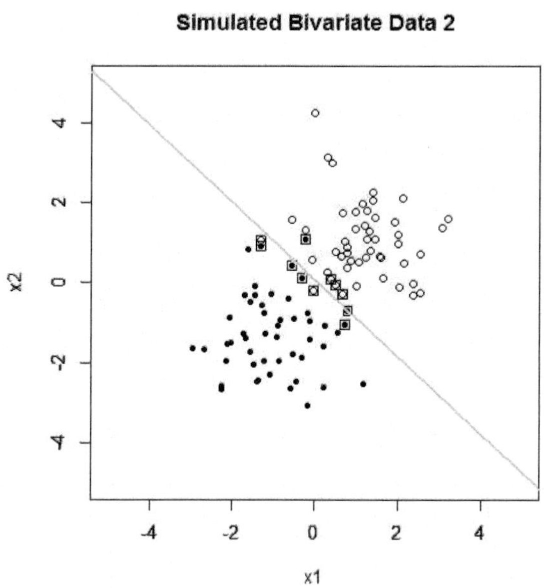

그림 4. SVM 분류의 받침 벡터들 (네모 표시)

2. 비선형 SVM 분류

선형 SVM 분류는 말 그대로 '선형적'이다. 따라서 그룹 간 경계가 비선형인 경우 잘 작동하지 않게 된다. 예를 들어 그림 5의 케이스를 생각해 보자. 이 케이스에서는 $x_1^2+x_2^2 \leqq 1.16$ 이면 group=1이고 $x_1^2+x_2^2 > 1.16$ 이면 group=2이다. 즉 그룹 경계가 원형인 경우이다. 따라서 설명공간의 좌표를 (x_1, x_2) 대신 (x_1^2, x_2^2)으로 바꿀 필요가 있다. 이 케이스는 2변량의 경우이므로 산점도에서 시각적으로 필요한 변환을 찾을 수 있지만, 일반적으로 $p\,(\geqq 3)$변량의 자료에서는 그룹 분류를 위해 어떤 비선형 변환이 필요한지를 알아내기 쉽지 않다.

SVM 방법은 설명공간을 힐버트 공간(Hilbert space)으로 옮겨 비선형 분류의 문제를 해결한다. p차원 설명벡터 $\boldsymbol{x}$를 힐버트 공간의 $\Phi(\boldsymbol{x})$로 옮기자. 즉 Φ는 $\mathbb{R}^p$에서 $\mathbb{H}$로의 함수이다. 여기서 $\mathbb{R}^p$는 p차원의 유클리드 공간이고 $\mathbb{H}$는 힐버트 공간이다.

힐버트 공간 $\mathbb{H}$에서 두 개체 $\Phi(\boldsymbol{x}_1)$과 $\Phi(\boldsymbol{x}_2)$ 간 내적(內積) $<\Phi(\boldsymbol{x}_1), \Phi(\boldsymbol{x}_2)>$는 몇 개의 특정한 커널 함수 $K(\boldsymbol{x}_1, \boldsymbol{x}_2)$로 얻어진다. 가우스 커널이 대표적이다:

가우스 커널(일명 radial kernel):

$$K(\boldsymbol{x}_1, \boldsymbol{x}_2) = \exp(-\gamma \parallel \boldsymbol{x}_1 - \boldsymbol{x}_2 \parallel^2),\ \gamma > 0.$$

유클리드 공간 $\mathbb{R}^p$에서 두 개체 $\boldsymbol{x}_1$과 $\boldsymbol{x}_2$ 간 내적(內積) $<\boldsymbol{x}_1, \boldsymbol{x}_2>$에 해당하는 커널은 $K(\boldsymbol{x}_1, \boldsymbol{x}_2) = \boldsymbol{x}_1^t \boldsymbol{x}_2$이다. 이 커널은 선형 커널(linear kernel)로 불린다. 이 밖에 다항 커널과 로지스틱 커널 등이 있다.

다항 커널(polynomial kernel): $K(\boldsymbol{x}_1, \boldsymbol{x}_2) = (\gamma\, \boldsymbol{x}_1^t \boldsymbol{x}_2 + c_0)^d,\ d = 1, 2, \cdots.$

로지스틱 커널(logistic kernel): $K(\boldsymbol{x}_1, \boldsymbol{x}_2) = \tanh(\gamma\, \boldsymbol{x}_1^t \boldsymbol{x}_2 + c_0).$

여기서 $c_0 \geqq 0,\ \gamma > 0$이다.

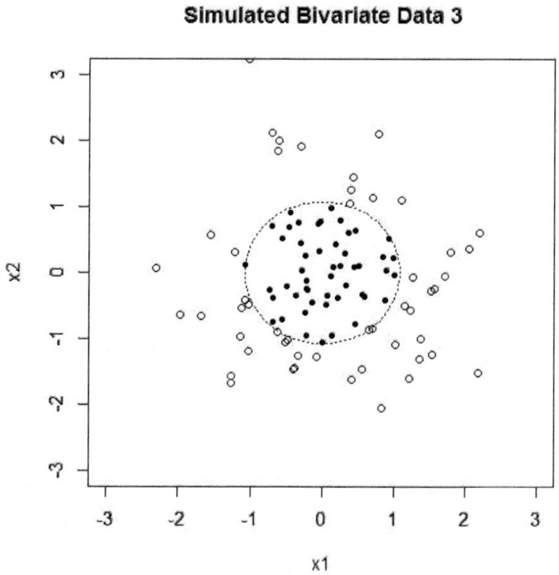

그림 5. 이변량 모의생성 자료: 비선형적 케이스

비선형 SVM 방법은 분류함수를 $f(\boldsymbol{x}) = \boldsymbol{w}^t \Phi(\boldsymbol{x}) + b$ 로 놓고 $\Phi(\boldsymbol{x}_i)$ 들의 선형결합, 즉 $\sum_{i=1}^{n} w_i \Phi(\boldsymbol{x}_i)$ 중에서 계수 $\boldsymbol{w}$ 를 다음 정식화에 따라 찾는다.

$$\text{minimize} \quad \frac{1}{2} \| \boldsymbol{w} \|^2 + C \sum_{i=1}^{n} \xi_i \quad \text{w.r.t. } \boldsymbol{w} \text{ and } \xi_1 \geq 0, \cdots, \xi_n \geq 0$$

$$\text{subject to} \quad 1) \ \boldsymbol{w}^t \Phi(\boldsymbol{x}_i) + b \geq 1 - \xi_i, \quad \text{if } y_i = 1,$$

$$2) \ \boldsymbol{w}^t \Phi(\boldsymbol{x}_i) + b \leq -1 + \xi_i, \quad \text{if } y_i = -1.$$

여기서 $\xi_1 \geq 0, \cdots, \xi_n \geq 0$은 여분(slack)이고 $C > 0$는 단위비용이다.

이 정식화를 풀어서 얻어지는 분류함수는 다음 형태가 된다.

$$f(\boldsymbol{x}) = \sum_{i=1}^{n} \lambda_i y_i < \Phi(\boldsymbol{x}_i), \Phi(\boldsymbol{x}) > + b = \sum_{i=1}^{n} \lambda_i y_i K(\boldsymbol{x}_i, \boldsymbol{x}) + b.$$

그림 6은 그림 5 자료에 가우스 커널을 적용하여 분류한 결과이다 ($\gamma = 0.5$,

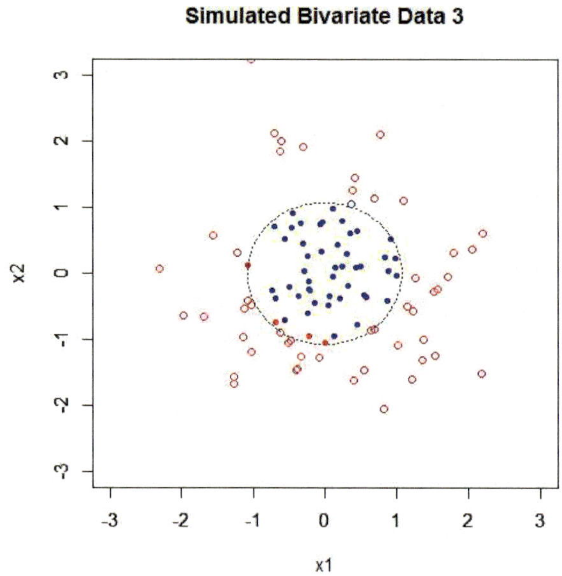

그림 6. 비선형적 케이스에 대한 SVM 분류 결과: 가우스 커널

$C = 1$). 청색 점이 group=1로 분류된 개체들이다. 원의 경계에서 일부 혼동이 있기는 하지만 대체로 잘 분류되어 있다.

다음은 SVM 분류에 쓰인 R 스크립트인데 e1071 팩키지의 `svm()` 함수를 사용하였다 (simulated 2-dim nonlinear.r). `svm()`에서 `kernel`은 "`radial`"로 지정하였고 `gamma`는 0.5로 하였다. `scale`은 `FALSE`로 두어 원 척도를 썼다.

```
set.seed(123)
x <- matrix(rnorm(200),100,2)
grp <- ifelse(apply(x*x,1,sum) <= 1.16, 1, 2)
table(grp)

library(e1071)
y <- as.factor(grp)
svm.model <- svm(y ~ x, kernel="radial", scale=F, gamma=0.5)
summary(svm.model)
```

```
windows(height=8,width=7)
plot(x, pch=c(20,21)[grp], col=c("blue","red")[svm.model$fitted],
    xlim=c(-3,3), ylim=c(-3,3), xlab="x1", ylab="x2",
    main="Simulated Bivariate Data 3")
theta <- seq(0,1,0.01)*2*pi; r <- sqrt(1.16)
par(new=T); plot(r*cos(theta), r*sin(theta), lty="dotted", type="l",
    xlim=c(-3,3), ylim=c(-3,3), xlab="", ylab="")
```

스팸 메일 사례. kernlab 팩키지의 spam 자료는 휴렛-팩커드 사에서 수집된 4,601개의 e메일에 대한 스팸 분류(spam 또는 nonspam; 변수 명 type)와 57개 변수 x1-x57 (단어 및 기호의 빈도・특성)으로 구성되어 있다. x1-x57을 써서 type에 대한 비선형 SVM 분류를 해보자. 다음과 같이 R 스크립트를 작성하였다 (spam.r).

```
> library(e1071)
> library(kernlab)
> data(spam); str(spam)
> svm.model <- svm(type ~ ., data=spam, gamma=1, cost=1)

> addmargins(table(spam$type, svm.model$fitted))
         nonspam spam  Sum
  nonspam    2788    0 2788
  spam         27 1786 1813
  Sum        2815 1786 4601
```

적합모형에 자료를 넣어 예측한 결과 1,813개 스팸 중에서 27개를 nonspam으로 분류하여 1.5%의 오류율을 보였다.[1] 2,788개 비(非)스팸에 대해서는 모두 옳게 예측함으로써 제로 오류율을 기록하였다. 총(總)오류율은 0.6%(=(27+0)/4601)이다. 인상적이지 않은가? 그렇게 보이지만, 앞의 분석에서 분류 정확도는 과장되어 있다. 왜냐하면 모형적합에 쓰인 자료(training data, 훈련자료)와 모형성과의 테스트에 쓰인 자료(test data, 테스트 자료)가 같기 때문이다.

---

1) 표에서 행은 Y의 실제 값이고 열은 Y의 예측 값이다.

전체자료를 일정 비율로 분할(partition)하여 훈련자료와 테스트 자료를 겹치지 않게 할 필요가 있다. 다음은 전체자료를 3:1로 분할하는 예이다.

```
> n <- nrow(spam)
> sub <- sample(1:n, round(0.75*n))
> spam.1 <- spam[sub,]
> spam.2 <- spam[-sub,]
```

spam.1은 훈련자료로서 3,451개의 개체를 가져가고 spam.2는 테스트 자료로서 나머지 1,150개의 자료를 가져간다. 이제 spam.1으로 SVM 분류 모형을 적합하고 spam.2 개체들의 Y 예측치를 만든 다음 실제 Y와 대조해보자.

```
> svm.model.1 <- svm(type ~ ., data=spam.1, gamma=1, cost=1)
> svm.predict.2 <- predict(svm.model.1, newdata=spam.2)

> addmargins(table(spam.2$type, svm.predict.2))
          svm.predict.2
          nonspam spam  Sum
  nonspam     682    1  683
  spam        236  231  467
  Sum         918  232 1150
```

spam.1으로 적합한 SVM 분류 모형에 spam.2 자료를 넣어 예측한 결과 467개 스팸 중에서 236개를 nonspam으로 분류하여 50%가 넘는 오류율을 보였다. 그리고 683개 비(非)스팸 중에 대해서는 1개를 스팸으로 예측함으로써 0.15%의 오류율을 기록하였다. 총(總)오류율은 20.6%(=(236+1)/1150)이다. 앞에서 총오류율이 0.6%였는데 이것이 얼마나 과소한 것이었던가를 실감할 수 있다.

이제까지 `svm()`에서 `kernel`은 `gamma=1`, cost=1로 하였는데 이들 파라미터를 다르게 두면 모형성과가 다르게 나타날 수 있다. e1071 팩키지의 `tune.svm()`으로 SVM 모형의 최적 파라미터를 찾아보자. 이 함수는 10-겹 교차 타당성 평가(10-fold cross-validation) 방법을 쓴다.[2] 가우스 커널의 `gamma` 값 0.1, 1,

2) 전체 자료를 10개로 나누어 9개 부(副,sub) 자료를 합하여 모형적합을 하고 나머지 1개

10과 cost 값 0.1, 1, 10의 총 9개 조합 중에서 최적의 (gamma, cost) 조합을 찾아보자.

```
> tune.svm <- tune(svm, type ~ .,  data=spam.1,
                   ranges=list(gamma=c(0.1,1,10),cost=c(0.1,1,10)))
> summary(tune.svm)

  - sampling method: 10-fold cross validation

  - best parameters:
    gamma cost
     0.1   10

  - best performance: 0.09329068

  - Detailed performance results:
    gamma cost      error dispersion
  1   0.1  0.1 0.18336669 0.02816067
  2   1.0  0.1 0.38158358 0.02980236
  3  10.0  0.1 0.39027006 0.02932452
  4   0.1  1.0 0.09676559 0.01431572
  5   1.0  1.0 0.21293232 0.02368920
  6  10.0  1.0 0.25639253 0.02279772
  7   0.1 10.0 0.09329068 0.01889967
  8   1.0 10.0 0.20829877 0.02424337
  9  10.0 10.0 0.25320661 0.02237121
```

위 출력에 의하면, “radial”(가우스) 커널의 SVM 분류 모형에서 gamma=0.1과 cost=10의 조합이 평균 총 오류율 9.3%로 최적이다.[3)]

부자료로 적합 모형을 테스트하는 방법이다. 1개 부자료의 선택에 10개 경우가 있으므로 총 10번의 테스트를 하는 셈이 된다.

3) 계산처리 시간이 상당히 걸린다. 저자의 노트북에서는 744 sec만에 결과가 나왔다.

```
p.time <- proc.time()
tune.svm <- tune(svm, type ~ .,  data=spam.1,
                 ranges=list(gamma=c(0.1,1,10),cost=c(0.1,1,10)))
summary(tune.svm)
proc.time()-p.time
```

3. 선형 및 비선형 SVM 회귀

선형 SVM 회귀에서 회귀함수는 $f(\boldsymbol{x}) = \boldsymbol{w}^t\boldsymbol{x} + b$의 꼴이다. SVM 회귀는 y_i가

$$(f(\boldsymbol{x}_i) - \epsilon,\ f(\boldsymbol{x}_i) + \epsilon) \tag{1}$$

내에 오도록 회귀함수 $f(\boldsymbol{x})$를 잡는 것을 이상으로 한다 ($\epsilon > 0$, $i = 1, \cdots, n$).

많은 실제 사례에서는 이것이 가능하지 않다. 그런 사례에서는 $y_i - f(\boldsymbol{x}_i) \geqq \epsilon$이면 y_i를 $y_i - \xi_i\ (= y_i^*)$로 조정하고 $y_i - f(\boldsymbol{x}_i) \leqq -\epsilon$이면 y_i를 $y_i + \xi_i\ (= y_i^*)$로 조정하여, y_i^*가 (1)의 구간 $(f(\boldsymbol{x}_i) - \epsilon, f(\boldsymbol{x}_i) + \epsilon)$에 담기도록 $f(\boldsymbol{x})$를 잡는다. 여기서 "여분"(slack) ξ_i는 비음(nonnegative)이다 ($i = 1, \cdots, n$).

그림 7은 $x \sim N(0,1)$, $f(x) = 0.8x$, $y = f(x) + e$, $e \sim N(0, 0.6)$에서 생성된 2변량 자료이다. 참 회귀선을 중심으로 폭이 $\epsilon\ (= 1)$인 띠의 밖에 있는 관측점의 경우 관측점에서 띠의 경계까지의 수직 선분의 길이가 "slack"(여분)이다.

여분의 총 크기 $\sum_{i=1}^{n} \xi_i$는 가급적 작아야 한다. 따라서 선형 SVM 회귀는 다음과 같이 정식화된다.

$$\text{minimize } \frac{\|\boldsymbol{w}\|^2}{2} + C\sum_{i=1}^{n} \xi_i \text{ with respect to } \boldsymbol{w} \text{ and } \xi_1, \cdots, \xi_n.$$

$$\begin{aligned} \text{subject to } \quad & y_i - f(\boldsymbol{x}_i) - \xi_i \leqq \epsilon, \text{ if } y_i - f(\boldsymbol{x}_i) \geqq \epsilon, \\ & y_i - f(\boldsymbol{x}_i) + \xi_i \geqq -\epsilon, \text{ if } y_i - f(\boldsymbol{x}_i) \leqq -\epsilon, \\ & \text{for } i = 1, \cdots, n. \end{aligned}$$

SVM 방법론에 의하면 이것의 해는 다음 형태로 주어진다.

$$\boldsymbol{w} = \sum_{i=1}^{n} (\alpha_i - \alpha_i^*)\boldsymbol{x}_i, \qquad f(\boldsymbol{x}) = \sum_{i=1}^{n} (\alpha_i - \alpha_i^*)\boldsymbol{x}_i^t\boldsymbol{x} + b.$$

여기서 α_i와 α_i^*는 비음의 Lagrange 승수이다.

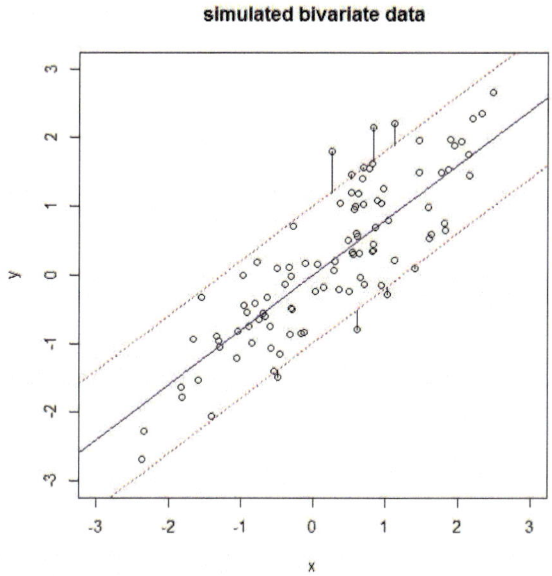

그림 7. 모의생성 2변량 자료에서의 선형 SVM 회귀 개념도

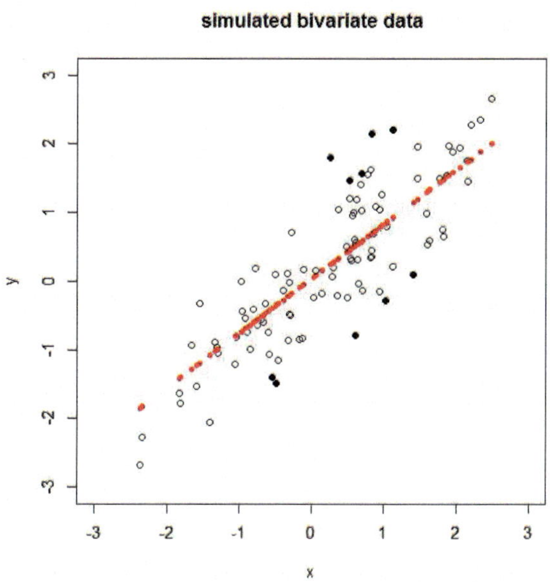

그림 8. 모의생성 2변량 자료에서 선형 SVM 회귀 적합모형

그림 8은 그림 7의 자료의 선형 SVM 회귀를 보여준다. 예측값들은 대각의 경향 직선에 놓인다. 그 직선을 중심으로 $\pm\epsilon$의 띠 밖의 개체 점들은 청색 컬러로 채워졌는데 ($\epsilon = 1$) 이들이 받침 벡터(support vector)들이다. 그림 8의 작성을 위해 다음 R 스크립트가 쓰였다 (파일 명: simulated 2-dim linear regression.r).

```
set.seed(12345)
x <- rnorm(100)
y <- 0.8*x + rnorm(100,0,0.6)
library(e1071)
svm.model <- svm(y ~ x, kernel="linear", epsilon=1, scale=F)
summary(svm.model)

windows(height=7.5,width=7)
plot(y ~ x, main="simualted bivariate data",xlim=c(-3,3),ylim=c(-3,3))
par(new=T)
plot(svm.model$fitted ~ x, main="",xlim=c(-3,3),ylim=c(-3,3),
     xlab="",ylab="",col="red",pch=20)
points(x[svm.model$index],y[svm.model$index],pch=:
```

비선형 SVM 회귀에서 회귀함수는 $f(x) = w^t\Phi(x)+b$로 바뀌고 적합모형은 다음 형태로 주어진다.

$$w = \sum_{i=1}^{n}(\alpha_i - \alpha_i^*)\Phi(x_i), \qquad f(x) = \sum_{i=1}^{n}(\alpha_i - \alpha_i^*)K(x_i, x) + b.$$

여기서 α_i와 α_i^*는 비음의 Lagrange 승수이고 $K(x, x')$은 커널 함수이다.

그림 9는 $x \sim N(0,1)$, $f(x) = 0.8x^2$, $y = f(x) + e$, $e \sim N(0, 0.6)$에서 생성된 2변량 자료이다. 중앙의 속이 채워진 적색 점들이 2차식인 회귀함수 $f(x)$이다. $y = f(x)$를 중심으로 폭이 $\epsilon\,(=1)$인 띠의 밖에 있는 개체들이 몇 개 있는데 이들은 청색으로 채워져 있다.

그림 10은 그림 9의 자료의 비선형 SVM 회귀(가우스 "radial" 커널, epsilon=1, gamma=0.5, cost=1)를 보여준다. 예측값들은 채워진 적색 점으로 표지되었는데

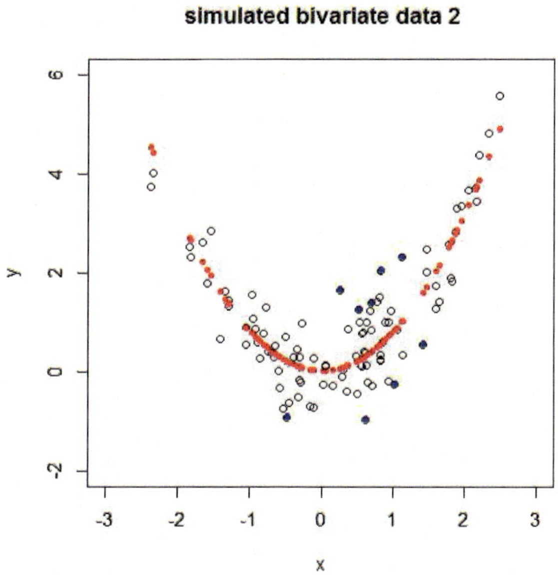

그림 9. 2차 곡선 패턴의 모의생성 자료: 회귀곡선과 띠의 안팎

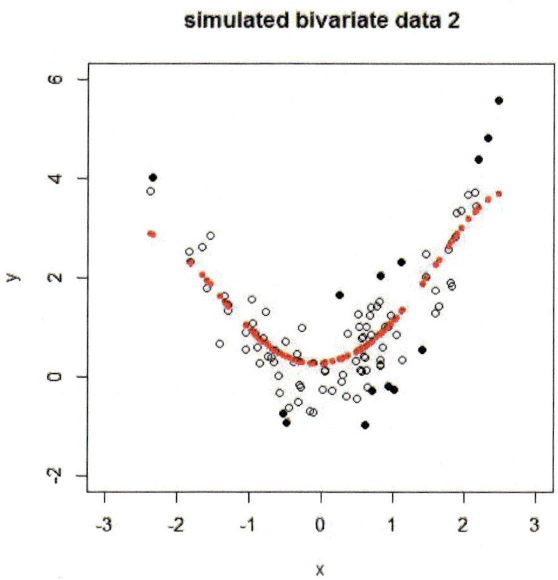

그림 10. 모의생성 2변량 자료에서 비선형 SVM 회귀 적합모형

2차식에 가까운 곡선 상에 놓여 있다. 이 경향곡선을 중심으로 $\pm\epsilon$의 띠 밖에 있는 채워진 청색 점들이 비선형 SVM 회귀를 결정하는 받침 벡터이다 ($\epsilon = 1$).

그림 10의 작성을 위해 다음 R 스크립트가 쓰였다 (파일 명: simulated 2-dim nonlinear regression.r).

```
set.seed(12345)
x <- rnorm(100);  y.fit <- 0.8*x^2
y <- y.fit + rnorm(100,0,0.6)

library(e1071)
svm.model <- svm(y ~ x, gamma=0.5, epsilon=1, scale=F)
summary(svm.model)

windows(height=7.5,width=7)
plot(y ~ x, main="simuated bivariate data 2",xlim=c(-3,3),ylim=c(-2,6))
par(new=T)
plot(svm.model$fitted ~ x, main="",xlim=c(-3,3),ylim=c(-2,6),
     xlab="",ylab="",col="red", pch=20)
points(x[svm.model$index],y[svm.model$index],pch=
```

오존 연구 사례. gclus 팩키지의 ozone 자료는 미국 Los Angeles 시 인근에서 330일에 걸쳐 측정된 오존 및 기상 변인에 대한 기록이다. 다음 변수들로 구성되어 있다.

```
Ozone:  Ozone conc., ppm, at Sandbug AFB.
Temp:   Temperature F. (max?).
InvHt:  Inversion base height, feet
Pres:   Daggett pressure gradient (mm Hg)
Vis:    Visibility (miles)
Hgt:    Vandenburg 500 millibar height (m)
Hum:    Humidity, percent
InvTmp: Inversion base temperature, degrees F.
Wind:   Wind speed, mph
```

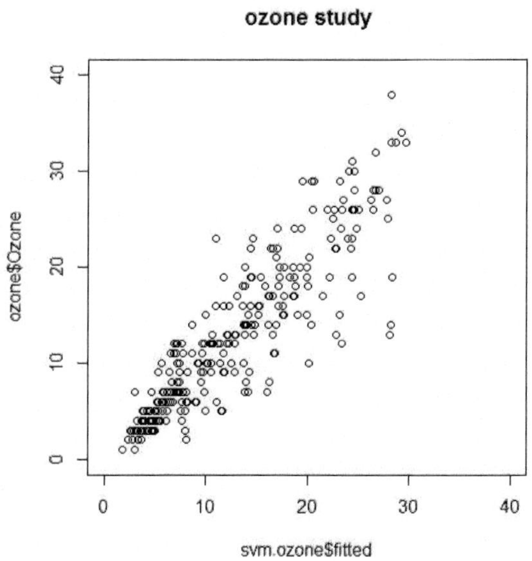

그림 11. 오존에 대한 비선형 SVM 회귀 1

종속변수로 Ozone을, 그리고 나머지 변수들을 설명변수로 하자. 그림 11이 오존의 비선형 SVM 회귀 적합값 대 관측값의 플롯이다.

적합 SVM 회귀에 쓰인 파라미터는 cost=1, gamma=0.125, epsilon=0.1이다. R 스크립트는 다음과 같다 (ozone.r).

```
library(gclus)
data(ozone); str(ozone)
library(e1071)
svm.ozone <- svm(Ozone ~ ., data=ozone, cost=1)
summary(svm.ozone)
windows(height=7.6, width=7)
plot(ozone$Ozone ~ svm.ozone$fitted, main="ozone study",
     xlim=c(0,40),ylim=c(0,40))
cor(svm.ozone$fitted,ozone$Ozone)
```

비선형 SVM 회귀 적합값과 관측값 간 상관은 0.91로 좋은 편이지만 받침 벡터의 수가 무려 250개나 된다. 받침 벡터 수를 줄이기 위해서는 epsilon을 크게 할 필요가 있다.

연습문제 1. spam 사례에서 spam 수는 1,813개이고 nonspam 수는 2,788개로 불균형하다 (0.8대 1.2). 따라서 spam에 1.2의 가중치를 주고 nonspam에 0.8의 가중치를 주어 클래스 크기의 불균형을 교정하는 방안을 고려할 수 있다. 그렇게 하는 경우, 최선의 SVM 분류모형은?
[힌트: `svm()` 함수에서 `class.weights` 옵션을 써볼 것]

연습문제 2. ozone 사례에서 "linear" 커널을 쓰는 경우 SVM 회귀 적합값과 ozone 값 간 상관은 어느 정도가 되는가?

18장. 나무 알고리즘 tree algorithm

나무 알고리즘(tree algorithm)은 데이터 분할, 즉 노드 분리로써 순도(純度)를 높인다. 자식이 다음 세대에서 부모이듯이, 나무 알고리즘에서도 분리된 노드가 다시 분리된다. 그러다가 순도의 증가가 둔화되는 시점에서 작업이 종료된다. 이 장에서는 분류와 회귀에 적용되는 CART와 이를 확장한 RF(random forest)를 소개한다.

1. CART

CART(Classification And Regression Tree)는 캘리포니아의 4인방 Breiman, Friedman, Olshen, Stone이 개발한 나무 알고리즘이다. 말 그대로 CART는 분류와 회귀에 모두 적용 가능하다. 방법론의 설명을 분류에서 시작하기로 한다.

종속변수 Y가 이항형($=0,1$)이고 예측변수로 $X_1, \cdots, X_p$가 가용하다고 하자. 나무 알고리즘의 방법론은 총 자료, 즉 뿌리 노드(root node)에서 시작하고 핵심 아이디어는 노드 분리(node splitting)에 있다.

노드 분리: 분리 대상인 노드를 M, 어미 노드라고 하자. 어미 노드 M을 자녀 노드 C_1과 C_2로 나누는 것을 노드 분리라고 한다. $X_1, \cdots, X_p$ 중 하나인 X_j와 어떤 값 k_j를 선택하여, $x_j \le k_j$이하인 개체는 노드 C_1에 넣고 $x_j > k_j$인 개체는 노드 C_2에 넣는다. 관건은 변수 X_j와 분리 값 k_j의 선택에 있다.[1)]

- **지니 지수**(Gini index). 임의 노드 N에서 $Y=1$의 비율을 p, $Y=0$의 비율을 q라고 하자 ($p+q=1$). 노드의 불순도(impurity)를 나타내는 지니 지수는 $G(N) = pq$로 정의된다.

1) X_j가 범주형인 경우에는 이것의 범주가 A_j에 속하는 개체는 노드 C_1에 넣고 그렇지 않은 개체는 노드 C_2에 넣는다. 여기서 A_j는 특정 범주 또는 범주들의 집합. 이때 관건은 A_j를 정하는 데 있다.

예를 들어 어미 노드 M(개체 수 100)에서 $Y=1$과 0의 비율이 0.5와 0.5라고 하자. 이것이 한 변수 X_1과 이것의 분리 값 k_1에 의하여 2개의 자녀 노드 C_1과 C_2로 분리되는데, 노드 C_1(개체 수 50)에서 $Y=1$과 0의 비율이 0.8과 0.2이고 노드 C_2(개체 수 50)에서 $Y=1$과 0의 비율이 0.2와 0.8이라면 지니 지수는 다음과 같이 계산된다.

$$M: \quad G(M) = (0.5)(0.5) = 0.25\,.$$

$$C_1 \text{과 } C_2: \quad \frac{1}{2}G(C_1) + \frac{1}{2}G(C_2) = \frac{1}{2}(0.8)(0.2) + \frac{1}{2}(0.2)(0.8) = 0.16\,.$$

따라서 $G(M) > Average\{G(C_1), G(C_2)\}$이다. 즉, 어미 노드가 2개의 자녀 노드로 분리되면서 불순도가 감소한다.

노드 M의 분리에서 변수와 분리 값은 $Average\{G(C_1), G(C_2)\}$가 최소가 되도록 선택된다 (실제로는 가중평균). 이를 위해서는 상당한 계산이 요구된다.

분리의 종결: 노드 분리가 여러 번 계속되면 개별 노드의 개체 수가 급속히 감소하게 된다. 따라서 분리의 대상인 어미 노드가 작은 경우, 또는 어미 노드가 분리되면서 만들어지는 자녀 노드가 일정 값보다 작게 되는 경우에는 노드 분리를 하지 않는다. 또한 어떤 변수와 분리 값을 선택하더라도 불순도의 감소가 작은 경우에는 해당 노드의 분리를 종결한다.

종속변수가 연속형인 경우에는 잔차제곱합이 불순도의 측도이다 (이것은 결정계구 R^2를 순도 purity의 측도로 하는 것과 마찬가지이다). 즉 노드 분리 시 잔차제곱합의 감소가 최대가 되는 변수와 분리 값을 선택한다는 것이다. 분리의 종결은 불순도의 감소가 미미하게 되는 단계에서 선언된다.

Kyphosis 사례. kyphosis는 척추수술 후 척추기형(Kyphosis)이 관측되는 17명(Kyphosis="present")과 그렇지 않은 64명(Kyphosis="absent")에 대한 임상자료이다. Kyphosis를 종속변수로 하고 이에 대한 설명변수로 나이(Age, 단위 月), 척추 시작번호(Start)와 척추 수(Number)를 써서 나무 모형을 만들어 보자.

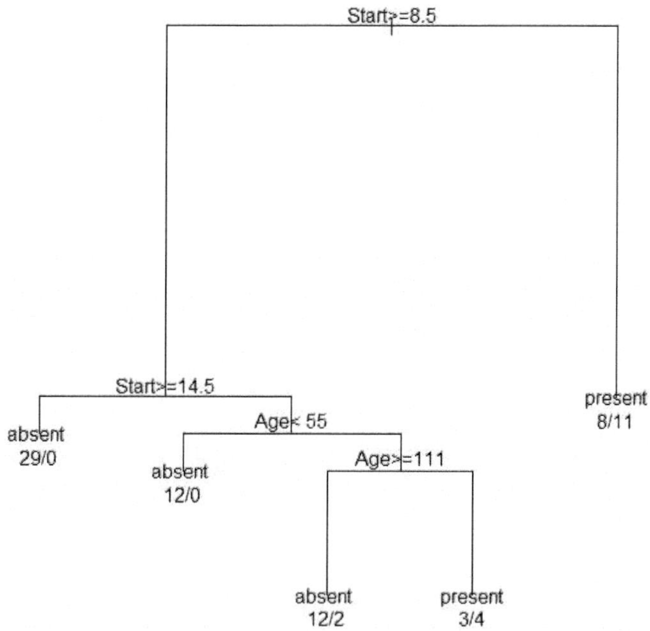

그림 1. Kypho에 대한 나무 모형 1

그림 1의 나무 모형은 rpart 팩키지의 `rpart()` 함수를 써서 만든 것으로, 첫 번째 질문은 "Start ≥ 8.5인가?"이다. 답이 no이면 Kypho는 'present'로 예측 된다 (끝). 답이 yes이면 두 번째 질문에 들어간다. 그 질문은 "Start ≥ 14.5인가?"이다. 답이 yes이면 Kypho는 'absent'로 예측 된다. 답이 no이면 세 번째 질문에 들어간다. … 다음은 그림 1의 나무 모형을 도출하기 위한 R 스크립트이다 (rpart kyphosis.r).

```
library(rpart)
data(kyphosis); str(kyphosis)
tree.1 <- rpart(Kyphosis ~ Age + Number + Start, data = kyphosis)
tree.1
par(mar=c(1,1,1,1), xpd = TRUE)
plot(tree.1)
text(tree.1, use.n = TRUE)
```

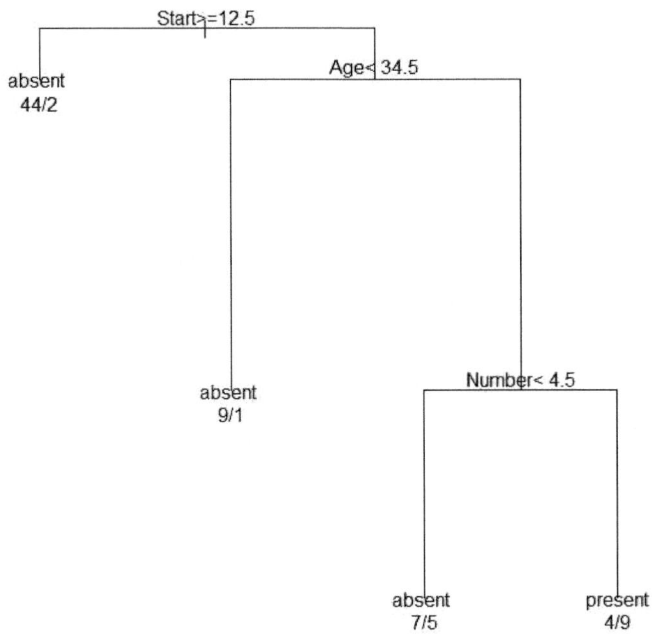

그림 2. Kypho에 대한 나무 모형 2

나무 모형은 rpart() 함수에서 parms 옵션과 control 옵션에 의하여 영향을 받는다. 다음은 몇 개의 예이다.

parms=list(split="information"). 분리기준을 정보지수(엔트로피, entropy)로 한다. $Y=1,0$의 비율이 p, q인 노드 N의 엔트로피는 다음과 같다.

$$I(N) = -p\log p - q\log q.$$

control=rpart.control(cp=0.05). complexity parameter를 5%로 지정한다. 불순도의 상대적 감소가 5% 미만이면 노드 분리를 종결한다. 디폴트는 1%.

분리 기준을 정보지수(엔트로피)로 하면 그림 2의 나무 모형이 만들어진다:

```
tree.2 <- rpart(Kyphosis ~ Age + Number + Start, data = kyphosis,
            parms = list(split = "information"))
```

```
par(mar=c(1,1,1,1), xpd = TRUE); plot(tree.2)
text(tree.2, use.n = TRUE)
```

그림 1의 나무 모형과 그림 2의 나무 모형은 예측에서 어떤 차이가 있는가를 보자. 다음 2개 교차표는 실제범주(행)과 예측범주(열) 간 대응 관계를 보여준다.

```
> table(kyphosis$Kyphosis, predict(tree.1, type="class"))
         absent present
 absent      53      11
 present      2      15

> table(kyphosis$Kyphosis, predict(tree.2, type="class"))
         absent present
 absent      60       4
 present      8       9
```

그림 1의 나무 모형은 Kypho가 없는 64례 중에서 11례를 오분류하고 Kypho가 있는 17례 중에서 2례를 오분류하여 총 오류는 13례이다. 반면, 그림 2의 나무 모형은 Kypho가 없는 64례 중에서 4례를 오분류하고 Kypho가 있는 17례 중에서 8례를 오분류하여 총 오류는 12례이다. 총 오류에 있어서는 차이가 1례에 불과하지만 내용에 있어서는 사뭇 다르다 (false positive과 false negative).

앞의 두 나무 모형 중 모형 2에 있어서는 “Kypho 있음(present)”의 예측 수가 13례로 실제 “Kypho 있음(present)”의 17례에 비해 과소한데, 그 이유는 작은 범주가 더욱 적게 예측되었기 때문이다.

훈련자료에서의 목표 범주 불균형은 나무 모형의 생성과 예측에 모두 부정적 영향을 준다. 이를 바로 잡는 한 방법은 개체 별로 종속변수의 범주에 따라 다른 가중치를 주는 것이다. 즉 Kypho “있음(present)”에는 가중치 0.79를 주고 “없음(absent)”에는 가중치 0.21을 주는 것이다.

나무 2에 이 방법을 적용해보자. 분리 기준은 정보지수, 즉 엔트로피이다.

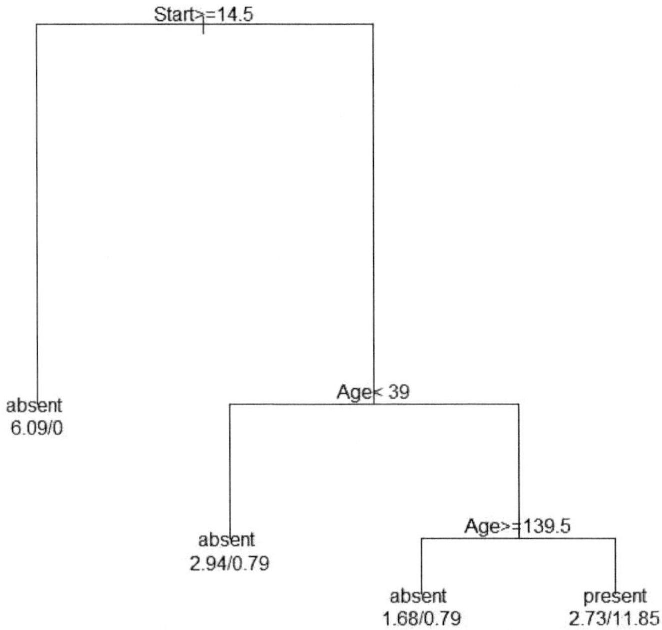

그림 2a. Kypho에 대한 나무 모형 2a

```
Kyphosis$wts <- ifelse(Kyphosis$Kyphosis=="present", 0.79, 0.21)
tree.2a <- rpart(Kyphosis ~ Age+Number+Start, data=Kyphosis,
                 parms = list(split = "information"), weights=wts)
par(mar=c(1,1,1,1), xpd = TRUE); plot(tree.2a)
text(tree.2a, use.n = TRUE)
```

그림 2a가 적합된 모형 2a를 보여준다. 이 모형의 분류 성과는 다음과 같다.

```
> table(Kyphosis$Kyphosis, predict(tree.2a, type="class"))

          absent present
  absent      51      13
  present      2      15
```

이 나무 모형은 Kypho가 없는 64례 중에서 13례를 오분류하고 Kypho가 있는 17례 중에서 2례를 오분류하여 총 오류는 15례이다. 성과가 모형 1과 유사하다.

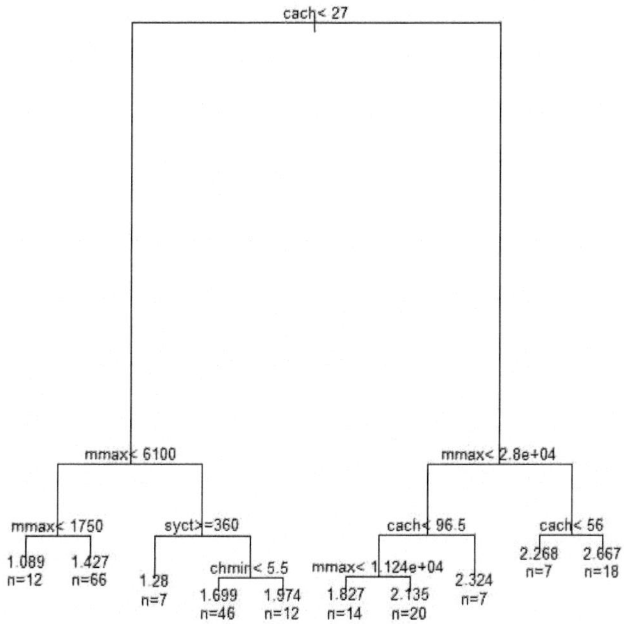

그림 3. 컴퓨터 성능의 나무 모형

요약하자면, 종속변수 범주들의 빈도 불균형은 나무 모형의 생성과 예측에서 문제가 된다. 사전 균형화를 도모하는 한 방법은 범주 별로 범주 크기에 반비례하는 개체 가중치를 부여하는 것이다.

컴퓨터 성능 사례. MASS 팩키지의 cpus 자료는 209개 컴퓨터 CPU의 종합적 성능평가 perf 및 하드웨어 특성에 관한 변수들 syct, mmin, mmax, cach, chmin, chmax을 포함하고 있다. 종속변수 perf의 히스토그램을 살펴보면 큰 값으로 기울어진 정도가 심하므로 로그 변환하여 나무 모형에 투입하기로 한다.

그림 3이 rpart 팩키지의 `rpart()` 함수의 디폴트 설정으로 생성된 나무 모형이다. 종착 마디(terminal node)가 10개이다. 다음 R 스크립트를 썼다 (파일 명: rpart cpus.r).

```
library(rpart)
data(cpus, package="MASS"); str(cpus)
hist(cpus$perf)
cpus.tree.1 <- rpart(log10(perf) ~ syct+mmin+mmax+cach+chmin+chmax, data=cpus)
windows(height=8,width=8)
par(mar=c(1,1,1,1), xpd = TRUE)
plot(cpus.tree.1, uniform=F)
text(cpus.tree.1, use.n=T, cex=0.8)
pred.err <- log10(cpus$perf) - predict(cpus.tree.1)
mean(pred.err*pred.err)
```

그림 3 모형의 평균 잔차제곱은 0.030이다. 그러나 이것을 예측오차의 평가지표로 하는 것은 부적절하다. 모형 적합(훈련)과 평가(테스트)에 같은 자료가 쓰였기 때문이다. 이를 극복하기 위한 한 방법은 다음과 같다.

1) 원 자료를 중복 허용하여 같은 크기로 뽑아내어 훈련 자료로 한다.
2) 앞에서 뽑히지 않은 나머지 자료를 테스트에 쓴다.[2)]

훈련자료로 적합된 모형에 테스트 자료(표본크기 79)로 평가하였더니 평균 오차제곱이 그림 3 모형의 평균 잔차제곱에 비해 70% 정도 큰 0.052로 나타났다.

```
subsample <- sample(1:209,replace=T)
cpus.train <- cpus[subsample,]
cpus.test <- cpus[-subsample,]
cpus.tree.1 <- rpart(log10(perf) ~ syct+mmin+mmax+cach+chmin+chmax,
               data=cpus.train, control = rpart.control(cp=0.01))
pred.err <- log10(cpus.test$perf)-predict(cpus.tree.1, newdata=cpus.test)
mean(pred.err*pred.err)
length((1:209)[-subsample])
```

앞의 `rpart()` 함수에서 cp 옵션은 0.01인데 이것을 0.02로 바꾸면 생성되는 나무는 더 간결해진다. 예측오차는 어떻게 바뀔까? cp 옵션 값이 0.02인 경우엔 평

2) 반복복원추출로 원표본과 같은 크기의 부표본을 추출하는 경우, 원표본의 63% 정도의 개체들이 부표본에 1회 이상 포함된다.

균 오차제곱이 0.068로 나타난다. 따라서 cp 값은 0.01이 낫다고 볼 수 있다.[3)]

배깅(bagging). 나무 알고리즘의 장점은 유연한 분류·회귀 함수를 산출해내고 읽기 쉬운 형태로 적합모형을 제공하고 한다는 데 있다. 그러나 나무 모형은 안정성이 떨어진다. 투입 데이터에 따라 노드에서의 선택 변수와 분리 값이 쉽게 바뀌는 것이다. 이런 문제는 배깅(bagging; bootstrap aggregation, 붓스트랩 통합)을 통하여 다소 해결이 된다. 배깅 알고리즘은 다음과 같다.

1) 원표본에서 중복을 허용하여 같은 크기의 부표본을 추출하여 모형을 적합한다.
2) 앞 단계를 m번 반복하여 생성된 나무 모형들을 1개 그물에 넣어 통합 모형을 만든다. m개 예측값의 통합은 분류에서는 최빈값(mode)으로 하고 회귀에서는 평균(mean)으로 한다.

kyphosis 자료에 대한 배깅 모형을 만들어보자. 이 자료에서는 목표변수의 2개 범주 간 빈도의 불균형이 심하다. 즉, Kyphosis ="absent" 대 "present"의 비가 64:17, 약 4:1이다. 이를 해결하는 한 방법은 Kyphosis ="present"인 개체를 4배로 만드는 것이다.

```
data(kyphosis)
kyphosis.present <- kyphosis[kyphosis$Kyphosis=="present",]
kyphosis.absent <- kyphosis[kyphosis$Kyphosis=="absent",]
kyphosis.balanced <- rbind(kyphosis.present, kyphosis.present,
                           kyphosis.present, kyphosis.present, kyphosis.absent)
```

이렇게 생성된 kyphosis.balanced 자료에는 Kyphosis ="absent" 대 "present"의 비가 64:68이므로 1:1에 가깝다. 이제 kyphosis.balanced 자료에 대한 배깅 모형을 만든다.

R ipred 팩키지의 `bagging()` 함수가 배깅을 제공한다. `bagging()`에서 반복 횟수 m의 디폴트 값은 25이다 (R 스크립트 bagging kyphosis cpus.r).

3) 이상의 예측오차 평가는 매번 달라질 수 있다. 모형적합에 쓰이는 부(sub)표본이 임의 추출되기 때문이다.

```
> library(ipred)
> bag.kyphosis <- bagging(Kyphosis ~ Age + Number + Start,
+                        data = kyphosis.balanced, coob=T)
> bag.kyphosis

Bagging classification trees with 25 bootstrap replications
Call: bagging.data.frame(formula = Kyphosis ~ Age + Number + Start,
     data = kyphosis.balanced, coob = T)
Out-of-bag estimate of misclassification error:  0.0909

> addmargins(table(kyphosis.balanced$Kyphosis,predict(bag.kyphosis)))
         absent present   Sum
  absent     53      11    64
  present     0      68    68
  Sum        53      79   132
```

위의 재분류표에 의하면 Kyphosis ="present"인 개체들은 모두 "present"로 예측됨으로써 오류는 없다. Kyphosis ="absent"인 64개 개체들 중 "present"로 잘못 예측된 개체 수가 11개로 나타났다. [위 출력은 R 실행 시마다 달라진다]

다음으로 cpus 자료에 대한 배깅을 해보자 ($m = 25$).

```
data(cpus)
cpus.bag <- bagging(log10(perf)~syct+mmin+mmax+cach+chmin+chmax,
                 data=cpus, coob=T)
```

이에 따라 통합모형이 생성된다. 이 모형의 오류율은 다음과 같다.4)

```
> cpus.bag

  Bagging regression trees with 25 bootstrap replications
  Call: bagging.data.frame(formula = log10(perf) ~ syct + mmin + mmax +
       cach + chmin + chmax, data = cpus, coob = T)
  Out-of-bag estimate of root mean squared error:  0.1982
```

4) cpus 모형에서 평균제곱오차(mean squared error)가 0.1982^2, 즉 0.039이다. 오류율은 확률적 추정치이므로 실행 시마다 달라질 수 있다.

2. 랜덤 포리스트 (Random Forest)

Breiman의 랜덤 포리스트(random forest)는 다음 알고리즘으로 분류 및 예측 모형을 만든다. 분석 표본의 개체 수를 n이라고 하고 변수의 수를 p라고 하자.

1) 원 표본에서 중복을 허용하여 같은 크기의 부표본을 추출하여 훈련자료로 한다. 뽑히지 않은 개체들은 테스트 표본으로 한다.
2) 훈련자료를 나무 알고리즘에 투입하되 각 노드에서 $q\,(<p)$개의 변수를 비복원 임의 추출하여 쓰고 나무를 최대한 크게 만든다.[5)]
3) 앞의 두 단계를 m번 반복하여 산출된 모형들을 통합한다.

R randomForest 패키지의 `randomForest()` 함수를 써서 랜덤 포리스트 모형을 만들 수 있다. 다음은 kyphosis 사례이다 (random forest model.r).

kyphosis 자료의 목표 범주 간 불균형이 해소된 kyphosis.balanced 자료로부터 랜덤 포리스트(RF) 모형을 만들어 보자.

```
library(rpart)
data(kyphosis); str(kyphosis)
kyphosis.present <- kyphosis[ kyphosis$Kyphosis=="present",]
kyphosis.absent <- kyphosis[ kyphosis$Kyphosis=="absent",]
kyphosis.balanced <- rbind(kyphosis.present, kyphosis.present,
                  kyphosis.present, kyphosis.present, kyphosis.absent)
library(randomForest)
RF.1 <- randomForest(Kyphosis ~ Age+Number+Start,
           data=kyphosis.balanced, var.importance=TRUE)
```

산출 모형은 다음과 같다. 각 마디에서는 1개의 변수를 임의추출하여 썼다. 500회($=m$) 반복으로 얻은 통합모형의 오류율은 8.3%이다.

---

5) q의 디폴트 값은 분류의 경우 $q=[\sqrt{p}]$이고 회귀의 경우는 $q=\max([p/3],1)$이다.

```
> RF.1
  Type of random forest: classification
  Number of trees: 500
  No. of variables tried at each split: 1
  OOB estimate of  error rate: 8.33%

  Confusion matrix:
         absent present class.error
  absent      53      11    0.171875
  present      0      68    0.000000

  > RF.1$importance
        MeanDecreaseGini
  Age           21.72440
  Number        12.56077
  Start         25.21788
```

변수 중요도는 Gini 평균 감소량(MeanDecreaseGini) 기준에 따라 Start > Age > Number의 순서로 나타났다.

다음은 cpus 사례이다 (회귀).

```
data(cpus, package="MASS"); str(cpus)
RF.2 <- randomForest(log10(perf)~syct+mmin+mmax+cach+chmin+chmax,
           data=cpus,importance=TRUE)
RF.2
varImpPlot(RF.2)
```

산출 모형은 다음과 같다. 각 마디에서는 2개의 변수를 임의추출하여 썼다. 500회($=m$) 반복으로 얻은 통합모형의 평균제곱잔차는 0.025이다.

```
> RF.2
  Number of trees: 500
  No. of variables tried at each split: 2
  Mean of squared residuals: 0.02459173
  % Var explained: 88.08
```

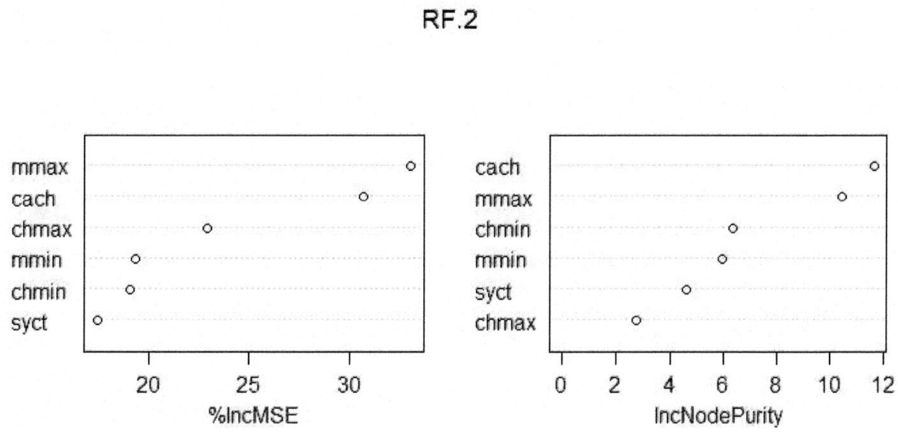

그림 4. cpus 랜덤 포리스트 모형에서 예측변수의 중요도

그림 4는 예측변수의 중요도를 보여준다. MSE의 퍼센트 증가(%IncMSE) 기준을 따르면 중요도의 순서는 mmax > cach > chmax > mmin > chmin > syct 이고, 노드 순도의 증가(IncNodePurity) 기준을 따르면 중요도의 순서는 cach > mmax > chmin > mmin > syct > chmax이다.

연습문제 1. kernlab 패키지의 spam 자료에 대해 최선의 나무 모형을 구축하라.

19장. KPCA와 LLE (kernel PCA and locally linear embedding)

이 장에서는 $p(\geq 3)$변량 개체들을 저차원의 비선형적 공간에 mapping하는 자료 시각화 기법으로 커널 PCA (kernel principal component analysis)와 LLE (locally linear embedding) 방법을 소개한다. 이들 방법은 저차원의 선형적 공간에 p 변량 개체들을 mapping하는 주성분 행렬도(biplot), 즉 PCA(주성분 분석, principal component analysis)에 비해 훨씬 유연하다.

1. 커널 PCA

p변량의 n개 개체를 $\boldsymbol{x}_1, \cdots, \boldsymbol{x}_n$으로 표기하자. 선형 주성분분석(PCA)은 p 변량 개체들을 $p\times 1$ 단위벡터 $\boldsymbol{v}$에 그림자를 내리는 데서 시작한다. 그러므로 p가 큰 경우, PCA는 쉽게 한계를 드러낸다.

커널 주성분분석 KPCA는 $\boldsymbol{x}_1, \cdots, \boldsymbol{x}_n$에 변환 Φ가 적용된 $\Phi(\boldsymbol{x}_1), \cdots, \Phi(\boldsymbol{x}_n)$을 힐버트 공간 $\mathbb{H}$에서 조망한다.[1] 이하, $\Phi(\boldsymbol{x}_1), \cdots, \Phi(\boldsymbol{x}_n)$은 평균이 0이 되도록 사전 처리되었음을 가정한다.

$\mathbb{H}$에서는 두 개체 $\Phi(\boldsymbol{x}_1)$과 $\Phi(\boldsymbol{x}_2)$ 간 내적(內積)이 커널을 통해 얻어진다. 즉,

$$< \Phi(\boldsymbol{x}_1), \Phi(\boldsymbol{x}_2) > \; = \; K(\boldsymbol{x}_1, \boldsymbol{x}_2).$$

커널의 몇 가지 형태에 대하여는 17장에서 제시된 바 있다. 그 중 대표적인 가우스 커널(일명 radial kernel)은 다음 식으로 정의된다.

$$K(\boldsymbol{x}_1, \boldsymbol{x}_2) = \exp(-\sigma \, \| \boldsymbol{x}_1 - \boldsymbol{x}_2 \|^2), \; \sigma > 0.$$

KPCA는 힐버트 공간 $\mathbb{H}$의 단위벡터 $\boldsymbol{u}$에 n개 개체 $\Phi(\boldsymbol{x}_1), \cdots, \Phi(\boldsymbol{x}_n)$의 그림

1) 힐버트 공간은 유클리드 공간의 자연스런 확장으로 선형대수의 방법이 그대로 통한다.

자를 내려 이미지를 본다. 이때 적용되는 기준은 제곱 사영 합(sum of squared projections)의 최대화인데 해(解)는

$$\boldsymbol{u}' = c_1\Phi(\boldsymbol{x}_1) + \cdots + c_n\Phi(\boldsymbol{x}_n)$$

중에서 나온다. 여기서 $c_1, \cdots, c_n$은 수학적으로 찾아지게 될 상수들이다 (수학적인 해를 얻는 과정은 생략한다).

공간 $\mathbb{H}$에서 $\Phi(\boldsymbol{x}_i)$를 단위벡터 $c_1\Phi(\boldsymbol{x}_1) + \cdots + c_n\Phi(\boldsymbol{x}_n)\,(=\boldsymbol{u}')$에 사영하면 $s_i\boldsymbol{u}'$에 그림자가 생긴다. 여기서

$$\begin{aligned} s_i &= <\Phi(\boldsymbol{x}_i), c_1\Phi(\boldsymbol{x}_1) + \cdots + c_n\Phi(\boldsymbol{x}_n)> \\ &= K(\boldsymbol{x}_i, \boldsymbol{x}_1)\,c_1 + \cdots + K(\boldsymbol{x}_i, \boldsymbol{x}_n)\,c_n \end{aligned} \tag{1}$$

이다. 이런 식으로 KPCA의 1차원 사영이 얻어지면 독립적인 두 번째 차원을 찾아 나선다. 그것도 형태적으로는 (1)과 같이 얻어진다. 즉 공간 $\mathbb{H}$에서 $\Phi(\boldsymbol{x}_i)$를 단위벡터 $d_1\Phi(\boldsymbol{x}_1) + \cdots + d_n\Phi(\boldsymbol{x}_n)\,(=\boldsymbol{u}'')$에 사영하는데 여기서 $\boldsymbol{u}''$은 $\boldsymbol{u}'$과 직교함을 가정한다. 그러면 $\Phi(\boldsymbol{x}_i)$의 상은 $t_i\boldsymbol{u}''$에 맺힌다. 여기서

$$\begin{aligned} t_i &= <\Phi(\boldsymbol{x}_i), d_1\Phi(\boldsymbol{x}_1) + \cdots + d_n\Phi(\boldsymbol{x}_n)> \\ &= K(\boldsymbol{x}_i, \boldsymbol{x}_1)\,d_1 + \cdots + K(\boldsymbol{x}_i, \boldsymbol{x}_n)\,d_n \end{aligned} \tag{2}$$

이다. KPCA 그래프는 (1)을 제1축에, (2)를 제2축에 넣어 타점한 산점도이다.

iris 사례. 수치 예로서 피셔의 붓꽃 자료에 KPCA를 적용해보기로 한다. iris 자료는 4개의 수치형 변수 sepal length, sepal width, petal length, petal width와 1개의 범주형 변수 species(= setosa, versicolor, virginica)로 구성되어 있다. 여기서는 수치형 변수들만 분석에 투입하기로 한다. 수치형 변수들은 사전 표준화하였다 (평균 0, 표준편차 1).

그림 1이 iris 자료의 KPCA 플롯이다. 가우스 커널(radial kernel, radial basis function dot)이 적용되었다 ($\sigma = 0.2$). 그림에서 species는 개체에 구분된 컬러를 입히는 목적으로만 쓰였다 (setosa 黑, versicolor 赤, virginica 綠).

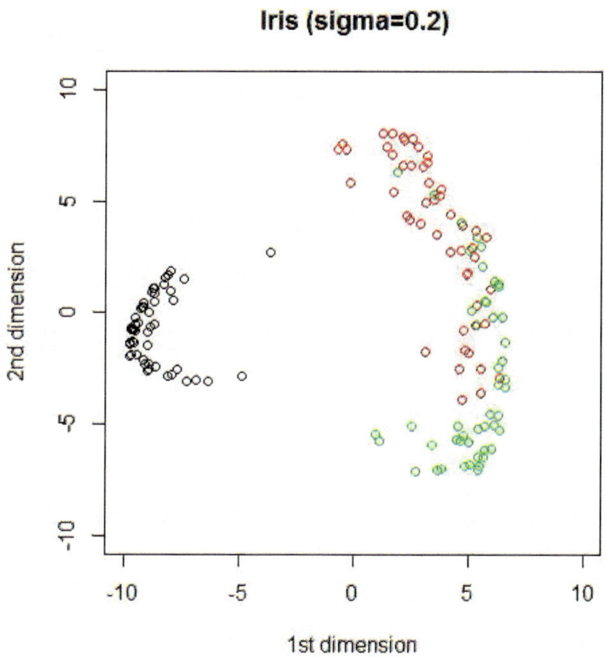

그림 1. iris 자료의 KPCA 플롯 (가우스 커널, $\sigma = 0.2$)

그림 1에서 전체 개체들이 대략적으로 한 원의 둘레에 포진하고 있고 versicolor 그룹과 virginica 그룹이 일부에서 겹치는 양상을 볼 수 있다.

커널 PCA를 위해 R 팩키지 kernlab의 `kpca()` 함수를 썼다 (kpca_iris.r).

```
library(kernlab)
data(iris)
kpca.iris <- kpca(~., data=data.frame(scale(iris[,-5])), kernel="rbfdot",
                  kpar=list(sigma=0.2), features=2)

windows(height=8, width=7.2)
plot(rotated(kpca.iris), col= as.integer(iris[,5]),
     xlab="1st dimension", ylab="2nd dimension", main="Iris (sigma=0.2)",
     xlim=c(-10,10), ylim=c(-10,10) )
```

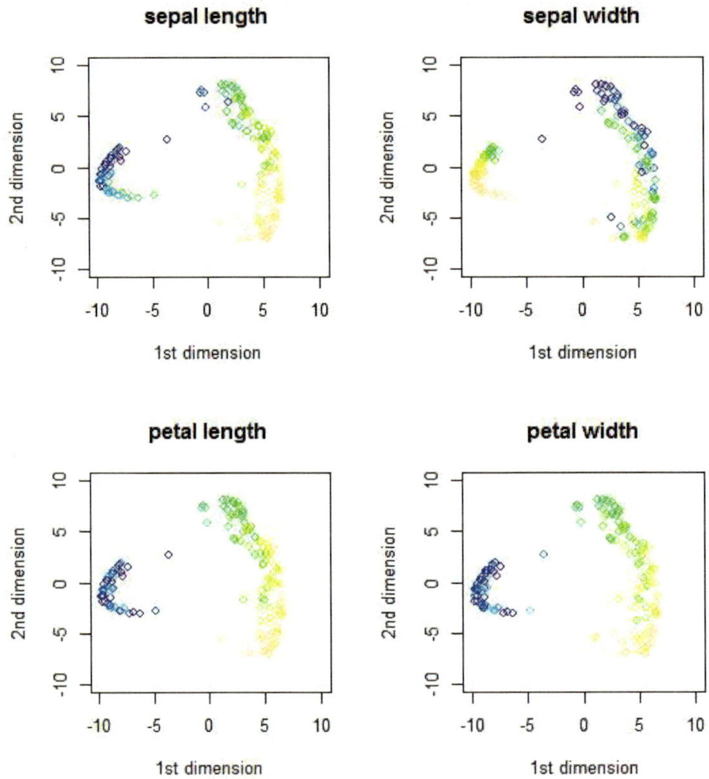

그림 2. iris 자료의 KPCA 플롯: 4개 변수의 표현

KPCA 플롯에서 변수들은 어떤 방향으로 흐르는가? 이것을 보는 한 방법은 변수 값 또는 그것의 순위를 개체 점의 컬러로 나타내는 것이다. 그림 2가 iris 자료의 KPCA 플롯에 4개 변수를 topo.colors로 색칠한 그래프를 보여준다.[2)]

그림 2에서 sepal length, petal length, petal width의 성향은 유사하다. 따라서 이들 변수는 값이 커질수록 species가 setosa → versicolor → virginica로 바뀐다. sepal width는 앞의 세 변수와 다르다. 값이 작은 개체들은 versicolor이고 값이 큰 개체들은 setosa 또는 virginica이다.

---

2) topo.colors에서는 작은 값이 청색으로 나타나고 큰 값이 연한 황토색으로 표출된다.

```
par(mfrow=c(2,2))
plot(rotated(kpca.iris),col=topo.colors(150)[rank(iris[,1])],
     xlab="1st dimension",ylab="2nd dimension",
     main="sepal length", xlim=c(-10,10), ylim=c(-10,10) )
plot(rotated(kpca.iris),col=topo.colors(150)[rank(iris[,2])],
     xlab="1st dimension",ylab="2nd dimension",
     main="sepal width", xlim=c(-10,10), ylim=c(-10,10) )
plot(rotated(kpca.iris),col=topo.colors(150)[rank(iris[,3])],
     xlab="1st dimension",ylab="2nd dimension",
     main="petal length", xlim=c(-10,10), ylim=c(-10,10) )
plot(rotated(kpca.iris),col=topo.colors(150)[rank(iris[,4])],
     xlab="1st dimension",ylab="2nd dimension",
     main="petal width", xlim=c(-10,10), ylim=c(-10,10) )
```

spam 사례. kernlab 팩키지의 spam 사례는 17장에서 SVM 분류 모형으로 분석된 바 있다. 자료는 4,601개의 e메일에 대한 57개 변수 x1-x57 (단어 및 기호의 빈도・특성)과 spam・nonspam 분류로 구성되어 있다. 57변량 자료에 대한 커널 PCA를 위해 다음 R 스크립트를 작성하였다 (kpca_spam.r).

```
library(kernlab)
data(spam); str(spam)
z <- data.frame(scale(spam[,-58]))
var.name <- colnames(spam[,-58])
k.princomp <- kpca(~., data=z,kernel="rbfdot",kpar=list(sigma=0.01),
                   features=2)
windows(height=8,width=7)
kpc.scores <- rotated(k.princomp)
max.lim <- max(abs(kpc.scores))*1.1
color <- c("#0000FF55","#FF000055")[unclass(spam[,58])]
plot(kpc.scores,pch=21,cex=0.4,col=color,
        xlim=c(-max.lim,max.lim),ylim=c(-max.lim,max.lim),
        xlab="first dim",ylab="second dim",main="Kernel PCA of Spam Data")
```

가우스(rbfdot) 커널, $\sigma = 0.01$이 적용되었다. 스팸 범주를 컬러로 구분하였는데 개체 수가 많으므로 마스킹 문제가 생길 수 있어 불투명도 alpha를 조정하였다.

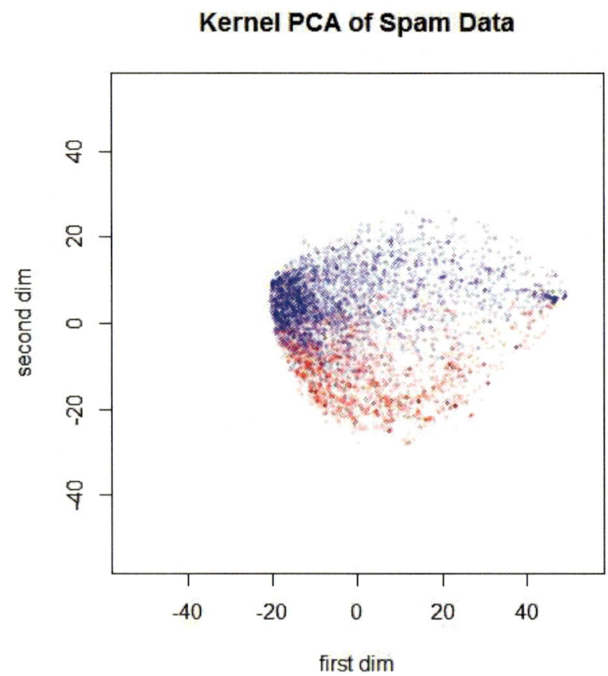

그림 3. 스팸 자료의 KPCA 플롯 (가우스 커널, $\sigma = 0.01$)

그림 3이 스팸 자료의 KPCA 플롯을 보여준다. 청색 점은 nonspam 케이스이고 적색 점이 spam 케이스이다. 전체 자료는 대략 복어(福魚) 같은 형태인데 0을 중심으로 위쪽이 nonspam 메일이고 아래쪽이 spam 메일이다.

이제부터는 KPCA 플롯의 변수 대응성을 살펴보기로 한다. 그림 4의 두 그림은 spam 자료의 앞 2개 변수 'make'(=x1)와 'address'(=x2)의 값을 topo.colors로 표현한 그래프이다. 그림 3과 시각적인 대응성이 별로 없어 보인다.

그림 5의 두 그림은 spam 자료의 'your'와 'you'의 값을 topo.colors로 표현한 그래프이다. 그림 3과의 시각적인 대응성이 두드러지게 나타난다. 즉 'your'와 'you'의 값이 작은 개체들이 nonspam이고 값이 큰 개체들이 spam이다.[3)]

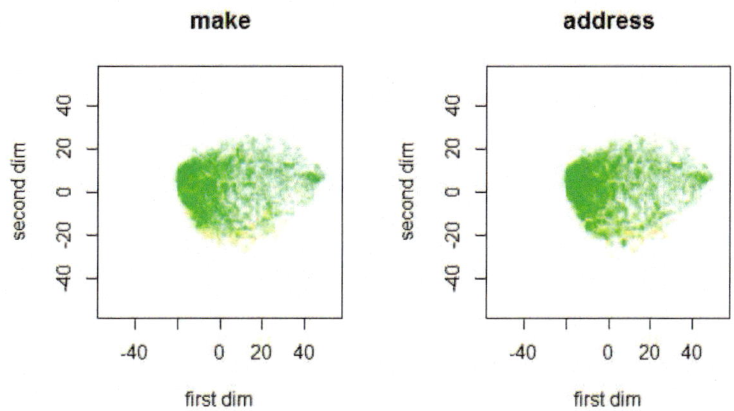

그림 4. 스팸 자료의 KPCA 플롯에서 변수 make와 address

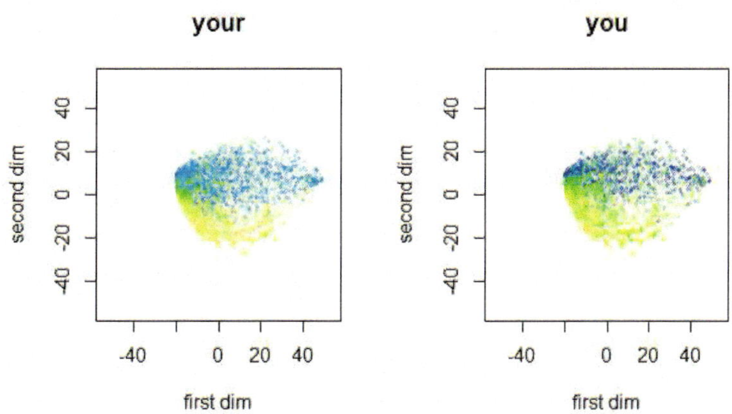

그림 5. 스팸 자료의 KPCA 플롯에서 변수 your와 you

3) 2개 변수를 선택한 이유는 57개 변수 각각에 대한 KPCA 플롯 가운데 시각적으로 눈에 띄었기 때문이다. 다음 R 스크립트를 썼다.

```
windows(height=9,width=8); par(mfrow=c(2,2))
for (j in 1:57) {
plot(kpc.scores,pch=21,cex=0.4,col=topo.colors(n,alpha=0.5)[rank(spam[,j])],
        xlim=c(-max.lim,max.lim),ylim=c(-max.lim,max.lim),
        xlab="first dim",ylab="second dim",main=paste(var.name[j]))
Sys.sleep(1)
}
```

두 변수 외에도 “all”, “our”, “will”, “charExclamation” 등도 쓸모 있어 보인다.

2. LLE (Locally Linear Embedding)

p차원의 공간에서 관측개체들이 저차원의 곡면에 집중되어 있다고 가정해 보자. 서로 가까운 개체들 사이에는 유클리드 거리가 의미가 있지만 멀리 떨어진 개체들 사이에는 유클리드 거리가 왜곡을 초래할 수 있다. 예를 들어 서울과 부산 사이는 직선에 가까운 도로가 있으므로 유클리드 거리가 맞지만, 서울과 상하이 사이에는 바다가 있으므로 유클리드 거리를 간주한다는 것은 의미가 없다. 그러나 서울과 신의주, 신의주와 하얼빈, 하얼빈과 베이징, 베이징과 상하이 사이는 유클리드 거리를 간주해도 별 무리가 없다. 이런 점에 착안하여 LLE 방법은 관측 개체들을 국소적으로만 평면인 저차원 공간에 넣는다.

LLE 방법론은 두 부분으로 구성되는데, 첫 부분은 각 개체에 대하여 가까운 이웃들을 찾고 그 관계를 가중치로 표현하는 작업이다. 구체적으로는 다음과 같다.

$i\ (=1, \cdots, n)$번째 개체 $\boldsymbol{x}_i$에 대하여 k-근접이웃(nearest neighbor)을 찾고 이웃들의 식별번호를 A_i로 표기한다. 그리고

$$\boldsymbol{x}_i \simeq \sum_{j \in A_i} w_{ij} \boldsymbol{x}_j \quad (\text{단, } \sum_{j \in A_i} w_{ij} = 1)$$

이 되는 가중치들 $w_{i1}, \cdots, w_{in}$을 찾는다 ($w_{ij} = 0$ for $j \notin A_i$). 수리적으로는 다음과 같이 정식화된다. 각 $i\ (=1, \cdots, n)$에 대하여

$$\min_{w_{i1}, \cdots, w_{in}} \| \boldsymbol{x}_i - \sum_{j \in A_i} w_{ij} \boldsymbol{x}_j \|^2 \quad \text{subject to} \quad \sum_{j \in A_i} w_{ij} = 1.$$

* $k > p$이면 해가 유일하지 않으므로 목적식에 $\alpha \sum_j w_{ij}^2$를 추가한다 ($\alpha > 0$).

다음 부분은 $\boldsymbol{x}_1, \cdots, \boldsymbol{x}_n$을 평면 (저차원 공간) 상의 $\boldsymbol{y}_1, \cdots, \boldsymbol{y}_n$에 mapping하는 작업이다. 이 작업은 수리적으로 다음과 같이 정식화된다.

$$\min_{\boldsymbol{y}_1, \cdots, \boldsymbol{y}_n} \sum_{i=1}^{n} \| \boldsymbol{y}_i - \sum_{j \neq i} w_{ij} \boldsymbol{y}_j \|^2 .$$

여기서 w_{ij}는 앞 단계에서 구한 가중치이다. 두 단계의 최적화 풀이는 생략한다.

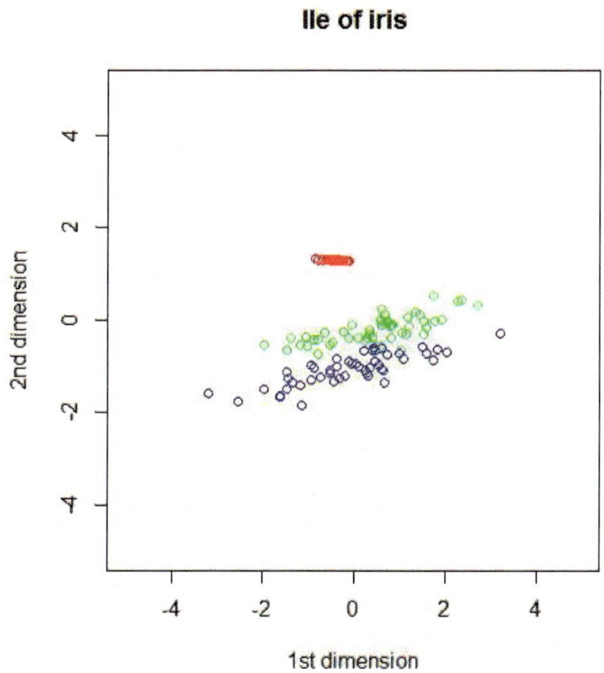

그림 6. iris 자료의 LLE: 적 setosa, 녹 versicolor, 청 virginica

그림 6이 iris 자료($n=150$)의 LLE이다. 4개 수치형 변수 sepal length, sepal width, petal length, petal width를 입력 변수로 썼고 species는 컬러 표시로만 사용하였다. 최근접 이웃의 수 k는 25로 하였고 map은 2차원($=m$)으로 하였다.

사용된 R 스크립트는 다음과 같다 (lle_iris.R). lle 팩키지의 `lle()` 함수를 썼다.

```
library(lle)
data(iris)
X <- iris[,1:4]
lle.iris <- lle(X, m=2, k=25)
windows(height=8, width=7)
plot(lle.iris$Y, col=c("red","green","blue")[unclass(iris[,5])],
        main="lle of iris",xlim=c(-5,5),ylim=c(-5,5),
        xlab="1st dimension",ylab="2nd dimension")
```

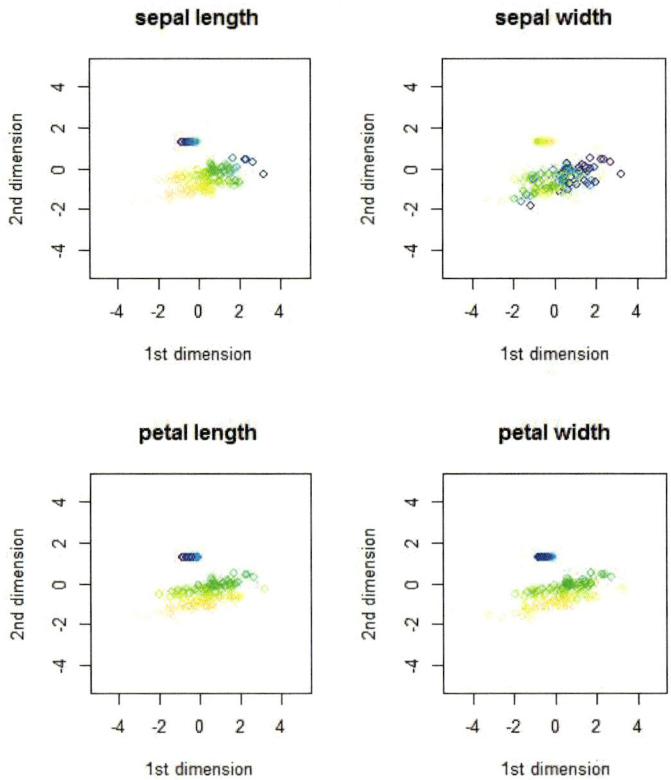

그림 7. iris 자료의 LLE: 변수 값을 topo.colors로 표시

그림 7은 LLE 플롯에서 분석변수들의 흐름을 보고자 변수 값을 topo.colors로 표시한 그래프이다. petal length와 petal width가 그림 6의 species 그룹과 높은 대응성을 보여준다. sepal length는 12시 방향에서 8시 방향으로 깔끔하게 흐르는 모습이다. 그러나 sepal width의 흐름엔 뚜렷한 경향성이 보이지 않는다.

```
par(mfrow=c(2,2))
plot(lle.iris$Y, col=topo.colors(150)[rank(iris[,1])], main="sepal length",
     xlim=c(-5,5), ylim=c(-5,5), xlab="1st dimension", ylab="2nd dimension")
plot(lle.iris$Y, col=topo.colors(150)[rank(iris[,2])], main="sepal width",
     xlim=c(-5,5), ylim=c(-5,5), xlab="1st dimension", ylab="2nd dimension")
```

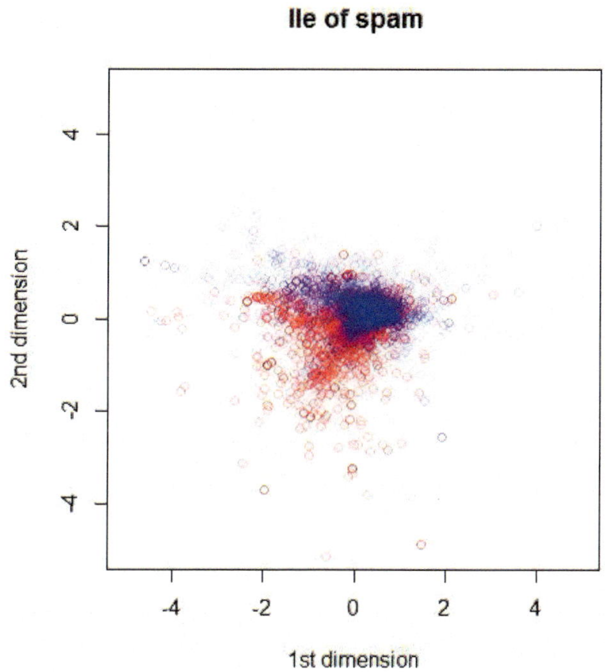

그림 8. spam 자료의 LLE: 청 nonspam, 적 spam

```
plot(lle.iris$Y, col=topo.colors(150)[rank(iris[,3])], main="petal length",
     xlim=c(-5,5), ylim=c(-5,5), xlab="1st dimension", ylab="2nd dimension")
plot(lle.iris$Y, col=topo.colors(150)[rank(iris[,4])], main="petal width",
     xlim=c(-5,5), ylim=c(-5,5), xlab="1st dimension", ylab="2nd dimension")
```

spam 사례. 4,601개($=n$)의 e메일에 대한 57개 변수 x1-x57 자료에 대해 LLE 플롯을 만들어 보자. 최근접 이웃의 수 k는 100으로 하고 map은 2차원($=m$)으로 한다.

그림 8의 2차원 LLE 플롯에서 nonspam은 청색으로, spam은 적색으로 표현되었다. nonspam은 1개의 핵을 중심으로 퍼져있고 spam이 그 핵의 아래 방향에 바짝 붙어 있는 모습이다.

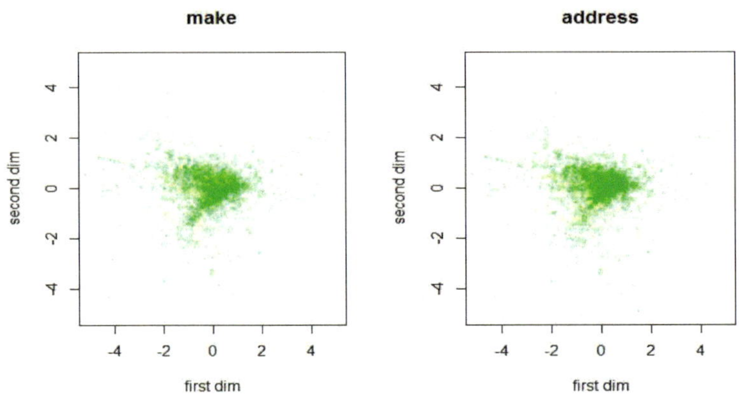

그림 9. 스팸 자료의 LLE에서 변수 make와 address

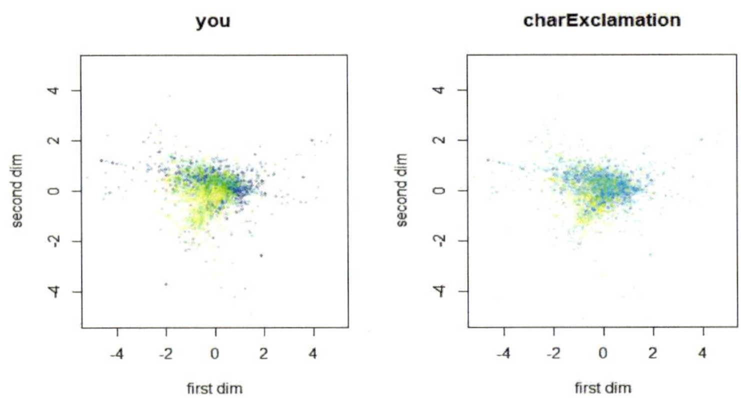

그림 10. 스팸 자료의 LLE에서 변수 you와 charExclamation

LLE 플롯의 변수 대응성을 살펴보기 위하여 변수 값을 topo.colors로 나타내 보기로 한다. 그림 9는 spam 자료의 앞 2개 변수 'make'(=x1)와 'address'(=x2)의 값이 컬러로 표현된 LLE 플롯이다. 그림 8과의 시각적인 대응성은 약하다.

그림 10의 두 그림은 spam 자료의 'you'와 'charExclamation'의 값이 컬러로 표현된 LLE 플롯이다.[4)]

다음이 그림 8, 그림 9, 그림 10의 작성에 쓰인 R 스크립트이다 (lle_spam.R).

```
library(lle)
library(kernlab)
data(spam); str(spam)
z <- data.frame(scale(spam[ ,-58] ))
var.name <- colnames(spam[ ,-58] )
lle.spam <- lle(z,m=2, k=100)
windows(height=8,width=7)
plot(lle.spam$Y, col=c("#0000FF22","#FF000055")[ spam[ ,58]] , main="lle of spam",
     xlim=c(-5,5),ylim=c(-5,5),xlab="1st dimension",ylab="2nd dimension")
windows(height=5,width=8); par(mfrow=c(1,2))
plot(lle.spam$Y,pch=21,cex=0.4,
    col=topo.colors(n,alpha=0.5)[ rank(spam$make)] ,
    xlim=c(-5,5),ylim=c(-5,5),xlab="first dim",
    ylab="second dim",main="make")
plot(lle.spam$Y,pch=21,cex=0.4,
    col=topo.colors(n,alpha=0.5)[ rank(spam$address)] ,
    xlim=c(-5,5),ylim=c(-5,5),xlab="first dim",
    ylab="second dim",main="address")
windows(height=5,width=8); par(mfrow=c(1,2))
plot(lle.spam$Y,pch=21,cex=0.4,
    col=topo.colors(n,alpha=0.5)[ rank(spam$you)] ,
    xlim=c(-5,5),ylim=c(-5,5),xlab="first dim",
    ylab="second dim",main="you")
plot(lle.spam$Y,pch=21,cex=0.4,
    col=topo.colors(n,alpha=0.5)[ rank(spam$charExclamation)] ,
    xlim=c(-5,5),ylim=c(-5,5),xlab="first dim",
    ylab="second dim",main="charExclamation")
```

---

4) 이 두 변수를 선택한 과정도 KPCA에서와 같다. 즉 각 변수별 LLE 플롯을 동적으로 보면서 흥미로운 그래프를 찍은 것이다. 이외에 capitalAve, your, hp 등도 탐구해 볼만한 변수들이다.

```
windows(height=5,width=8); par(mfrow=c(1,2))
for (j in 1:57) {
plot(lle.spam$Y,pch=21,cex=0.4,
    col=topo.colors(n,alpha=0.5)[ rank(spam[ ,j] )] , xlim=c(-5,5),ylim=c(-5,5),
    xlab="first dim",ylab="second dim",main=paste(var.name[ j] ))
    Sys.sleep(1)
}
```

연습문제 1. 적절한 고차원의 자료를 잡아서, 데이터 개체들을 KPCA 방법으로 저차원 공간에 mapping하고 자료의 특성을 기술하라.

연습문제 2. 같은 자료에 대하여, 데이터 개체들을 LLE 방법으로 저차원 공간에 mapping하고 자료의 특성을 기술하라.

20장. 예측함수의 시각화

visualizing a predictive function of multiple variables

SVM(support vector machine) 또는 RF(random forest) 등 기계학습으로 만들어지는 예측모형은 매우 복잡하여 각 변수가 어떤 역할을 하는지는 오리무중(五里霧中)이다. 이 장에서는 예측함수 $y = f(x_1, \cdots, x_p)$를 시각화하여 모형의 직관적 이해와 미적 가치를 추구한다.

1. 조건부 예측 그래프

설명변수의 수 p가 1인 경우, $y = f(x_1)$의 그래프는 2차원 평면에 그려진다. $p = 2$인 경우인 $y = f(x_1, x_2)$는 3차원 공간에 전망도(perspective plot)의 형태로 볼 수 있다. 그러나 $p \geqq 3$인 경우

$$y = f(x_1, \cdots, x_p) \tag{1}$$

는 어떤가? 불가능해 보인다. $p+1$차원의 공간에 들어가야 하기 때문이다.

예측함수 (1)의 시각화를 위하여 이 장에서 제시하는 방법은 저자가 일전에 제안했던 CPG(conditional predictive graph), 즉 조건부 예측 그래프의 새 버전이다.[1] 이 그래프는 변수 별로 2차원 평면에 그려진다.

변수 x_j의 CPG [정의] : $\{ (t, f(x_{i1}, \cdots, t, \cdots, x_{ip})) \mid x_{ij} - h_j \leqq t \leqq x_{ij} + h_j \}$.

여기서 $x_{i1}, \cdots, x_{ip}$는 실현(관측)값이고 $(i = 1, \cdots, n;\ j = 1, \cdots, p)$
h_j는 변수 x_j가 실현값 x_{ij}에서 벗어날 수 있는 작은 양의 편차이다.

---

1) Huh, M.H. and Lee, Y.G. (2008). "Simple graphs for complex prediction functions", *Communications of the Korean Statistical Society*. 15, 343-351.
Huh, M.H. (2009). "Visualizing multi-variable prediction functions by segmented k-CPG's", *Communications of the Korean Statistical Society*. 16, 185-193.
앞의 두 연구는 허명회 (2011) <탐색적 다변량 자료분석>의 10장에 정리된 바 있다.

n개의 개체가 관측된 경우, 변수 x_j의 CPG는 n개의 궤적선(tracing curve)으로 구성된다 ($j = 1, \cdots, p$). 변수 x_j의 i번째 궤적선에서 중심점은 (x_{ij}, y_i)이다 (여기서 $y_i = f(x_{i1}, \cdots, x_{ip})$, $i = 1, \cdots, n$).

단순한 예로서 Fisher의 iris 자료에서 versicolor 종과 virginica 종의 분류 문제를 다루기로 한다 ($n = 100, p = 4$). 커널 SVM 분류모형이 다음 R 스크립트로 만들어졌다고 하자 (R 스크립트: vis_svm_iris.r).

```
library(e1071)
data(iris)
x <- scale(iris[ 51:150,1:4] )
y <- iris[ 51:150,5]
levels(y) <- list(versicolor="versicolor",virginica="virginica")
iris.svm <- svm(x, y, probability=TRUE)
```

적합된 커널 모형은 다음과 같이 요약된다.

```
> summary(iris.svm)

  Parameters:
     SVM-Type:  C-classification
   SVM-Kernel:  radial
         cost:  1
        gamma:  0.25
  Number of Support Vectors:  33  (17 16)
  Number of Classes:  2
           Levels:  versicolor, virginica
```

이것만으로는 도출된 커널 SVM 모형이 어떻게 생긴 것인지는 짐작하기 어렵다.

그림 1이 이 SVM 모형을 위한 조건부 예측 그래프(CPG)이다. 그래프의 작성에 앞서 모든 설명변수를 표준화하였고 궤적선의 x 값 범위를 ± 0.5(s.d.)로 하였다 (즉 $h_j = 0.5$, $j = 1, \cdots, p$).

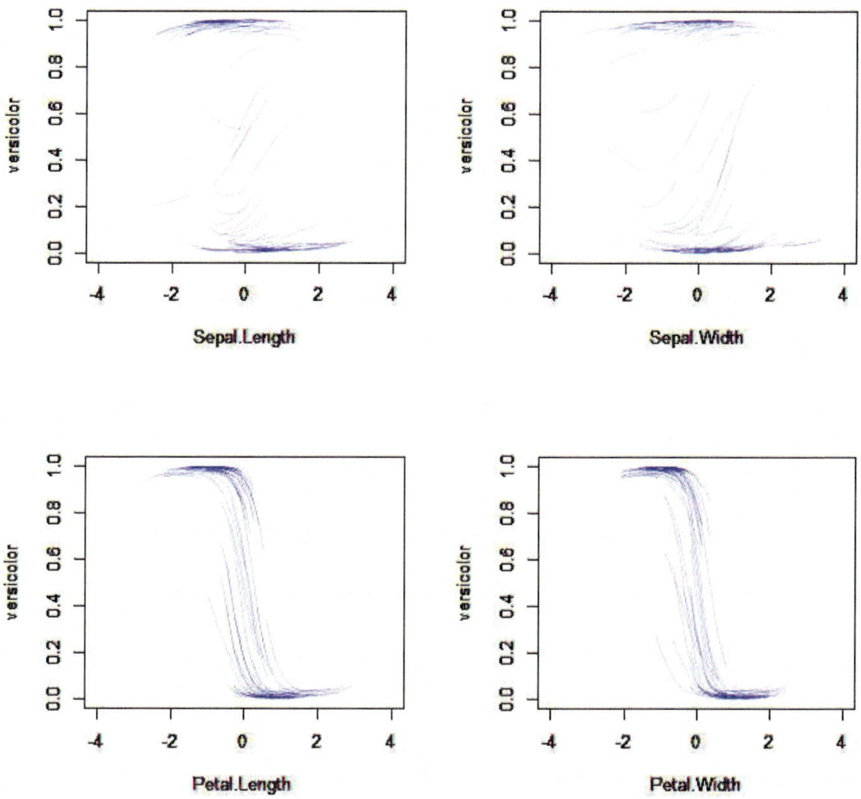

그림 1. iris 자료에 대한 SVM 분류모형의 조건부 예측 그래프

그림 1의 CPG를 보면 다음을 알 수 있다. 1) sepal length와 sepal width는 Species 분류에 도움이 되지 않는다. 2) petal length와 petal width는 값이 클수록 Species가 versicolor일 확률이 급속히 작아진다.

그림 1 작성에 쓰인 R 스크립트는 다음과 같다.

```
n <- nrow(x)
half <- 0.5
par(mfrow=c(2,2))
```

```
for (j in 1:4){
  for (i in 1:n){
    min <- x[ i,j] -half
    max <- x[ i,j] +half
    x.new <- cbind(rep(x[ i,1] ,9),rep(x[ i,2] ,9),rep(x[ i,3] ,9),rep(x[ i,4] ,9))
    x.new[ ,j] <- seq(min,max,(max-min)/8)
    colnames(x.new) <- colnames(iris)[ 1:4]
    pred <- predict(iris.svm,newdata=x.new,probability=TRUE)
    prob <- attr(pred,"probabilities")[ ,1:2]
    if(i>=2) par(new=T)
    plot(prob[ ,1] ~seq(min,max,length.out=9),xlab=colnames(x.new)[ j] ,
       ylab="versicolor", type="l",
       ylim=c(0,1),xlim=c(-4,4),col="#0000FF33")
  }
}
```

다음으로는 같은 자료에 대해 랜덤 포리스트(RF) 모형을 구축하고 그 모형에 대한 CPG를 만들어보자.

그림 2가 결과인데, 전체적으로는 그림 1과 흡사하다. 즉, sepal length와 sepal width는 Species 분류에 도움이 되지 않고 petal length와 petal width는 값이 클수록 versicolor일 확률이 급속히 작아지는 것을 볼 수 있다.

다음은 RF 분류모형의 CPG 작성에 쓰인 R 스크립트이다 (vis_rf_iris.r). 아래에서 half는 h_j를 지칭한다.

```
library(randomForest)
iris.rf <- randomForest(x, y)
n <- nrow(x)
par(mfrow=c(2,2))
half <- 0.5
for (j in 1:4){
  for (i in 1:n){
    min <- x[ i,j] -half
    max <- x[ i,j] +half
    x.new <- cbind(rep(x[ i,1] ,9),rep(x[ i,2] ,9),rep(x[ i,3] ,9),rep(x[ i,4] ,9))
```

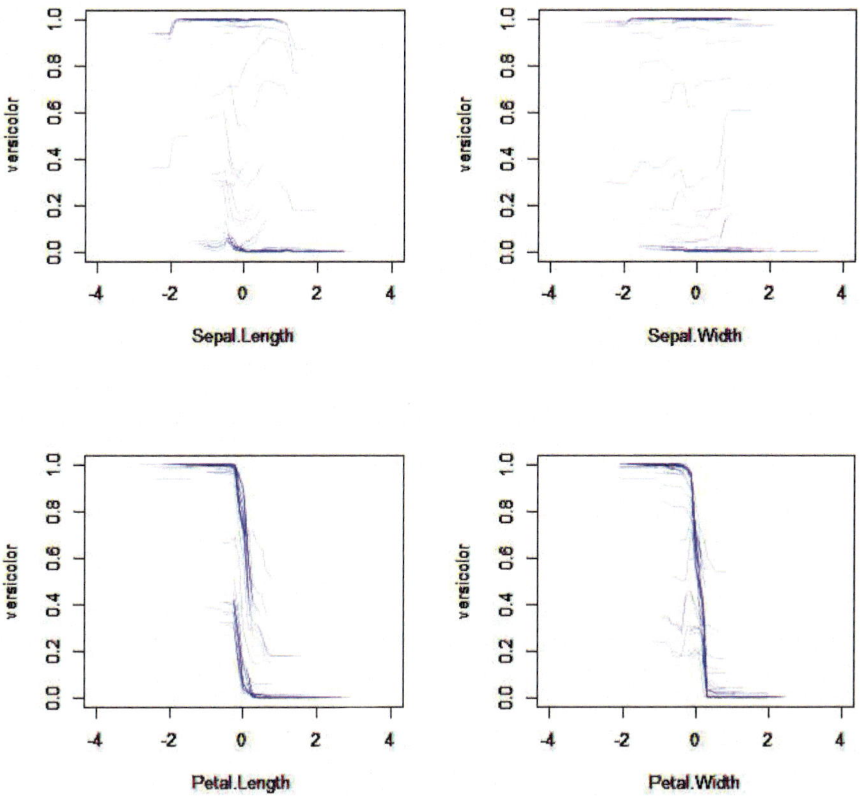

그림 2. iris 자료에 대한 RF 분류모형의 조건부 예측 그래프

```
    x.new[ ,j] <- seq(min,max,(max-min)/8)
    colnames(x.new) <- colnames(iris)[ 1:4]
    pred <- predict(iris.rf,newdata=x.new,type="prob")[ ,1]
    if(i>=2) par(new=T)
    plot(pred~seq(min,max,length.out=9),xlab=colnames(x.new)[ j],
           ylab="versicolor",type="l",ylim=c(0,1),xlim=c(-4,4),
           col="#0000FF33")
  }
}
```

2. 회귀모형의 경우

앞 절에서는 분류모형의 예측함수가 예로 제시되었는데 CPG 방법은 회귀모형의 시각화에도 그대로 적용될 수 있다. 예로서 17장에서 다루어진 오존 자료에 대한 SVM 회귀모형의 조건부 예측 그래프(CPG)를 그려보자. gclus 팩키지의 ozone 자료($n=330$)에서 종속변수는 수치형인 Ozone이고 설명변수는 Temp, InvHt, Pres, Vis, Hgt, Hum, InvTmp, Wind 등 8개로 모두 수치형이다. SVM 모형은 sigma =0.125, epsilon =1, cost =1의 세팅 하에서 kernlab 팩키지의 `ksvm( )` 함수를 써서 만들어졌다. half($=h_j$, $j=1, \cdots, p$)는 0.5로 놓는다.

그림 3이 8개 설명변수별 CPG이다. 그림으로부터 Temp(온도)가 가장 중요한 변수인 것을 알 수 있다. 그 다음은 InvTemp가 중요해 보인다. 다음 R 스크립트를 사용하였다 (vis_svm_ozone.r).

```
library(gclus)
library(kernlab)
data(ozone)
str(ozone)
x <- scale(ozone[ ,-1] )
y <- scale(ozone[ ,1] )
ksvm.ozone <- ksvm(x, y, kpar=list(sigma=0.125), epsilon=1, cost=1)
ksvm.ozone

n <- nrow(x)
p <- ncol(x)
half <- 0.5

par(mfrow=c(2,2))
for (j in 1:4){
  for (i in 1:n){
    min <- x[ i,j] -half
    max <- x[ i,j] +half
    x.new <- data.frame(matrix(rep(x[ i,] , 9),byrow=T,nrow=9,ncol=p))
    x.new[ ,j] <- seq(min,max, (max-min)/8)
    colnames(x.new) <- colnames(ozone)[ -1]
```

```
    pred <- predict(ksvm.ozone, newdata=x.new, type="response")
    if(i>=2) par(new=T)
     plot(pred~seq(min,max,length.out=9),
           xlab=colnames(x.new)[j],ylab="ozone",
          type="l",ylim=c(-4,4),xlim=c(-4,4),col="#0000FF33")
  }
}

windows(height=7.6, width=7); par(mfrow=c(2,2))
for (j in 5:8){
  for (i in 1:n){
    min <- x[i,j]-half
    max <- x[i,j]+half
    x.new <- data.frame(matrix(rep(x[i,],9),byrow=T,nrow=9,ncol=p))
    x.new[,j] <- seq(min,max,(max-min)/8)
    colnames(x.new) <- colnames(ozone)[-1]
    pred <- predict(ksvm.ozone, newdata=x.new, type="response")
    if(i>=2) par(new=T)
    plot(pred~seq(min,max,length.out=9),xlab=colnames(x.new)[j],
        ylab="ozone",type="l",ylim=c(-4,4),xlim=c(-4,4),col="#0000FF33")
  }
}
```

그림 4는 같은 자료에 random forest (RF) 모형을 적합하고 그 결과를 CPG로 본 것이다. RF 모형은 계단함수의 누적 합으로 표현되므로 시각적으로 꾸불꾸불한 모습을 취한다. 그 외에는 SVM의 결과와 달라 보이지 않는다. 다만, 다음 절에서 제시할 변수 중요도(variable importance) 지표에서 InvTemp가 Temp보다 다소 큰 것으로 나타난다 (R 스크립트 vis_rf_ozone.r).

```
library(randomForest)
library(gclus)
data(ozone)
x <- scale(ozone[,-1])
y <- scale(ozone[,1])
rf.ozone <- randomForest(x, y)
summary(rf.ozone)
```

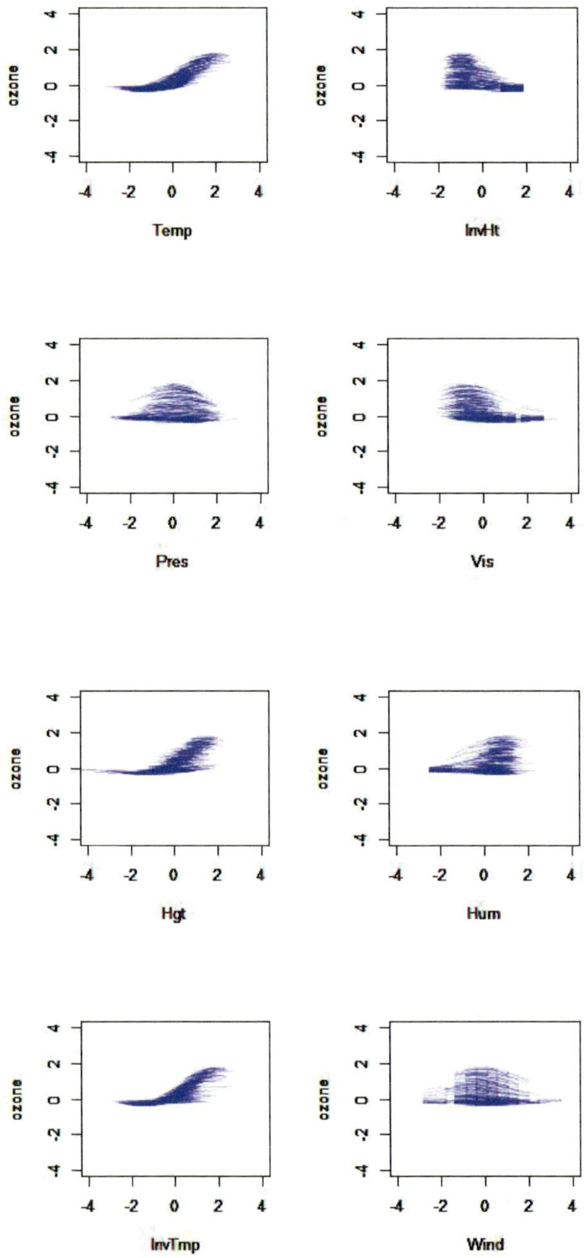

그림 3. 오존 자료에 대한 SVM 회귀모형의 CPG

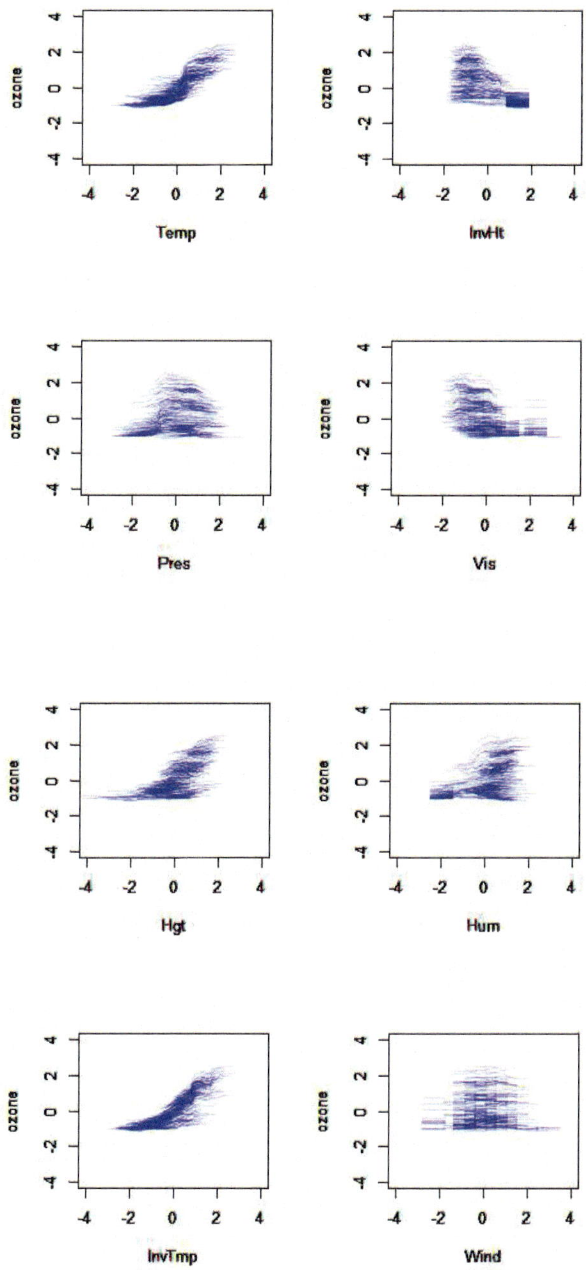

그림 4. 오존 자료에 대한 RF 회귀모형의 CPG

```
n <- nrow(x)
p <- ncol(x)
half <- 0.5

par(mfrow=c(2,2))
for (j in 1:4){
  for (i in 1:n){
    min <- x[i,j]-half
    max <- x[i,j]+half
    x.new <- data.frame(matrix(rep(x[i,],9),byrow=T,nrow=9,ncol=p))
    x.new[,j] <- seq(min,max,(max-min)/8)
    colnames(x.new) <- colnames(ozone)[-1]
    pred <- predict(rf.ozone, newdata=x.new)
    if(i>=2) par(new=T)
    plot(pred~seq(min,max,length.out=9),
         xlab=colnames(x.new)[j],ylab="ozone",
         type="l",ylim=c(-4,4),xlim=c(-4,4),col="#0000FF33")
  }
}

par(mfrow=c(2,2))
for (j in 5:8){
  for (i in 1:n){
    min <- x[i,j]-half
    max <- x[i,j]+half
    x.new <- data.frame(matrix(rep(x[i,],9),byrow=T,nrow=9,ncol=p))
    x.new[,j] <- seq(min,max,(max-min)/8)
    colnames(x.new) <- colnames(ozone)[-1]
    pred <- predict(rf.ozone, newdata=x.new)
    if(i>=2) par(new=T)
    plot(pred~seq(min,max,length.out=9),
         xlab=colnames(x.new)[j],ylab="ozone",
         type="l",ylim=c(-4,4),xlim=c(-4,4),col="#0000FF33")
  }
}
```

3. 설명변수가 많은 경우

예측함수의 CPG는 변수 별로 만들어지므로 변수 수가 커지면 많은 수의 그래프가 만들어진다. 그 결과로 시각적 패턴을 일일이 살피는 일이 어렵게 된다. 따라서 "중요한" 일부 변수에 대하여만 그래프를 보는 간결화 작업이 필요하다.

변수 x_j의 중요도 [정의]:

$$Imp(x_j) = \sum_{i=1}^{n} \left\{ \max_{t \in I_{ij}} f(x_{i1}, \cdots, t, \cdots, x_{ip}) - \min_{t \in I_{ij}} f(x_{i1}, \cdots, t, \cdots, x_{ip}) \right\},$$

여기서 I_{ij}는 $[x_{ij} - h_j, x_{ij} + h_j]$이다.

이 정의의 개념은 x_j의 실현값 x_{ij} 근방에서 예측함수 f가 취하는 값의 범위가 클수록 예측함수에서 그 변수가 중요하다는 것이다. f가 x_j에 의존하지 않는 상수함수인 경우, $Imp(x_j)$는 0이다.

$Imp(x_j)$의 계산에서 x_j의 관측값 근방에서의 예측함수의 절대값 변동을 합하게 되는데, 개체 수 n이 큰 경우는 이것이 계산적 부담이 될 수 있다. 그런 경우라면 "x_j의 모든 관측값"을 "x_j의 일부 관측값"으로 대체하여도 무방하다. 즉, 관측 개체의 일부를 추출하여 추출된 일부 개체들로만 중요도 지표를 산출한다. 그리고 중요도가 뛰어난 몇 개 변수에 대하여만 CPG를 그려서 시각적으로 해석하면 작업이 훨씬 간결해진다.

사례로서, 17장에서 다루어진 바 있는 spam 자료의 SVM 분류모형을 다시 다루어보자. 이 자료에는 4,601개($=n$)의 메일이 nonspam 또는 spam으로 분류되어 있고 이와 연관 가능성이 있는 57개($=p$)의 텍스트 특성 x1-x57이 실려 있다. 이에 따라 CPG는 모두 57개가 되므로 그래프를 하나씩 살펴보기는 어렵다.

전체 자료($n = 4601$)에서 1/5인 920개 개체를 계통추출하여 $Imp(x_j)$를 계산한 결과 charDollar(=x53), free(=x16), charExclamation(=x52), remove(=x7),…의 순서로 나타났다 (각 변수는 사전 표준화 변환되었고 half는 1로 설정되었다).

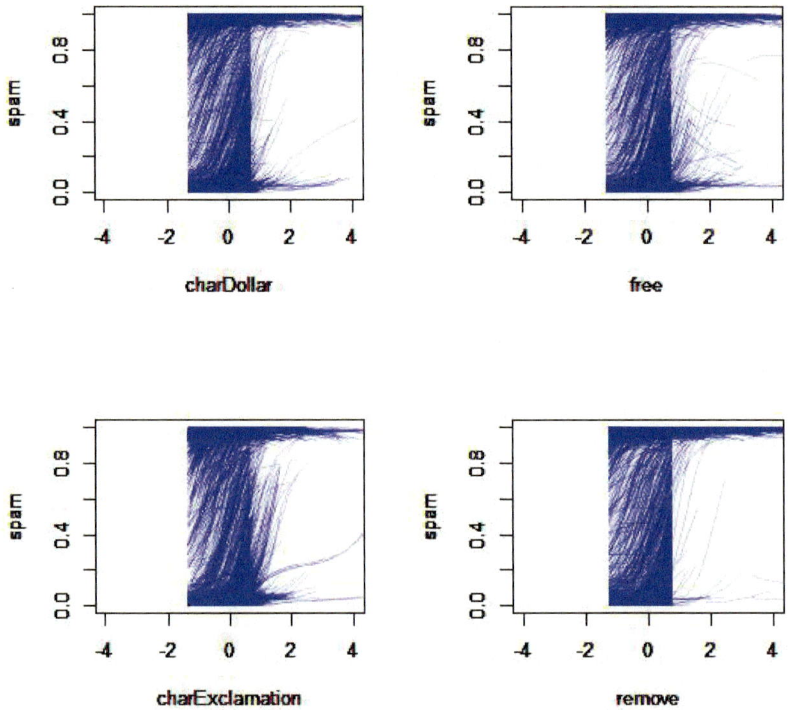

그림 5. spam 자료의 SVM 분류모형에 대한 조건부 예측 그래프

그림 5의 CPG는 메일에 charDollar, free, charExclamation, remove 등이 있거나 많으면 스팸 가능성이 크다는 것을 말해 준다.

다음은 spam 자료의 SVM 분류모형 구축과 예측함수의 CPG 작성에 쓰인 R 스크립트이다 (vis_svm_spam.r). half($= h_j,\ j = 1, \cdots, p$)는 1로 잡았다. 중요도 산출은 컴퓨터 계산 시간이 많이 걸린다는 점에 미리 유의할 필요가 있다.

```
library(kernlab)
data(spam)
x <- scale(spam[ ,1:57])
```

```
y <- spam[ ,58]
levels(y) <- c("nonspam","spam")
spam.svm <- ksvm(x, y, cost=1, kpar=list(sigma=1), prob.model=T)
spam.svm
n <- nrow(x);  p <- ncol(x);  half <- 1
importance <- rep(0,p)
for (j in 1:p){
   temp <- 0
   for (i in seq(2,n,5)){
   min <- x[ i,j] -half
   max <- x[ i,j] +half
   x.new <- matrix(rep(x[ i,] ,9),byrow=T,nrow=9,ncol=p)
   x.new[ ,j]  <- seq(min,max,length.out=9)
   colnames(x.new) <- colnames(spam)[ 1:p]
   pred <- predict(spam.svm, newdata=x.new, type="probabilities")
   if(i>=2) par(new=T)
   temp <- temp + max(pred[ ,2] )-min(pred[ ,2] )
   }
   importance[ j] <- temp
}
output <- cbind(1:p, round(importance), rank(-importance))
rownames(output) <- colnames(x)
colnames(output) <- c("var","index","rank")
output
par(mfrow=c(2,2))
for (j in c(53,16,52,7)){
   for (i in 1:n){
   min <- x[ i,j] -half
   max <- x[ i,j] +half
   x.new <- matrix(rep(x[ i,] ,9),byrow=T,nrow=9,ncol=p)
   x.new[ ,j]  <- seq(min,max,length.out=9)
   colnames(x.new) <- colnames(spam)[ 1:p]
   pred <- predict(spam.svm, newdata=x.new, type="probabilities")
   if(i>=2) par(new=T)
   plot(pred[ ,2] ~seq(min,max,length.out=9),xlab=colnames(x.new)[ j],
       ylab="spam",type="l",ylim=c(0,1),xlim=c(-4,4),col="#0000FF33")
  }
}
```

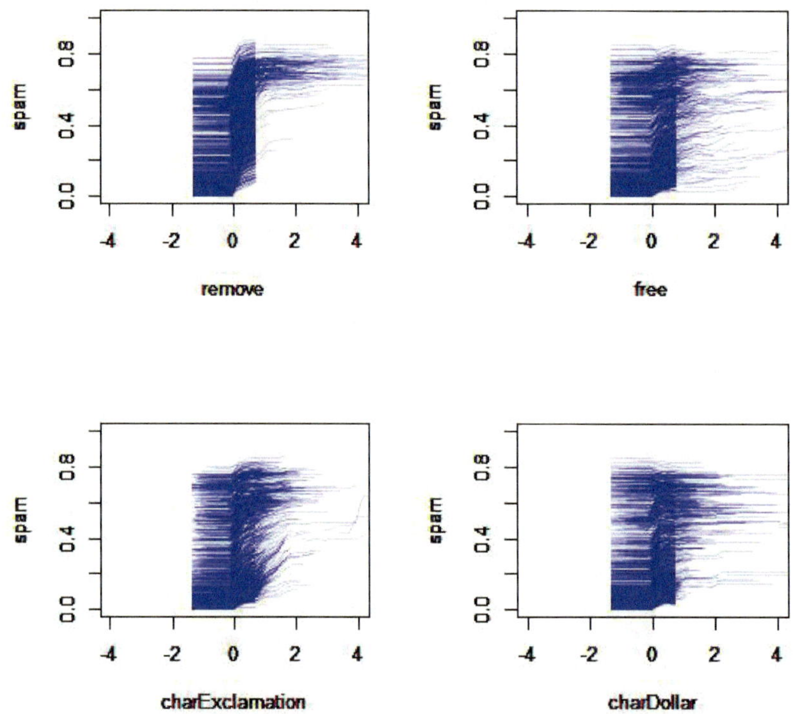

그림 6. spam 자료의 RF 분류모형에 대한 조건부 예측 그래프

이번에는 spam 자료의 RF 분류모형을 CPG로 시각화하여 보자. 이 자료의 4,601개 개체 중 1/5인 920개를 계통추출하여 $Imp(x_j)$를 계산한 결과 중요도 순서가 remove(=x7), free(=x16), charExclamation(=x52), charDollar(=x53), … 로 나타났다.[2] 메일에 remove, free, charExclamation, charDollar가 있으면 (많으면) 스팸 가능성이 높은 것이다. SVM 분류모형에서 중요하게 나타났던 4개 변수와 순서만 다를 뿐 모두 일치한다. 그림 6이 중요도 상위 4개 변수에 대한 CPG이다 (half 값은 1로 놓았고 각 변수는 표준화 척도로 사전 변환되었다. 혼잡을 피하기 위하여 전체의 1/4인 1,151개 개체에 대한 선만 그렸다).

2) `randomForest( )`가 제공하는 변수중요도 순서는 charExclamation(=x52), remove (=x7), capitalAve(=x55). charDollar(=x53), …이다 [MeanDecraseAccuracy 기준].

RF 모형의 CPG 작성에 쓰인 R 스크립트는 첨부 파일로 넘긴다 (vis_rf_spam.r).

연습문제 1. 적절한 자료를 잡아서 SVM 분류모형과 RF 분류모형을 세우고 각 모형을 CPG로 시각화하라.

연습문제 2. 적절한 자료를 잡아서 SVM 회귀모형과 RF 회귀모형을 세우고 각 모형을 CPG로 시각화하라.

부록 I. R에서 데이터세트 다루기 (기초)

Appendix I: manipulating datasets in R

통계적 분석은 데이터세트(dataset)가 알맞은 형태가 되었을 때 시작된다. R로 데이터세트를 분할하고 병합하고 집계·요약하고 선별하는 몇 가지 기법을 소개한다 (R 스크립트 파일: r dataset manipulation_1.r)

데이터세트의 분할, 변수 선택, 순서정렬

통계 분석자들에게 데이터세트는 n개 줄(lines)에 p개 필드를 갖는 직사각 형태의 자료를 의미한다. 통계 분석을 하려면, 하고자 하는 분석에 맞도록 데이터세트를 다듬어야 한다. 이 장에서는 **Matching** 팩키지의 **lalonde** 자료를 시나리오에 붙여 데이터세트를 다루는 몇 가지 기법을 설명한다. **lalonde** 자료는 445개 줄에 12개 필드(변수)로 되어 있다.

```
> library(Matching)
> data(lalonde)
> str(lalonde)
 'data.frame':   445 obs. of  12 variables:
 $ age    : int  37 22 30 27 33 22 23 32 22 33 ...
 $ educ   : int  11 9 12 11 8 9 12 11 16 12 ...
 $ black  : int  1 0 1 1 1 1 1 1 1 0 ...
 $ hisp   : int  0 1 0 0 0 0 0 0 0 0 ...
 $ married: int  1 0 0 0 0 0 0 0 0 1 ...
 $ nodegr : int  1 1 0 1 1 1 0 1 0 0 ...
 $ re74   : num  0 0 0 0 0 0 0 0 0 0 ...
 $ re75   : num  0 0 0 0 0 0 0 0 0 0 ...
 $ re78   : num  9930 3596 24910 7506 290 ...
 $ u74    : int  1 1 1 1 1 1 1 1 1 1 ...
 $ u75    : int  1 1 1 1 1 1 1 1 1 1 ...
 $ treat  : int  1 1 1 1 1 1 1 1 1 1 ...
```

이 자료는 원천이 두 곳으로 변수 treat(=1,0)가 그것을 나타낸다. 이제 lalonde 자료를 treat=1인 케이스와 treat=0인 케이스로 분할(partition)해보자. treat=1 그룹과 treat=0 그룹의 케이스 수는 각각 185개와 260개이다. 이런 데이터 분할 작업은 subset() 함수를 써서 할 수 있다. subset() 함수의 첫 번째 인수는 데이터프레임이고 두 번째 인수는 그룹화 변수와 값이다.

```
> lalonde.1 <- subset(lalonde,treat==1)
> lalonde.2 <- subset(lalonde,treat==0)
> str(lalonde.1)
 'data.frame':   185 obs. of  12 variables:
 ⋮
> str(lalonde.2)
 'data.frame':   260 obs. of  12 variables:
 ⋮
```

다른 방법은 split() 함수를 쓰는 것이다. 이 함수의 첫 번째 인수는 데이터프레임이고 두 번째 인수는 그룹화 변수이다. 이 방법은 그룹화 변수가 3개 이상의 값을 취하는 경우 효율적이다.

```
> grp <- factor(lalonde$treat)
> levels(grp) <- c("control","treatment")
> lalonde.s <- split(lalonde,grp)
> names(lalonde.s)
 [1] "control"   "treatment"
> str(lalonde.s$treatment)
 'data.frame':   185 obs. of  12 variables:
 ⋮
> str(lalonde.s$control)
 'data.frame':   260 obs. of  12 variables:
 ⋮
```

제 3의 방법은 데이터세트의 행에 True, False 값을 갖는 조건을 넣는 방법이다.

```
> grp.1 <- lalonde[lalonde$treat==1,]
```

```
> grp.0 <- lalonde[ lalonde$treat==0,]
> str(grp.1)
  'data.frame':   185 obs. of  12 variables:
  ⋮
> str(grp.0)
  'data.frame':   260 obs. of  12 variables:
  ⋮
```

lalonde 자료의 행에는 일련번호가 매겨져 있지 않다. 데이터세트에 임의의 일련번호를 매겨 데이터세트에 넣어보자. **cbind()** 함수를 써서 변수 **id**와 데이터세트 **lalonde**를 묶는다.

```
> set.seed(123); id <- sample(1:nrow(lalonde))
> lalonde.id <- cbind(id,lalonde)
> str(lalonde.id)
  'data.frame':   445 obs. of  13 variables:
  ⋮
```

데이터세트에서 일부 변수를 선택하여 새 데이터세트를 만들어보자. **lalonde.id** 데이터세트에서 인구사회적 속성 6개 변수 **age**, **educ**, **black**, **hisp**, **married**, **nodegr**과 변수 **treat**를 차출하여 하나의 데이터세트로 한다. 그리고 조사하여 얻은 5개 변수 **re74**, **re75**, **re78**, **u74**, **u75**를 차출하여 다른 하나의 데이터세트로 한다. 이때, 변수 **id**는 두 데이터세트에 모두 붙어있도록 한다. 지금은 데이터를 나누는 작업 중이지만 데이터를 합치는 작업에서는 **id**가 요긴한 역할을 하게 될 것이다. 다음과 같이 **subset()** 함수를 활용한다.

```
> lalonde.id.demo <- subset(lalonde.id,
                select=c(id,age,educ,black,hisp,married,nodegr,treat))
> lalonde.id.field <- subset(lalonde.id,select=c(id,re74,re75,re78,u74,u75))

> str(lalonde.id.demo)
  'data.frame':   445 obs. of  8 variables:
  ⋮
```

```
> str(lalonde.id.field)
 'data.frame':   445 obs. of  6 variables:
 ⋮
```

데이터 관리 단계에서는 일련번호 순서로 정렬된 데이터세트가 필요하기도 하다. 데이터세트 lalonde.id.demo를 변수 id의 순서로 정렬해보자. order() 함수를 활용하면 된다. 다음을 보라.

```
> lalonde.id.demo.1 <- lalonde.id.demo[order(lalonde.id.demo$id),]
> str(lalonde.id.demo.1)
 'data.frame':   445 obs. of  8 variables:
 ⋮
> head(lalonde.id.demo.1)
    id age educ black hisp married nodegr treat
 74  1  25   12     1    0       0      0     1
 272 2  23   10     1    0       1      1     0
 429 3  21    8     1    0       0      1     0
 143 4  24   10     1    0       0      1     1
 326 5  18    9     1    0       0      1     0
 389 6  29    9     1    0       0      1     0
```

lalonde.id.demo.1과는 달리 lalonde.id.field는 다음 순서로 되어 있다.

```
> head(lalonde.id.field)
    id re74 re75     re78 u74 u75
 1 128    0    0  9930.05   1   1
 2 351    0    0  3595.89   1   1
 3 182    0    0 24909.50   1   1
 4 391    0    0  7506.15   1   1
 5 415    0    0   289.79   1   1
 6  21    0    0  4056.49   1   1
```

* 데이터세트 lalonde.id.demo를 특정 변수의 순서로 정렬하는 다른 한 방법은 reshape 패키지의 sort_df() 함수를 활용하는 것이다. 이 함수의 제1 인수는

데이터세트이고 vars 인수는 정렬기준 변수이다.

```
> library(reshape)
> lalonde.id.demo.2 <- sort_df(lalonde.id.demo,vars="id")
> head(lalonde.id.demo.2)
> identical(lalonde.id.demo.1,lalonde.id.demo.2)
```

vars 인수를 2개 이상으로 두는 경우에는 케이스들이 첫 번째 변수로 순서 정렬된 다음 첫 번째 변수 값이 같은 케이스들이 두 번째 변수에 의해 순서 정렬된다. 다음을 실행하면 어떤 출력이 예상되는가?

```
> lalonde.id.demo.3 <- sort_df(lalonde.id.demo,vars=c("educ","age"))
> head(lalonde.id.demo.3,10)
```

데이터세트의 병합

2개 데이터세트의 병합에는 결합 방식에 따라 완전히 다른 두 가지가 있다. 첫 번째는 데이터세트를 "위 · 아래"로 붙이는 방식이다. 이를 위해서는 두 데이터세트가 완전히 같은 필드로 구성되어 있어야 한다.

데이터세트 lalonde.1과 데이터세트 lalonde.2를 "위 · 아래"로 붙여보자 [앞에서 정의된 바 lalonde.1은 treat=1인 185개 케이스의 데이터세트였고 lalonde.2는 treat=0인 260개 케이스의 데이터세트였다. 두 데이터세트는 동일한 12개 필드로 되어 있다].

```
> lalonde.12 <- rbind(lalonde.1,lalonde.2)
> str(lalonde.12)
  'data.frame':   445 obs. of  12 variables:
  ⋮

> identical(lalonde,lalonde.12)
  [1] TRUE
```

위에서 identical() 함수는 두 데이터세트의 동일성 여부를 알려준다. 데이터세트 lalonde와 데이터세트 rbind(lalonde.1,lalonde.2)는 동일하다.

rbind(lalonde.1,lalonde.2)와 rbind(lalonde.2,lalonde.1)은 실질적으로는 같지만 케이스들의 배열순서가 다르다. 따라서 identical()의 결과는 FALSE이다.

```
> identical(rbind(lalonde.1, lalonde.2),rbind(lalonde.2,lalonde.1))
  [1] FALSE
```

데이터세트 병합의 두 번째 방식은 데이터세트를 "좌우"로 붙이는 방식이다. 이를 위해서는 두 데이터세트가 일련번호를 제외하고는 다른 필드로 구성되어 있어야 결합의 의미가 있다.

cbind() 함수를 써서 lalonde.id.demo(8개 변수)와 lalonde.id.field(6개 변수)를 좌우로 붙일 수 있다. 두 데이터 세트는 배열순서까지 동일한 445개 케이스들로 구성되기 때문이다. 그러나 문제는 두 데이터세트에서 변수 id가 중복된다는 점이다. 그러므로 병합에 앞서 두 번째 데이터세트에 있는 변수 id를 제거해야 한다. 병합 데이터세트는 13개 (= 8 + 6 − 1) 변수를 갖는다.

```
> lalonde.id.demo.field <- cbind(lalonde.id.demo,lalonde.id.field[,-1])
> str(lalonde.id.demo.field)
  'data.frame':   445 obs. of  13 variables:
  $ id      : int  128 351 182 391 415 21 232 442 241 200 ...
   ⋮
```

"좌우" 병합의 대상인 두 데이터세트에서 케이스들이 다른 순서로 배열되어 있는 경우에는 merge() 함수를 활용한다. 이 함수의 용법은 다음과 같다.

```
> merge(dataset1, dataset2, by="varname")
```

데이터세트 lalonde.id.demo.1과 데이터세트 lalonde.id.field를 붙여보자. 두 데이터 세트는 케이스 배열순서가 다르다. 병합 데이터세트는 by 변수 값의 커지는 순서로 케이스들이 정렬된다.

```
> lalonde.merged <- merge(lalonde.id.demo.1,lalonde.id.field,by="id")
> str(lalonde.merged)
 'data.frame':   445 obs. of  13 variables:
 $ id     : int  1 2 3 4 5 6 7 8 9 10 ...
 ⋮
```

다음 R 스크립트는 데이터세트 lalonde.id.field와 데이터세트 lalonde.id.demo를 병합하는 작업을 한다. 새 병합 데이터세트 lalonde.merged.1은 앞의 병합 데이터세트 lalonde.merged와 케이스 배열순서는 같으나 구성 변수의 좌우 배열이 다르다. 그러므로 identical() 함수는 FALSE를 출력한다.

```
> lalonde.merged.1 <- merge(lalonde.id.field,lalonde.id.demo.1,by="id")
> str(lalonde.merged.1)
 'data.frame':   445 obs. of  13 variables:
 $ id     : int  1 2 3 4 5 6 7 8 9 10 ...
 ⋮
> identical(lalonde.merged,lalonde.merged.1)
 [1] FALSE
```

데이터 집계와 요약(aggregation and summary)

데이터 축약 또는 시각화를 목적으로 데이터세트를 특정 변수의 수준별로 집계해야 할 경우가 있다. 예를 들어 lalonde 자료에서 treat(=0,1)의 수준별로 각 변수의 평균을 뽑아내야 할 필요가 있다고 하자. 이를 위해 aggregate() 함수를 사용하는데, 이 함수의 제1 인수는 데이터세트이고 by 인수는 변수 리스트이다. 그리고 마지막 인수는 적용할 함수이다.

```
> lalonde.treat <- aggregate(lalonde,by=list(lalonde$treat),mean)
```

이 결과로 만들어지는 lalonde.treat는 그 자체로 데이터세트이다. 집계 데이터세트에서 treat, re74, re75, re78, u74, u75의 평균을 보자.

```
> lalonde.treat[,c("treat","re74","re75","re78","u74","u75")]
  treat     re74     re75     re78       u74       u75
1     0 2107.027 1266.909 4554.802 0.7500000 0.6846154
2     1 2095.574 1532.056 6349.145 0.7081081 0.6000000
```

2개 이상 변수들의 수준을 조합하여 데이터 집계를 해야 할 경우가 있다. 이를 위해서는 aggregate() 함수 by 인수의 변수 리스트에 다수의 특정 변수 이름을 넣으면 된다. 예를 들어 lalonde 자료를 treat(=0,1)의 수준별로, black(=0,1)의 수준별로, hisp(=0,1)의 수준별로, 평균을 집계하고자 한다고 하자. 다음과 같이 aggregate() 함수를 쓸 수 있다.

```
> lalonde.treat.race <- aggregate(lalonde,
          by=list(lalonde$treat,lalonde$black,lalonde$hisp),mean)
> lalonde.treat.race[,c("treat","black","hisp","re74","re75","re78",
          "u74","u75")]
  treat black hisp     re74     re75     re78       u74       u75
1     0     0    0 3791.632 2294.608 7286.566 0.7058824 0.5294118
2     1     0    0 1305.037 1246.532 7720.994 0.7777778 0.5555556
3     0     1    0 2086.477 1157.948 4107.653 0.7581395 0.6883721
4     1     1    0 2155.013 1490.722 6136.323 0.7115385 0.6153846
5     0     0    1 1242.023 1479.619 6329.699 0.7142857 0.7500000
6     1     0    1 2546.221 2585.455 7122.514 0.5454545 0.4545455
```

이 요약자료는 black과 hisp의 조합에서 treat 간 제 변수의 평균을 비교하는 데 유용하다.

R에서 apply() 함수는 두루 유용한데, 케이스 별로 또는 변수 별로 특정 함수를 적용하여 결과를 산출할 필요가 있는 경우에 아주 효과적이다. 다음은 데이터세트 lalonde의 제7 변수 re74부터 제11 변수 u75까지 다섯 변수의 summary(), 즉 최소값, 아래 4분위수, 중간값, 평균, 위 4분위수, 최대값을 구하는 예이다.

```
> lalonde.summary <- apply(lalonde[,7:11],2,summary)
> lalonde.summary
```

```
           re74  re75  re78    u74    u75
Min.        0.0     0     0 0.0000 0.0000
1st Qu.     0.0     0     0 0.0000 0.0000
Median      0.0     0  3702 1.0000 1.0000
Mean     2102.0  1377  5301 0.7326 0.6494
3rd Qu.   824.4  1221  8125 1.0000 1.0000
Max.    39570.0 25140 60310 1.0000 1.0000
```

* lalonde.summary의 R 클래스는 데이터프레임이 아니라 행렬(matrix)이다.

데이터 선별(data screening)

데이터 선별이란 특정 조건을 갖춘 케이스를 찾아내는 작업이다. 선별의 과정은 1) 조건을 명시화하고, 2) 케이스 별로 조건이 True인가, False인가를 평가하고 나서, 3) True인 케이스만 모아 데이터프레임을 구성하는 것이다.

예를 들어 데이터세트 lalonde에서 나이(age)가 50 이상인 케이스를 찾아보자. 다음 R 스크립트를 보라.

```
> lalonde.age50 <- lalonde[lalonde$age>=50,]
> str(lalonde.age50)
'data.frame':   3 obs. of  12 variables:
  ⋮
```

모두 3개 케이스가 조건 "lalonde$age>=50"을 만족한다. 다음은 해당 케이스들의 첫 6개 특성 변수를 프린트한 것이다.

```
> lalonde.age50[,1:6]
    age educ black hisp married nodegr
263  55    3     1    0       0      1
270  50   10     0    1       0      1
306  54   11     1    0       0      1
```

다수의 조건들을 적용할 경우엔 개별 조건들을 “&”로 묶는다. 예컨대 “black=1” 이면서 “treat=1”인 케이스들을 찾아내보자. 다음 R 스크립트를 보라. 총 156개 케이스가 발견된다.

```
> lalondde.black.treat <- lalonde[lalonde$black==1 & lalonde$treat==1,]
> str(lalondde.black.treat)
  'data.frame':   156 obs. of  12 variables:
  ⋮
```

전문적 R 팩키지들

R에서 데이터세트를 다루는 전문적인 팩키지로 plyr, reshape, reshape2, data.table 등이 있다. 이에 대하여는 다음 장에서 다룬다. 또는 전희원(2013)의 <R로 하는 데이터 시각화>를 보라 (한빛미디어 e-북).

부록 II. R에서 데이터세트 다루기 (고급)

Appendix II: manipulating datasets in R

데이터세트를 분할하여 분할 세트에서 통계적 정보를 추출하고 그 결과를 결합하는 등의 고급 데이터 분석을 위해서는 효율적인 자료처리 모듈이 필요하다. 이 장에서는 R의 3개 팩키지 reshape, plyr, data.table을 소개하고 설명한다.

reshape

reshape 팩키지는 말 그대로 데이터세트의 형태를 전환해준다. 예를 들어보자.

french_fries {reshape} 데이터는 10개 시점(time)에서 3가지 처리(treatment)를 12명 피험자(subject)에 대하여 2회 반복(rep) 적용하여 얻은 5종의 반응이다. 반응변수의 이름은 원래 potato-y flavor, buttery flavor, grassy flavor, rancid flavor, painty flavor이지만 여기서는 y1, y2, y3, y4, y5로 칭하기로 한다. 레코드 수는 696개이다.[1] 따라서 데이터세트는 696*9 직사각 형태이다.

자료 처리의 목표를 subject 별로 treatment에 따른 5개 y 반응의 평균을 구하여 비교하는 데 두자. 즉, 표 1과 같은 출력을 내자는 것이다.

표 1. 목표 출력

```
subject = i :
        treatment   y1   y2   y3   y4   y5
                1   □    □    □    □    □
                2   □    □    □    □    □
                3   □    □    □    □    □
```

1) 이 숫자는 time*treatment*subject*rep의 총 조합 수인 720개보다 적다. 일부 조합이 결측 되었기 때문이다.

reshape 팩키지의 작업 개념은 데이터세트를 melting 하여 액체로 만든 다음 목적에 맞는 형태로 casting 한다는 것이다.2) 자료세트를 해체할 때는 후에 합체할 때를 대비하여 각 레코드에 식별정보를 붙여둔다

다음 R 스크립트는 자료를 4개 식별변수 time, treatment, subject, rep로 해체(melting)한다. 식별변수는 `melt()` 함수 내 `id` 인수에 넣는다 (r 스크립트 reshape_ff.r).

```
> library(reshape)
> data(french_fries)
> str(french_fries)
  'data.frame':   696 obs. of  9 variables
   ⋮
> colnames(french_fries)[5:9] <- c("y1","y2","y3","y4","y5")
> ff.melted <- melt(french_fries,
        id=c("time","subject","treatment","rep"), na.rm=TRUE)
```

해체 결과는 다음과 같다. variable과 value라는 변수가 만들어지면서 식별변수 외 측정변수들에 대하여 변수 명과 변수 값이 그 안에 들어간다.

```
> str(ff.melted)
'data.frame':   3471 obs. of  6 variables
   ⋮
> head(ff.melted, 8)
    time subject treatment rep variable value
  1    1       3         1   1       y1   2.9
  2    1       3         1   2       y1  14.0
  3    1      10         1   1       y1  11.0
  4    1      10         1   2       y1   9.9
  5    1      15         1   1       y1   1.2
  6    1      15         1   2       y1   8.8
  7    1      16         1   1       y1   9.0
  8    1      16         1   2       y1   8.2
  ⋮
```

2) 직역하자면 melting은 융해(融解)이고 casting은 주조(鑄造)이다. 여기서는 영문용어를 그대로 쓰거나 melting을 해체, casting을 합체로 바꿔 쓰기로 한다.

'melting'된 데이터는 'casting'에 따라 새로운 형태로 굳어진다. cast() 함수의 용법은 다음과 같다:

```
cast(data, formula, function)
```

여기서 formula는 " ~ variable"의 형식을 취하는데 좌변에 특정 id 변수들이 덧셈 기호로 연결된다. function에는 분할 자료에 적용될 집계 함수가 지정된다. 다음은 표 1 양식에 부응하는 cast() 스크립트의 한 예이다. 적용 함수는 측정값의 수이다.

```
> cast(ff.melted, subject+treatment ~ variable, length)
   subject treatment    y1 y2 y3 y4 y5
 1       3         1    18 18 18 18 18
 2       3         2    18 18 18 18 18
 3       3         3    18 18 18 18 18
 4      10         1    20 20 20 20 20
 5      10         2    20 20 20 20 20
 6      10         3    20 20 20 20 20
 7      15         1    20 20 20 20 20
 8      15         2    20 20 20 20 20
 9      15         3    19 19 19 19 19
 10     16         1    20 20 20 20 20
 11     16         2    20 19 20 20 20
 12     16         3    20 20 20 20 20
  ⋮
```

지면의 제약이 없다면 위의 출력은 36개 행에 걸쳐 리스트 된다 (subject 12명 * treatment 3개). 원칙대로라면 측정값은 모두 20개여야 하지만 (time 10개 시점 * rep 2회), 앞의 출력에서 18, 19 등 20에 미달하는 값이 나타나 있다. 일부 조합에 결측이 있기 때문이다. 다음 스크립트는 측정값 수 대신 결측값 수를 계산해낸다.

```
> cast(ff.melted, subject+treatment ~ variable, function(x) 20-length(x))
```

다음은 표 1 양식에 부응하는 또 하나의 cast() 스크립트이다. 이번에는 적용 함수를 평균(mean)으로 정의하였다.

```
> options(digits=3)
> cast(ff.melted, treatment+time ~ variable, mean)
   treatment time   y1    y2    y3   y4    y5
 1         1    1 7.92 1.796 0.904 2.76 2.150
 2         1    2 7.59 2.525 1.004 3.90 1.975
 3         1    3 7.77 2.296 0.817 4.65 1.117
 4         1    4 8.40 1.979 1.025 2.08 0.467
 5         1    5 7.74 1.367 0.771 4.28 3.008
 6         1    6 6.08 1.825 0.467 4.34 2.554
 7         1    7 6.28 1.242 0.163 3.20 2.196
 8         1    8 5.17 0.987 0.633 5.39 4.588
 9         1    9 6.07 1.830 0.135 3.95 2.905
 10        1   10 5.46 1.960 0.455 6.50 5.400
 11        2    1 8.78 2.492 0.996 1.72 0.808
 12        2    2 8.54 3.125 0.950 2.14 0.662
  ⋮
```

다음 스크립트는 위 출력의 우측 열에 측정변수들 y1-y5의 평균을 넣는다.

```
> cast(ff.melted, treatment+time ~ variable, mean)
```

이상에서 `cast()`의 출력은 데이터 프레임이다. `cast()`의 출력을 3차원 배열(array)로 하려면 formula에 3개 식별변수를 지정하고 식별변수들 사이에 '~' 기호를 끼워넣는다. 출력 차원이 꼭 3차원이어야 하는 것은 아니다.

다음 스크립트는 3차원 배열에 산출결과를 넣는다 (배열 크기는 12*3*5). 데이터 부(副)세트의 평균이 해당하는 3차원 칸들에 들어가도록 지정되었다.

```
> options(digits=3)
> cast(ff.melted, subject ~ treatment ~ variable, mean)

 , , variable = y1
         treatment
 subject    1    2     3
      3  6.22 6.74  5.29
      10 9.96 9.99 10.03
      15 3.36 4.41  3.96
```

```
     16   6.50 6.45  6.86
     19   9.38 8.64  8.74
     31   8.84 8.03  9.03
     51  10.68 9.98 10.22
     52   5.06 5.51  5.47
     63   6.78 8.41  8.06
     78   3.62 3.78  4.00
     79   8.06 7.94  7.73
     86   4.18 3.99  3.87
      ⋮

 , , variable = y2
     treatment
subject     1     2     3
     3  0.372 0.589 0.767
     10 6.750 6.980 6.450
     15 0.720 1.315 0.989
     16 3.260 3.374 2.700
     19 3.055 2.450 1.725
     31 0.444 0.617 0.650
     51 2.640 3.795 3.130
     52 0.805 1.025 0.865
     63 0.025 0.105 0.065
     78 0.735 0.295 0.705
     79 0.282 0.694 0.572
     86 1.772 2.061 1.633
      ⋮
```

다음 스크립트는 treatment 별 y1-y5의 평균을 제시한다.

```
> options(digits=3)
> apply(cast(ff.melted, subject ~ treatment ~ variable, mean), c(2,3), mean)

         variable
treatment   y1   y2    y3   y4   y5
        1 6.89 1.74 0.639 4.05 2.58
        2 6.99 1.94 0.652 3.63 2.45
        3 6.94 1.69 0.668 3.85 2.53
```

cast() 함수는 식별변수(id) 조합에 대하여 벡터 값 출력을 낼 수 있다. 다음은 subject와 treatment 조합에 대하여 5개 분위수 ($q_{0,} q_{25}, q_{50}, q_{75}, q_{100}$), 즉 최소값, 아래 4분위수, 중간값, 위 4분위수, 최대값을 산출해낸다

```
> options(digits=3)
> cast(ff.melted, subject+treatment ~ ., quantile, c(0,0.25,0.5,0.75,1))

   subject treatment  X0. X25. X50. X75. X100.
 1       3         1   0 0.000 0.40 3.22  14.0
 2       3         2   0 0.000 0.50 3.38  14.1
 3       3         3   0 0.000 0.60 3.80  14.1
 4      10         1   0 0.000 3.85 8.40  13.2
 5      10         2   0 0.000 2.55 8.25  11.4
 6      10         3   0 0.000 3.35 8.40  11.5
 7      15         1   0 0.175 1.25 3.65  10.8
 8      15         2   0 0.200 1.05 3.12  12.7
 9      15         3   0 0.200 0.80 3.40  10.4
 10     16         1   0 0.300 2.15 4.95  11.0
 11     16         2   0 0.200 1.50 4.65  13.4
 12     16         3   0 0.500 1.35 4.58  12.7
 ⋮
```

* reshape 팩키지는 Hadley Wickham에 의해 개발되었다. Wickham은 다음에 소개하려는 plyr 팩키지의 개발자이기도 하다. 그는 시각화 팩키지인 ggplot2도 썼다.

plyr

plyr 팩키지는 하둡의 MapReduce와 동일한 "split-apply-combine" 작업 개념으로 만들어졌다. 이 작업 개념은 "빅" 데이터를 분석하는 정규적 방식인

자료분할 - 적용 - 결과결합

의 3 단계로 구성되어 있다. 그림 1이 "split-apply-combine" 작업 개념도인데, "split"은 하둡(Hadoop)의 Map과 유사하고 "combine"은 Reduce와 유사하다.

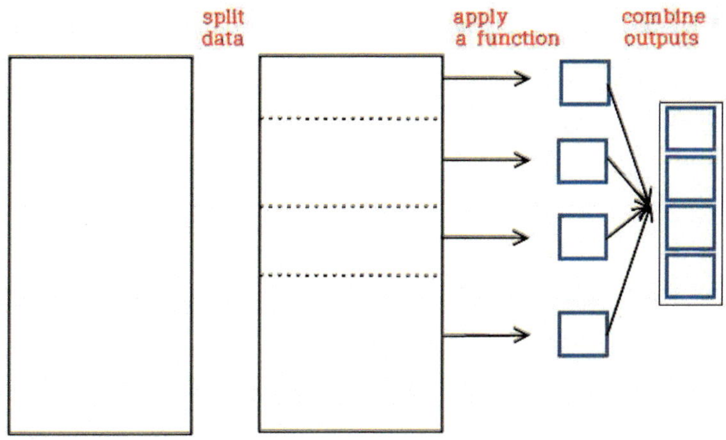

그림 1. plyr의 "split-apply-combine" 개념도

plyr 팩키지는 "split-apply-combine" 작업 개념으로 데이터 처리작업을 한다. 예를 보자. baseball {plyr} 자료는 미국 MLB의 21,699개 레코드 · 22개 변수로 구성되어 있다. 이들 레코드는 단위가 연도이기 때문에 선수 1명에 대한 레코드 수는 MLB 경력(career) 햇수와 같다.

baseball 자료의 처리 목표를 id(선수) 별 career 최고 rbi(타점)와 최고 rbi의 경력 해(career year)를 구하는 데 두기로 하자.

plyr 팩키지를 활용한 baseball 자료의 분석 절차는 다음과 같다.

1. split - 전체 자료를 id(선수) 별로 분할한다.
2. apply - id 별 subset에서 career year(경력 해)와 max rbi(최고타점), 그리고 최고타점의 해를 구한다. 여기서 career year와 max rbi의 정의는
   c.year = year - min(year) +1,   max.rbi = max(rbi)
   이다. 따라서 c.year는 1, 2, 3, … 값을 취한다.
3. combine - 앞의 결과를 합체한다.

다음은 이를 구현한 R 스크립트이다 (plyr_bb.r). 데이터프레임을 입력 받아 결과를 데이터 프레임으로 출력하는 `ddply()` 함수를 적용하였다.

```
library(plyr)
str(baseball)
calculate_c.year <- function(df) mutate(df, c.year = year - min(year)+1)
baseball.1 <- ddply(baseball, .(id), calculate_c.year)  # 1
calculate_c.rbi <- function(df) c(best.year=df$cyear[which.max(df$rbi)],
        best.rbi=max(df$rbi), career.year=max(df$c.year))
bb.2 <- ddply(baseball.1, .(id), calculate_c.rbi)       # 2
str(bb.2)
```

첫 번째 `ddply()`은 baseball 데이터세트를 id 변수 값으로 split하고 분할된 자료세트에 사용자 정의함수 `calculate_c.year()`로 계산해낸 c.year를 붙인다. 그 결과가 baseball.1 데이터세트이다. 두 번째 `ddply()`는 baseball.1 데이터세트를 id 변수 값으로 split(분할)하고 분할된 자료세트 각각에 사용자 정의함수 `calculate_c.rbi()`를 적용하여 best.year (최고 rbi를 기록한 경력 해), best.rbi (최고 rbi)와 career.year (총 경력 햇수)를 계산한다. 그리고 그 결과를 합체하여 데이터세트 bb.2를 만들어낸다. 이 데이터세트의 구조는 다음과 같다. 총 1,228명의 선수에 대하여 id 외에 3개 변수가 붙어 있음을 확인할 수 있다.

```
> str(bb.2)
'data.frame':   1228 obs. of  4 variables:
 $ id         : chr  "aaronha01" "abernte02" "adairje01" "adamsba01" ...
 $ best.year  : num  4 11 8 8 8 12 1 2 9 13 ...
 $ best.rbi   : num  132 2 66 13 49 108 0 6 6 59 ...
 $ career.year: num  23 18 13 21 14 17 13 16 16 15 ...
```

첫 번째 레코드는 "aaronha01" (행크 아론)선수에 대한 것으로 최고 rbi 해는 4년 차였고 그 해의 rbi는 132점, 그의 총 경력 햇수는 23년임을 읽을 수 있다. 그림 2의 두 히스토그램은 최고 rbi의 해와 총 경력 햇수의 분포를 보여준다.[3)]

앞에서 적용된 plyr 함수는 데이터프레임을 입력 받아 작업결과를 데이터프레임으로 출력하는 `ddply()`였다. plyr 팩키지에는 표 1과 같이 다양한 입・출력 함수들이 있다.

---

3) 최고 rbi 해의 최빈값(mode)은 7년이고 총 경력 햇수의 최빈값은 15년이다. 총 경력 햇수가 36년인 선수도 있다. 그 선수는 누군가?

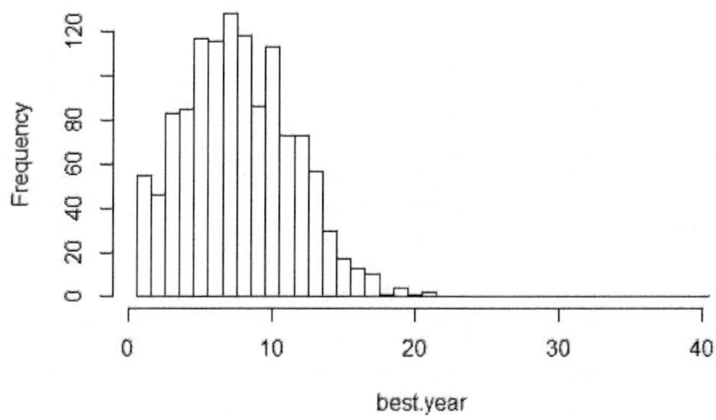

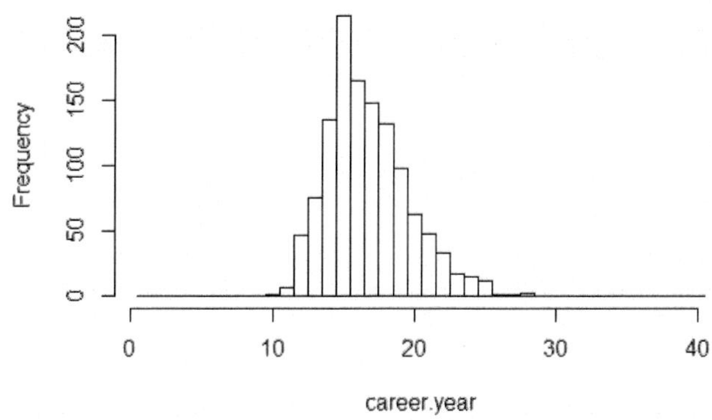

그림 2. 미국 MLB 선수들의 최고 rbi 해와 총 경력 햇수의 분포 (위 · 아래)

표 1. plyr 함수 리스트

		출력		
		array	df	list
입력	array	aaply	adply	alply
	df	daply	ddply	dlply
	list	laply	ldply	llply

표 1의 ddply() 내에 적용 가능한 함수 중 하나인 summarise는 분할 자료에서 산출된 결과를 데이터프레임으로 묶어낸다. 아래 예를 보라.

```
> bb.3 <- ddply(baseball, "id", summarise,
               career.year = max(year)-min(year)+1,
               nteams = length(unique(team)))
> str(bb.3)
 'data.frame':   1228 obs. of  3 variables:
   ⋮
```

이 R 스크립트는 1,228명의 선수를 총 경력 햇수 career.year와 경력 기간 중 팀 수인 n.teams로 요약해낸다.

data.table

제3의 패키지인 data.table은 binary search 알고리즘을 사용하여 데이터 선별을 효율적으로 처리해준다.

다음 예는 모의 생성된 10,000,000 $(=10^7)$개 레코드 · 7개 변수에서 시작한다. 이 중에서 x1-x6은 0, 1, 2, ⋯, 9의 균등 임의 수이고 x7은 표준정규분포 $N(0,1)$의 임의 수이다. DT는 x1-x6, x7로 구성된 데이터 테이블이다 (R 스크립트 datatable_sim.r).

```
> library(data.table)
> n <- 10000000
> digits <- as.factor(0:9)
> x1 <- sample(digits, n, replace=T)
> x2 <- sample(digits, n, replace=T)
> x3 <- sample(digits, n, replace=T)
> x4 <- sample(digits, n, replace=T)
> x5 <- sample(digits, n, replace=T)
> x6 <- sample(digits, n, replace=T)
>
> DT <- data.table(x1, x2, x3, x4, x5, x6, y=rnorm(n))
```

데이터 테이블 DT를 찍어보면 다음과 같다. 데이터 프레임과는 외견이 다소 다르기는 하지만[4] 내용은 같다.

```
> head(DT, 10)
    x1 x2 x3 x4 x5 x6           y
 1:  1  0  5  3  6  4 -0.07937245
 2:  0  7  2  6  9  4  0.75173345
 3:  5  8  0  2  4  5  0.06843012
 4:  8  0  5  1  6  7  0.10573232
 5:  1  5  4  3  7  7 -1.39984326
 6:  2  2  8  4  8  6 -0.45038447
 7:  3  2  6  2  9  0 -1.25329613
 8:  8  2  9  8  4  9 -0.01387026
 9:  2  3  8  4  6  0  0.86701416
10:  0  1  4  1  4  0  2.55736707
```

데이터 테이블 DT에 6개 변수 x1-x6를 키(key) 변수로 설정하자. 그러면 데이터 테이블은 행 배열이 순서 정렬된다.[5] 다음은 key가 설정된 DT의 앞 부분이다.

```
> setKey(DT, x1, x2, x3, x4, x5, x6)
> head(DT, 10)
    x1 x2 x3 x4 x5 x6           y
 1:  0  0  0  0  0  0 -1.18041213
 2:  0  0  0  0  0  0  0.26944475
 3:  0  0  0  0  0  0  0.06912202
 4:  0  0  0  0  0  0  0.83456778
 5:  0  0  0  0  0  0 -1.21015934
 6:  0  0  0  0  0  0 -1.44215416
 7:  0  0  0  0  0  0 -0.77511862
 8:  0  0  0  0  0  0 -0.99976851
 9:  0  0  0  0  0  0 -0.51120515
10:  0  0  0  0  0  0  0.97390402
```

4) 일련번호 뒤에 콜론(":")이 나타나 있다. DT는 데이터 테이블이면서 데이터 프레임이다.

5) x1으로 순서 정렬되고 x1 내에서 x2로 순서 정렬된다. …. 마지막으로, x5 내에서 x6에 의해 순서 정렬된다.

DT에서 "x1=0, x2=0, … , x6=0"인 레코드들을 찾아보자. 모든 조건이 충족되는 사건은 확률이 0.1^6 $(=10^{-6})$이므로 DT에서 그런 레코드들은 10개 $(=10^7 \cdot 10^{-6})$ 내외가 있을 것으로 예상된다.

```
> DT[J("0","0","0","0","0","0")]
    x1 x2 x3 x4 x5 x6           y
 1:  0  0  0  0  0  0 -1.18041213
 2:  0  0  0  0  0  0  0.26944475
 3:  0  0  0  0  0  0  0.06912202
 4:  0  0  0  0  0  0  0.83456778
 5:  0  0  0  0  0  0 -1.21015934
 6:  0  0  0  0  0  0 -1.44215416
 7:  0  0  0  0  0  0 -0.77511862
 8:  0  0  0  0  0  0 -0.99976851
 9:  0  0  0  0  0  0 -0.51120515
10:  0  0  0  0  0  0  0.97390402
```

이 DT에서는 그런 레코드가 11개 발견되었다. 결과는 실행 시 마다 달라진다. 앞의 결과는 기존의 데이터 프레임으로부터도 만들어질 수 있다. 그러나 실행시간에서 차이가 있다. 데이터 테이블에서의 선별 시간과 데이터 프레임에서의 선별 시간을 비교해보자. 제시된 조건은 "x1=1, x2=2, … , x6=6"이다.

```
> p.time <- proc.time()     # using data.table for data screening

> DT[J("1","2","3","4","5","6")]
   x1 x2 x3 x4 x5 x6          y
1:  1  2  3  4  5  6  0.6116047
2:  1  2  3  4  5  6 -1.1207241
3:  1  2  3  4  5  6 -0.7158949
4:  1  2  3  4  5  6 -0.1191225
5:  1  2  3  4  5  6 -0.9193934
6:  1  2  3  4  5  6  0.3885402
7:  1  2  3  4  5  6  0.3363128
8:  1  2  3  4  5  6  0.4433421

> proc.time() - p.time
```

```
  user  system elapsed
  0.09    0.01    0.11

> p.time <- proc.time()     # using data.frame for data screening

> DT[x1=="1" & x2=="2" & x3=="3" & x4=="4" & x5=="5" & x6=="6",]
     x1 x2 x3 x4 x5 x6          y
  1:  1  2  3  4  5  6  0.6116047
  2:  1  2  3  4  5  6 -1.1207241
  3:  1  2  3  4  5  6 -0.7158949
  4:  1  2  3  4  5  6 -0.1191225
  5:  1  2  3  4  5  6 -0.9193934
  6:  1  2  3  4  5  6  0.3885402
  7:  1  2  3  4  5  6  0.3363128
  8:  1  2  3  4  5  6  0.4433421

> proc.time() - p.time
  user  system elapsed
  8.72    1.03    9.84
```

elapsed time을 기준으로 데이터 테이블에서의 선별 시간은 0.11초이다. 이에 비교하여 데이터 프레임에서의 선별 시간은 9.84초이다.[6] 이렇게 엄청난 차이가 나는 이유는 데이터 테이블이 binary search 알고리즘을 사용하기 때문이다.

> binary search 알고리즘: 길이가 n인 데이터 세트가 순서화되어 있음을 가정하여 검색 키 x와 중간 위치의 데이터 값 m과 비교한다. x가 m보다 작은 경우에는 데이터의 전반부에 x가 있음을, x가 m보다 큰 경우에는 데이터의 후반부에 가 있음을 뜻한다. 이렇듯 비교 시마다 대상 데이터세트의 크기가 절반으로 줄어든다. 따라서 데이터 선별에 요구되는 실행시간은 $\log_2 n$에 비례한다. 이에 비교하여, 요소별 비교에 의한 데이터 선별은 실행시간이 n에 비례한다.

6) 그러나 데이터 테이블에 key를 설정하는 과정에서 순서정렬에 시간이 걸림을 감안하다면 이러한 비교는 그다지 공정하지 않다. 그러나 데이터 선별 작업이 반복적으로 요구되는 경우에는 데이터 테이블을 활용하는 것이 훨씬 좋은 방법이다.

최신의 R 기법들

“빅” 데이터 분석에 접근하고자 하는 통계학 전공자들에게 데이터 다루기는 넘어야 할 벽이다. 이 장에서는 R에서 효율적인 데이터 처리를 해내는 3개 전문 팩키지 plyr, reshape, reshape2, data.table을 다루었는데 이외에도 sqldf, ff 등 고급 수준의 팩키지들이 다수 있고 새로 많은 팩키지가 개발되고 있다. 수시로 R CRAN에서 Task View: High-Performance and Parallel Computing with R 페이지를 참조하라.

추록

2014년 초 Hadley Wickham이 새로운 팩키지 dplyr을 공표하였다. dplyr은 plyr과 비슷하지만 C++로 만들어져 속도 면에서 상당히 빠르다. 이에 대한 설명글로 다음을 참고하라.

1) “Introduction to dplyr”, available at CRAN

2) 양우성, “데이터 처리의 새로운 강자, dplyr 팩키지”, http“//wsyang.com

참고문헌 references

de Jong, P., and Heller, G.D. (2008). *Generalized Linear Models for Insurance Data*, Cambridge University Press.

Hastie, T., Tibshirani, R., and Friedman, J. (2009). *Elements of Statistical Learning* (Second Edition). Springer-Verlag.

Kabacoff, R. I. (2011). *R in Action: Data Analysis and Graphics with R.* Manning.

전희원 (2013). <R로 하는 데이터 시각화>. 한빛미디어.

폴 티터 (2012). <R Cookbook>, 이제원 역. 인사이트

허명회 (2012). <고급 통계학 특강 I>, 데이타솔루션.

허명회 (2011). <탐색적 다변량 자료분석>. 자유아카데미.

허명회 (2012). <R을 활용한 탐색적 자료분석>, 개정판. 자유아카데미.

허명회 (2013). <통계계산>. 자유아카데미.

허명회 (2014). <데이터 시각화>. 자유아카데미.

그 밖에 이 책에 사용된 모든 R 패키지의 매뉴얼과 Vignette를 참조.
http://www.r-project.org와 http://cran.r-project.org

실습파일 r script and data files

	R 스크립트와 데이터 파일
1장. 메타분석 "meta"	meta_1.r, meta_2.r
2장. 잠재 층 분석 "poLCA"	lca_1.r, lca_2.r, lca_3.r
3장. 성향점수 맞춤 "MatchIt"	psm_1.r, psm_2.r
4장. 최적화 알고리즘	optim_1.r, optim_2.r, optim_3.r, **ces.txt, growth.txt, protein.txt**
5장. 결측값 대체 "mice"	mice_1.r
6장. 다차원 척도화	mds_1.r, mds_2.r **house-votes-84-number coded.txt**
7장. 표본크기와 검정력 "pwr"	sample size_1.r, sample size_2.r, sample size_3.r, sample size_4.r
8장. 붓스트랩 방법 "boot"	bootstrap method_1.r, bootstrap method_2.r, bootstrap method_3.r
9장. 로버스트 회귀와 분위수 회귀	robust regression_1.r, quantile regression_1.r, quantile regression_2.r
10장. 일반화선형모형	generalized linear models.r **car.csv, car_active.csv, diabetes.csv**
11장. 국소적 회귀 loess	loess_1.r, loess_2.r **EEE.txt, Sulfate.txt**
12장. 일반화가법모형 GAM	gam_1.r, gam_2.r, gam_3.r **equip.txt, Kyphosis.txt**

13장. R 컬러와 산점도	colors_basics.r, colors_quakes.r, colors_skin.r, colors_hexbin.r, colors_lowess.r **Skin_NonSkin.txt**
14장. 통계 그래프 1	treemap.r, mosaicplot.r, heatmap.r, heatmap_protein.r **test_matrix_1.txt, protein.txt**
15장. 통계 그래프 2	two-dim density.r, three-dim visualization.r, multivariate vis.r, parallel plot_2.r, diamondplot.r
16장. 행렬도와 대응분석	biplot_1.r, corresp_1.r, mca_1.r **protein.txt, election.txt**
17장. SVM	simulated 2-dim nonlinear.r, spam.r, simulated 2-dim linear regression.r, simulated 2-dim nonlinear regression.r, ozone.r
18장. 나무 모형	rpart kyphosis.r, rpart cpus.r, bagging kyphosis cpus.r, random forest model.r
19장. KPCA와 LLE	kpca_iris.r, kpca_spam.r, lle_iris.r, lle_spam.r
20장. 예측함수의 시각화	vis_svm_iris.r, vis_rf_iris.r, vis_svm_ozone.r, vis_rf_ozone.r, vis_spam_svm.r, vis_rf_svm.r
부록 I. 데이터세트 다루기 (초급)	r dataset manipulation_1.r
부록 II. 데이터세트 다루기(고급)	reshape_ff.r, plyr_bb.r, datatable_sim.r

찾아보기 index

| 저자 소개 |

허 명 회(許 明 會)

서울대학교 자연과학대학 계산통계학과 (졸업)
미국 스탠포드대학교 통계학과 대학원 (통계학 Ph.D.)
현) 고려대학교 통계학과 명예교수, 성신여자대학교 석좌교수

저 서

R을 활용한 사회네트워크분석 입문
R을 활용한 행렬의 이해와 계산
탐색적 다변량자료 분석
조사방법론 강의
법과 통계학
통계계산 (Statistical Computing Using R) 외 여러 권

응용데이터분석

Applied Data Analysis Using R

저 자	허명회
발 행 인	김지영
발 행 처	자유아카데미
주 소	경기도 파주시 회동길 37-42 파주출판도시
전 화	031-955-1321
팩 스	031-955-1322
홈페이지	www.freeaca.com
전자우편	main@freeaca.com(대표) editor@freeaca.com(편집) crm@freeaca.com(영업)
등 록	제406-2003-017호, 1980. 7. 12
제1판1쇄	2014년 10월 25일 발행
제1판2쇄	2022년 7월 10일 발행
정 가	25,000원

ISBN 978-89-7338-764-9 93310